# 中學專題研究實作指南

黃春木 統籌

昌政、曾慶玲、童禕珊、簡邦宗、葉芳吟 合著

教改浪潮來襲，課程重新建構，學測、指考轉型，「專題研究」成為熱門校訂必修選項。

集結一線實戰教師群教學精華，

從思考到實踐、從資料蒐集到成果展現、從學習到教學，完整解析！

臺北市立建國中學 **徐建國** 校長、教育部 **邱玉蟾** 參事 **專文推薦**

## ⚙ 作者／統籌

黃春木　摩羯座，期望自己成為一個溫和而堅毅的人。任職於臺北市立建國中學，致力於為二十年後的臺灣培養人文及社會科學人才，同時已經花了超過十年時間為原住民學生進行教育服務工作。身為社會學科教師，但也喜歡和數理學科教師互動，共同研發 STS 課程，讓學生具備科技與社會的跨領域思考。已經在中學任教逾三十年，但也在大學兼課十五年，可以協助 School 和 College 兩邊進行對話。曾經獲得教育部師鐸獎，從此只好更賣力工作，希望能夠「拋磚引玉」，同時也不要對不起「遺珠之憾」。

經歷：

| | |
|---|---|
| 1999-2001 | 國民中學學生基本學力測驗歷史科題庫研發委員 |
| 2000-2008 | 國中、高中歷史科及社會科學教科書編寫 |
| 2002-2004 | 教育部歷史科國家課程綱要（95 課綱）修訂委員 |
| 2003-2004 | 臺北市歷史科輔導團教師 |
| 2003-2008 | 國立臺灣大學歷史學系兼任講師 |
| 2004-2005 | 臺北市各級學校資優班分組教師專業成長（高中人文社會科學）組長 |
| 2005-2013 | 建國中學人文社會科學學術性向資賦優異班召集人 |
| 2006-2008 | 建國中學教師會理事長 |
| 2007-2008 | 教育部歷史科國家課程綱要（98 課綱）修訂委員 |
| 2007-2010、2011-2014 | 建國中學執行國家科學委員會「高瞻計畫」STS 課程研發 |
| 2008-2009 | 教育部資訊融入教學歷史教材編寫委員 |
| 2008- | 臺北市立教育大學、臺北市立大學教育學系兼任助理教授 |
| 2010-2013 | 臺北市公私立高中校務評鑑教學訪視教師 |
| 2010 | 臺北市特殊優良教師（語文與社會科學類） |
| 2011 | 教育部師鐸獎 |
| 2013 | 十二年國民基本教育歷史科課程綱要前導研究工作小組成員 |
| 2013-2015 | 建國中學執行臺北市政府教育局「領先計畫」副召集人 |
| 2015- | 臺北市中小學特聘教師 |
| 2016-2018 | 教育部課程審議會普通型及單科型高級中等學校分組審議委員 |
| 2016- | 國立臺灣師範大學文學院「全國高中生人文經典閱讀會考」評審委員 |
| 2017 | 親子天下教育創新 100 選 |
| 2018 | 非學校型態原聲國際學院高中部設置計畫主持人 |
| 2018 | 臺北市第 51 屆中小學科學展覽會評審委員 |
| 2018- | 教育部普通型高級中等學校歷史學科中心諮詢委員 |
| 2018-2019 | 臺北市立圖書館「好書大家讀」知識性讀物組評選委員 |

已出版作品：《原來歷史可以這樣學》、
　　　　　　《我做專題研究，學會獨立思考！》（商周出版）

作者

**吳昌政**　臺灣大學中文系碩士。現任臺北市立建國中學國文科教師。曾任臺灣大學寫作中心學術論文寫作課程助教；建中人社班專題研究指導教師。曾開設含有探索實作性質的課程：專題研究、基礎寫作與簡報、語文表達訓練、當表演遇上文學（合授）、專題寫作與表達（合授）。

認為教學是一項創造性的工作，師生以互為主體的方式相處，在反思與實踐中成長。期待自己和學生都能「通情」而且「達理」，唯有自我的情感與理智充分發揮，人才有可能獲致幸福與智慧。

書會過去，人會過去，時代也會過去，但重要的價值會延續，也必須延續。

**曾慶玲**　臺北市立建國中學家政科教師，國立臺灣師範大學家政系、人類發展與家庭學系碩士、博士。曾經任教「研究法」課程，並在家政課程中指導學生進行家政議題探究報告，目前參與建中校訂必修「專題寫作與表達」課程建置。

認為「教育，是預約未來幸福。」AI數位未來，最重要的能力是自主學習。面對爆炸資訊，要能閱讀理解、批判思考；面對未知問題，要論證並運用知識解決問題。專題探究，正是培養自主學習能力最好的開始。

**童禕珊**　臺北市立建國中學生物科教師，畢業於臺大動物系、臺師大生物研究所碩士班。曾任數理資優班、科學班專題指導老師，亦曾共同開發多元選修課程「生物研究法導論」及校訂必修課程「專題寫作與表達」，目前參與高瞻計畫，嘗試將新興科技(生物科技)融入高中課程中。

面對專題研究，我認為專業素養與研究方法同等重要，藉由閱讀理解獲得足夠的專業背景，是發現問題的基石；而運用適切的研究方法，則能夠有效地針對問題提出合理的解釋，進而達到解決問題的目的。

**簡邦宗**　臺北市立建國中學輔導教師，畢業於臺灣師大教育心理與輔導學系、碩士班。曾經任教「研究法」課程，目前則與本書作者共同建置校訂必修課程「專題寫作與表達」，另嘗試跨科合作開設統計相關微課程，以協助學生正確選用統計方法於專題研究。

深信研究方法應該被善用，才能有效於資料分析以得到妥適的結論。期待學生培養多元視角、邏輯論述能力，以及相互尊重的討論態度。

**葉芳吟**　任教臺北市民生國中英語科，曾獲教育部師鐸獎。年過半百，面對不公平的事，仍是「憤青」一枚，不平則鳴是一定要的，但是深知 Everything happens for a reason. 經歷挫敗後，伴隨而來的是更寬的心與更多元的視角。2008年接觸國際教育，和學生開始了從教室啟航的世界壯遊之旅。無論是豐厚的文化資產或是讓人憂心的議題，唯有透過持續探究的歷程，年輕的世代才能在覺知中成為有fu、有腦、給力的公民。期許學生凡事盡興，work hard 也 play hard；受人點滴、當思湧泉以報，有生之年，永保一顆炙熱的心，付出行動，成就更美好的世界。

# 課程研發三年有成

　　明年即將實施 12 年國教，各校均致力於研究如何培養學生未來社會所需的素養；本校教師經過多次討論，認爲每位學生都應具備作研究和與國際接軌的能力，因此選定「專題寫作與表達」和「第二外語」兩門課，作爲校訂必修課程。

　　其中，「專題寫作與表達」旨在引導學生運用多元的資料，系統性的思考與分析，以精準的文字與篇章結構論述議題，並善用科技、資訊與媒體進行表達，培養與人溝通討論等能力。而「第二外語」則包含德、法、日、西、拉丁、韓、越等語文，旨在讓學生透由學習外語，促進與各國師生交流，了解彼此文化，進而拓展國際視野。

　　105 年我們正式成立了跨學科的校訂必修教師社群，來研發「專題寫作與表達」這門課程。黃春木老師學養俱豐，熱誠敬業，長期受到師生肯定愛戴，於是，我便邀請他擔任社群召集人，帶領一群熱情的老師共同蒐集資料、反覆討論、規劃課程、研發教材、共同備課、設計學習單等。

　　在經過三個學期每週一日的分段協同試行教學，相互觀課、議課檢討、修正教案等辛苦的過程之後，終於累積了一些經驗和成果，幾位社群的成員還因此常受友校之邀去作分享，於是就有了集結成書的想法。

　　本書彙整了「專題寫作與表達」這門課程的理論架構與核心能力論述，也包含教材內涵、教學與評量方法，循序引導學生探究、發表與進行專題研究的流程，以及具體試行實踐再修正課程的經驗。因此，本書

同時兼具課程理論和實務，是一本教師研發課程的參考指南，更可做為逐步指導學生「專題研究」的工具書。

　　為了促成本書提前付梓，故商請社群夥伴能加速趕在本校120周年的校慶前夕出版，做為教師們送給學校的賀禮。在同仁們達成心願、如期發行之際，特別向本課程研發團隊致敬與感謝，并書一二為序。

臺北市立建國高級中學校長　徐建國

謹識於 107 年 12 月 1 日

# 授人以魚不如授人以漁

　　黃榮村教授剛接任教育部長時，在一次內部重要會議中提到，高中是國家中堅人才開發的重要階段，許多先進國家都很重視高中教育，也辦得很有特色，希望教育部同仁多加思考如何把高中教育的特色辦出來。一彈指二十年過去了，我國中學教育的改變仍然值得關注。

　　自 1990 年代以來，中小學教育有兩個全球趨勢值得我國注意。一是許多國家紛紛因應全球化時代的來臨進行課程改革，一是國際學校（international school）因為能提供國際課程，受到當地國學生及家長的青睞而快速成長。深入來看，兩者的共同亮點就在一個培育未來世界所需核心能力（core competency）的課程，包括外語力、跨文化溝通力、表達力、批判力、創造力、論述力等。

　　全球競爭力的培養強調國際接軌、以學生為主體、獨立思考與實證研究精神，其哲學「調性」（paradigm）與我國傳統課程以本國環境為預設、師問生答、有標準答案的教育模式是非常不同的。用一個比喻來說，過去是餵學生吃魚，未來要教學生如何自己捕魚吃。

　　做為一個中學教師，如何才能把教學「翻轉」過來，讓學生在各種學科的學習過程中養成這些核心能力呢？專題研究就是一個重要途徑。當學生在做專題研究之時，他就有實際操練這些能力的機會。

　　這本書充分展現了對這波課程改革脈絡的理解。它不但教導中學生循序漸進，從事獨立科學研究的方法，同時也提供教師在教學上的具體示範。從如何形成問題意識、瞭解質性與量化研究、執行研究計畫，到寫作及成果發表，幾十個問題示例，幾乎涵蓋了所有生手學生及老師可

能的疑問。坊間給大學生及研究生用的研究方法專書多不勝數,但就沒有能像《中學專題研究實作指南》如此深入淺出、圖表示例豐富,使用的語言剛好適合我國中學生的高度與經驗。這本「研究方法中學版」實在令人驚艷。

　　春木老師長年推動跨領域課程整合,參與課綱研訂,近兩年更邀集其他領域教師共同開發「專題寫作與表達」課程。這本書就來自於這門課教與學成果的延伸與分享。這群老師以他們的專業、熱誠與行動力,為我國中學教育的改革注入了一股生命力,把我們心中的教育烈火都點燃了。

教育部參事　邱玉蟾<br>
107 年 11 月 21 日

# 目錄

推薦序 • **課程研發三年有成**／建國中學　徐建國 校長　　004

推薦序 • **授人以魚不如授人以漁**／教育部　邱玉蟾 參事　　006

序 • **因緣際會　快意而行**　012

寫作緣起 • **來一份屬於自己的「企鵝報報」吧！**　014

如何使用本書 • **從資料、資訊到知識**　022


第 **1** 部　**遠眺**
　　　　　接軌國際教育

單元 1　**看世界** (上) —— 核心能力的培養　030

單元 2　**看世界** (下) —— 核心能力的檢核　049


第 **2** 部　**藍圖**
　　　　　專題研究的各種可能

單元 3　**學術寫作的價值與特性** ——
　　　　內容充實、結構嚴謹、體會深刻、取譬適切？　072

單元 4　**學術寫作的類型與要件** —— 什麼是論文？研究對象、
　　　　研究工具又是什麼？　076

單元 5　**五個月內完成小論文** —— 不就是「小」論文嘛！　080

單元 6　**用六個月以上完成的作品** —— 真的要玩這麼大喔？　084

單元 7　**專題研究計畫** —— 先評估清楚再開始！　088

單元 8　**專題研究成果寫作體例** —— 不以規矩，不能成方圓　092

第 **3** 部　**扎根**
必須具備的能力

單元 9　**自主學習的價值**── 啊？學習有不是自主的嗎？　098

單元 10　**「解題」或「解決問題」**── 這兩個有什麼不一樣嗎？　103

單元 11　**問問題**── 沒問題是沒有問題，還是問題大了？　107

單元 12　**閱讀理解**── 讀書不只是「讀」書而已　110

單元 13　**批判思考**── 那簡單，就是把它 K 一頓？　114

單元 14　**跨領域思考**── 哈伯法是化學的研究題目？　118

單元 15　**筆記**── 不要太相信你的記憶和理解能力　122

單元 16　**討論**── 激盪智慧的火花　125

單元 17　**寫作**── 我們何時的思考最有脈絡或邏輯？　128

單元 18　**歷事練心**── 離開舒適圈，才能認識自己　131

單元 19　**學習歷程檔案**── 有「過程」來連結與證明的成果更
重要　135


第 **4** 部　**茁壯**
進入專題研究

單元 20　**形成一個問題**── 從「好奇寶寶」到「問題學生」　140

單元 21　**掌握問題意識**── 百思之後的不解，才能形成問題意識　144

單元 22　**撰寫摘要**── 例如把 3000 字文章縮寫成 300 字？　151

單元 23　**分析評論**── 別擔心，這不是要你寫「作文」　157

單元 24　**事實、意見與論證**── 起、承、轉、合？拜託，
別再搞那一套了！　161

單元 25　**檢視論證**── 再看一眼，這是有效的論證嗎？　165

單元 26　**確認證據**──《艦隊收藏》（艦隊これくしょん）
是證據嗎？　169

單元 27　資料、資訊、知識、智慧──我正在讀的這本書
屬於什麼？　173

單元 28　量化資料──Big Data 怎麼翻譯成「大數據」？　176

單元 29　文獻、文件、文本──「維基百科」是不是文獻？　179

單元 30　善用信號字──首先、因此、不過、總之……　182

單元 31　善用關鍵字──找對 Key，就能打開寶庫　186

單元 32　蒐集文獻──上窮碧落下黃泉，動手動腳找東西　189

單元 33　文獻探討（上）──我這個題目，有沒有人做過？　193

單元 34　文獻探討（下）──我能夠清楚呈現自己的研究基礎！　198

單元 35　研究題目──「全球暖化」是一個好題目嗎？　203

單元 36　註明參考來源──不註明來源，顯得自己比較厲害？　206

單元 37　善用圖表──一張圖或表，可以抵過 1000 字？　211

單元 38　擬訂研究計畫──幸好只是完成「研究計畫」？　216

單元 39　實驗法──我知道，理化課本教過　225

單元 40　觀察法──這也是一種研究方法？　229

單元 41　調查法──就是發問卷的意思嗎？　232

單元 42　訪談法──就是聊天加上錄音的意思嗎？　235

單元 43　文獻分析法──就是剪貼加上文書編排的意思嗎？　239

單元 44　文書處理──製作一份易於閱讀、能被看懂的研究成果　243

單元 45　統計──我想看懂數字密碼！　248

單元 46　結果討論、結論與完稿──永遠要記得 logic、context　252

單元 47　成果發表──有 power 又有 point　256

單元 48　成果發表會──「研討會」是最好的形式嗎？　260

第 5 部　**灌溉**
指導老師的 21 堂必修課

單元 49　一般中學生能做專題研究嗎？──幹嘛找這個麻煩？　266

單元 50　**專題研究只有一種模式嗎?**──讓核心能力與多元學習
成為焦點　270

單元 51　**學科背景重要嗎?**──這個題目我不懂,去找別人!　273

單元 52　**老師一定要比學生行嗎?**──再厲害的選手也需要教練　276

單元 53　**如何檢測學生的研究潛力?**──所有的學生都有做研究
的潛力　279

單元 54　**合理的學習目標是什麼?**──從「閱讀理解」、「批判思考」、
「論證寫作」中發掘　282

單元 55　**如何指導學生閱讀?**──不要驚訝,多數學生不會閱讀!　287

單元 56　**如何指導學生討論?**──如果學生能討論,我也不想
「一言堂」啊!　293

單元 57　**如何指導學生專題寫作?**──什麼?原來不是起、承、轉、合!　298

單元 58　**如何指導學生口語表達?**──囡仔人,有耳,也有嘴　303

單元 59　**要讓學生分組進行嗎?**──善待學生或善待自己?　307

單元 60　**如何選取文本與設計問題?**──先畫出靶心,才知道箭
要往哪裡射出去　311

單元 61　**要給學生題目嗎?**──找題目是很重要的學習!　317

單元 62　**研究歷程最關鍵的階段是什麼?**──不用懷疑,就是
確認問題意識!　320

單元 63　**只寫研究計畫可以嗎?**──為山九仞,功虧一簣?　323

單元 64　**該要求學位論文的規格嗎?**──其實,小論文就夠了　327

單元 65　**如何檢核學生的進度?**──不能等到學期末把學生當掉　330

單元 66　**如何設計評量規準?**──工欲善其事,必先利其器　333

單元 67　**如何提供學生回饋與引導?**──老師不應該只給學生
一個分數　337

單元 68　**誰是最佳指導老師?**──老師動心忍性,增益學生所不能　340

單元 69　**如何訂定一份課程綱要?**──審時度勢、量身打造　344

# 因緣際會　快意而行

　　自從 2016 年發表《我做專題研究，學會獨立思考！》（商周出版），陸續得到許多的回饋與指教，因此更加能夠體認，寫作的發表既是總結過去教與學的成果，也開啟了重新思辨與行動的契機。這個契機，外緣之力來自於十二年國教的推動，因而促成一次新的課程實踐。

　　105 學年度（2016/2017），我任教的臺北市立建國高級中學賦予我規畫校訂必修課程的任務，在徐建國校長支持、教務處蔡哲銘主任協助下，我們召集深具經驗、熱情和能力的夥伴、成立了跨領域教師社群，展開「苦中作樂」的課程發展工作，進行一連串的教學實踐與反思。這門校訂必修課程名為「專題寫作與表達」，歷經四個學期的試行和修改，預計在 107 學年度（2018/2019）結束時完成「定型」，以迎接 108 學年度十二年國教課程的正式啟動。

　　由於我們的社群必須在 107 學年度彙整兩年的成果，進行傳承和培力工作，經過夥伴們多方討論，大家覺得乾脆將資料彙集成冊出版，一方面可以進行更廣泛的分享和交流，另一方面也算是給我們自己辛勤教學、研究的肯定與紀念。

　　2016 年我出版的上一本書比較著重於概念的釐清與架構的建立，並且明確地將中學生進行專題研究的目的定位於「獨立思考」，專題研究只是一種策略或工具而已。現在要發表的這本集體創作，仍在同樣理念之下，呈現社群夥伴們的學科教學知識（Pedagogical Content Knowledge），分享多年來指導學生做專題研究、寫作小論文的心得，具體解說合理可行的觀念與方法。而全書最關心的，莫過於透過做專題研

究，學習「閱讀理解、批判思考、論證寫作」等核心能力！這是我們對於「獨立思考」的進一步釐清與定位。這些核心能力的學習，透過做專題研究這一類課程的引導和實作，最有機會完成。而這樣的實施在世界各地已行之有年，看看別人、想想自己，臺灣需要急起直追。

這本新書得以完成，首先要感謝勞心勞力、不求回報、熱情率真的社群夥伴們：吳昌政（國文）、曾慶玲（家政）、童禕珊（生物）、簡邦宗（輔導）四位老師，其次要感謝引導我們探索國際景況的葉芳吟老師（英文）。當然，也要感謝徐建國校長、蔡哲銘主任的支持，以及建中前導學校計畫專任助理張雅雯小姐的協助，我們的社群運作因此相當順利。

最後，要感謝商周出版的林宏濤先生和陳思帆小姐，宏濤先生對於本書的寫作一直十分鼓勵，思帆小姐則是一再包容書稿的延宕，耗時費力進行編輯工作，務期盡善盡美。本書有任何不盡完美之處，責任當在作者。

對了，其實還應該感謝這幾個學期選修「專題寫作與表達」課程的學生們，尤其是在這門課表現不盡理想的許多學生。我們因此知道他們的功利想法是如何看待這種非考科的學習，以及慣性的學習方法如何限制了學習表現，而我們應該如何重新設定適切的學習目標和學習任務，改進教材的設計和活動的安排，以便發揮比較理想的引導和支持作用。

書是完成了，但這個深具意義的教育工作還在繼續實踐中。

黃春木　謹誌
2018.12.1 建中 120 週年校慶前夕

# 來一份屬於自己的 「企鵝報報」

先來說一個小故事。

臺北市三民國小附設幼兒園「企鵝班」張瑞櫻老師有一天帶了報紙到學校，她的班是中、大班混齡的小朋友，看到報紙時都覺得好驚奇，不知道這是什麼東西。張老師覺得報紙中有些圖案不適合讓小朋友看，所以宣布明天會帶「給小朋友讀」的報紙來。這下子，小朋友好期待呀。

第二天，張老師拿了「國語日報」來。我們得先停下來問一個問題，「三民國小訂閱了國語日報，為何先前都沒拿給小朋友看？」答案很簡單，企鵝班幾乎都不識字，即使大班，大字也認不了幾個，倒是有幾個學生注音符號還行。

小朋友七嘴八舌，好像發現新大陸似的。突然有人問老師，「為什麼報紙的邊邊是彎來彎去的？」這下子，突然大家都認為這是一個神奇的大問題。張老師做了提示引導，終於有人聯想起先前被紙張割傷的經驗，原來，鋸齒狀的設計是為了避免割傷小朋友的小手指頭。

小朋友看著報紙上的圖片，熱烈討論，大班學生認真地拼讀注音符號，努力弄清楚報紙在講什麼。突然又有人問老師，「我們可不可以自己做一張報紙呢？」這下子更不得了了，因為這實在是一個很酷的點子。

張老師也支持這樣的構想，所以她把預定的課程改變了。在老師的引導下，小朋友討論後決議要採訪可愛的故事媽媽、溜直排輪很厲害的主任，以及看起來好高大的校長。他們接受老師的教導，就平日的觀察設計了分組訪談問題，演練採訪的禮節和發問的技巧，採訪時用注音符號、圖畫做了紀錄。最後他們合作安排版面，編寫了屬於自己的第一份

校園報紙，命名爲「企鵝報報」，在 7 月畢業典禮時，成爲大班學生送給自己的畢業禮物。

　　請依據下一頁的圖 a，想一想，企鵝班小朋友從「報紙」這個課程中，練習／表現了哪些能力？

##  這個時代所需要的核心能力

　　企鵝班的大班生，大約是 2012 年出生，他們已經不知道紙本報紙了。事實上，報紙銷量日趨下滑是全世界的趨勢，大概只有印度，因爲地方分權、語言眾多、人口龐大、網路基礎建設不足、義務教育逐漸普及，幾種條件匯集，各地報社反而蓬勃發展。

　　我們所生存的二十一世紀，許多舊經驗、舊景況正在急遽地消失、重組或變形，這是一個資訊、科技、議題極爲龐大、紛繁又不斷推陳出新的時代。而且，自我與外在、在地與國際、社會與生態、虛擬與眞實的交流及跨越都非常迅速、曲折；隨著全球化、通訊科技、人工智慧的躍進，任何一個人想要脫離這樣的變遷處境，幾乎已是不可能。

　　所以，唯有面對，才可能因應、求好，乃至超越。

　　面對龐大而紛繁的資訊、科技、議題，我們需要「閱讀理解」和「批判思考」兩種核心能力（core skills），據以蒐集、篩選、分析、組織資訊，並思索議題的脈絡，發現理解、評論或解決的方法。

　　至於科技，我們可以因爲科技帶來的便利而驚嘆文明的璀璨成就，但也該警覺人類若讓科技全面掌控生活的後遺症，科技使人類生活便利的同時，也讓個體、城市、國家、全球變得異常脆弱，只需一點「意外」，就可能引發極其嚴重的連鎖反應。因此，科技可以是探究、讓生活變好的工具，卻也應該是反思、批判的對象。

　　此外，在上述理解和探究的過程中，我們往往會採行集體合作，團隊工作的能力因此至爲緊要。

　　理解和探究的結果需要向外對話、發表，乃至倡議、行動，無論呈

現的是何種形式的文本（例如 essay、document、report、book、table、chart、graph、diagram、map、information sheet、advertisement、movie、image、photo、poster 等），尤其是混合文本或多重文本，「論證寫作」的核心能力必是基礎。

　　上述能力，向外據以處理在地、國際的科技、生態或社會議題，向內據以歷事練心、省察自我。本書是以這樣的體認（請參看圖 a），來定位「專題研究」這一類的課程與學習活動。換言之，「專題研究」是一個學習的過程或一種策略，目的是積極地培養年輕學子具備「閱讀理解」、「批判思考」、「論證寫作」等核心能力，以利於他們具備足夠的條件參與這個巨大變遷的時代，可以因應、求好，乃至超越，有機會圓滿自我。

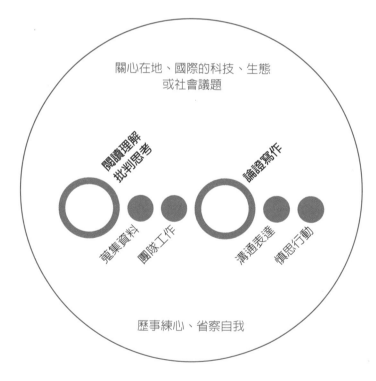

圖 a　當代學生應該具備的核心能力與視野

## 十二年國教對於臺灣人才培育的反省

臺灣的中小學教育在「教育機會均等」目標上，非常努力促成「立足點的平等」，也很堅持「結果的平等」，具體地表現在廣設高中大學，以及高中應屆畢業生就學機會率一直維持在 1 上下。然而，這種以「量的供給」為主、「不患寡而患不均」的思維，已經到了非要改弦易轍不可的地步。

我們過往的人才培育，出了什麼問題呢？

簡要地說，就是太過重視書面知識，只是一味地熟讀學科知識體系，總是在選擇題中找標準答案，不斷重複機械式的學習和考試，卻無法應用知識、統整資訊、分析及評估問題，進行問題的解決或知識的創新。

即使是優秀的學生，其優秀大多在於能夠快速「解題」，卻幾乎無力在真實情境中「解決問題」。因為在真實情境中，沒有人會先幫你把問題轉化出符應某一種學科知識形式的問題脈絡，不會獲得提示這是屬於第幾章第幾節的題目，甚至，這些問題根本就不是單一學科知識所能處理。更何況，幾乎所有的真實問題不全是「理性」就可處理的，還需要同時搭配同理、想像、關懷、熱情等右腦思考及「感性」的行動。

十二年國教的推動，顯示出政府和教育界在人才培育的弊病上已經具有通透的了解，和行動的決心，所以才會揭櫫「素養導向」，希望培育年輕學子具備「在變動世界的真實情境中足以因應及求好的態度、能力與知識」。

只不過，要在短時間改變、揚棄長久的積習，談何容易！這需要策略及方法，更需要系統性的思考與行動。在這系統中最該注意的，自然是考試及老師。前者威力強大，考試型態不調整，課程、教學、學習都很難轉變；後者有很多人已經意識到上述人才培育的問題，也有不少人已經各自摸索如何突破困境。但是老師們欠缺制度面、系統面的強力支持，也對於如何突破或突破之後何去何從，有著忐忑不安。

在回應上述這兩個關鍵環節上，十二年國教的推動，建置了比以往

更充分的引導及支持架構，針對素養導向的評量和教學、擴及升學考試的變革，已經在努力籌畫執行中。簡言之，多文字、長篇章、跨領域、混合文本等，都將成爲未來培育及檢核學生學習的基本材料。

此外，因爲要連結眞實情境，進行探究實作，課程結構做了重大調整，「專題研究」這一類課程甚至成爲校訂必修、多元選修、彈性學習的優選。

如果沒有這樣的契機，本書不可能出現，難以成爲希望突破人才培育現況的老師們，以及體察核心能力價值的學生們願意參考的材料。希望本書所分享的內容，可以爲臺灣人才培育有所貢獻，並且創造更多機會，接軌國際的教育脈動及時代發展需求。

## 培育APP世代的挑戰

過去我們習慣用「文字」來標示歷史時代的出現，這個指標自然不是顛撲不破的。如果改用「網路」，甚至「人工智慧」來作爲分水嶺，誰是「史前人類」，大家可以捫心自問！

若誇張一點地說，現在在教室裡的中小學生已經是不同「種」（species）的人類，這意味著老師提供的教材教法都需要調整。針對這些「新人類」、「數位原住民」，學術界和教育界已有許多討論，但最傳神的描述及解析，也是本書最關切的，應該是「APP 世代」（The APP Generation）。

哈佛大學心理學家嘉納（Howard Gardner）及共同作者戴維（Katie Davis）在《破解 APP 世代》（陳郁文譯，時報出版，2015）一書中，認爲這個時代成長的年輕人不僅沉迷於各式各樣的 APP，甚至已經將世界視爲 APP 的合體，而他們的生活就是一連串 APP 的排列組合。各式各樣的 APP 所提供的功能實在太強大，早已串連起青少年每一天的社交、娛樂、學習。APP 在迅速滿足生活和工作的各種需求時，同時也悄悄地限制或決定了所有事情、行動的優先順序和目標，於是，一種弔詭的情況

發生了，APP 在幫助我們開拓新的可能性時，也同步主宰了我們。

高度依賴 APP 及各種數位工具的年輕學子（以及「跟上時代」的許多成年人），生活中的一切事情都變得非常明確，所以是不容易有疑問的。但也因為如此，APP 世代並沒有更擅長提問問題、處理資訊、分析問題、關切周遭環境。相反的，有愈來愈多的人是在不假思索、無所謂的狀態下做出選擇，因為 APP 已經提供了最佳建議，得來不費吹灰之力。簡單地說，APP 讓我們成為擁有豐富資訊的「懶人」。

在此同時，APP 世代中越來越多人的同理能力日益式微，也漸漸不擅長溝通和表達，許多人彼此常「接觸」，但很少溝通，甚至是陌生的。這一切發展，讓 APP 世代花了許多心力向外競逐獵奇，充滿自信，對於差異的包容性會比較高，而且階層之間的資訊差距趨於縮小、平等。

如何讓 APP 世代的年輕學子能發揮數位科技的優勢，但免除可能的局限呢？

關鍵在於，無論使用多少 APP，針對什麼是「重要的」、「有價值的」，應該還是要留給自己來決定。

具體做法則是設法擴大 APP 世代在真實世界的生活圈，離開「舒適圈」、「同溫層」，因為在那小圈圈、小確幸裡，什麼是重要的、有價值的，已不太需要思索判斷。APP 世代應該去實地遊歷、觀察及體驗「遠方」，這個「遠方」不必是海外，臺灣許多在地的人事物就能帶來豐富的發現和反思。這種與遠方的接觸，最好帶有挑戰性，足以激發探索的熱情，老師的功能，就是在過程中不斷引導學生釐清自己思考的盲點，有兩句話，具有非常好的效果：

What do you mean?

How do you know?

這兩句話，若一直反覆追問，可能讓自認為思路清晰的人陷入愁雲慘霧，甚至得打掉重練；也可能讓思路不清晰的人因此撥雲見日，從而漸入佳境。

APP 世代的人，唯有向他所在的世界發出第一個認真思考過的疑問，

這才與世界有了真正的連結。APP世代的人只要願意探索、願意到遠方、願意與陌生人接觸，願意和認識的人溝通，從中看見自己的盲點，懂得看看別人、想想自己，在有了「自省」之後，「獨立思考」和「批判精神」便能逐漸磨練出來。於是，倚賴APP的程度降低了，而運用（甚至開發）APP開拓新的可能性的作用提升了。這整個過程，只會讓APP世代更強大、成熟，更具有競爭力。

那麼這整個過程，應該由誰來啟動及引導呢？家長當然得承擔責任，但是懷抱「促進教育機會均等」理想的學校，也是關鍵。簡言之，設法讓APP世代的年輕學子具有探索事物的好奇心和獨立思考的能力，應成為今後學校教育工作的第一個要務。而不可諱言地，年輕學子具有上述的覺察，能期許自己擁有一身本事可以美滿生活、成就自我、造福社會與更大的世界，這才是最為精采的願景。

##  本書是學科教學知識的體現

對於教導APP世代年輕學子進行專題研究、書寫小論文等各類作品，本書作者們都擁有多年經驗。過去兩年來透過課程共備與教學研討，我們希望能提供一種相對比較方便、有效的建議，經由觀念的提醒、工具的運用、策略的分享，順利地讓學生們在做專題研究的過程中，學會閱讀理解、批判思考、論證寫作等核心能力。

閱讀理解、批判思考、論證寫作等核心能力的發展雖有先後關係，但彼此之間是重疊的、互動的，而不是前面一項做好做滿，才能進入下一項。再者，彼此的區隔其實並不分明，差異甚至只在一念之間（如圖b所示）。舉例而言，閱讀理解的能力可以隨著批判思考能力的提升而增強，因為，理解存在著許多層次、面向的可能，一直深陷、苦讀文本，「絕不可以踰越作者的原意」，這往往很難深化閱讀理解的能力。甚至，我們是到了練習論證寫作之後，才終於在寫作的嚴謹思考中，洞察了作者的原意，讓理解達到更進一步的體會。

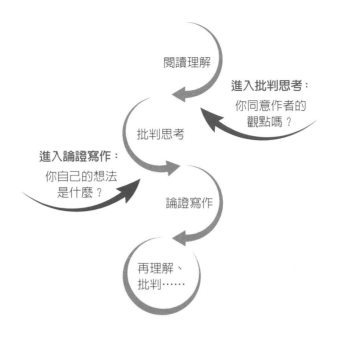

閱讀理解

進入批判思考：
你同意作者的
觀點嗎？

批判思考

進入論證寫作：
你自己的想法
是什麼？

論證寫作

再理解、
批判……

**圖 b　閱讀理解、批判思考、論證寫作的轉化**

　　所以，在斟酌一個有限的課程時數中，在考量學生的背景知識和相關能力後，在宏觀這門課程於總體課程地圖中的脈絡時，我們應該訂出一個合理的學習目標和設定適切的學習任務，啓動學生有意義的學習。

　　做專題研究、撰寫小論文這一類的學習，是一個高度理性運思的過程，老師未必都可以隨時讓整個探索的過程「有趣」（be interesting），但一定要設法讓學生們「感興趣」（be interested in），後者才足以引發較爲積極而持久的學習行動。本書正是基於這樣的體認，匯聚了作者們的「學科教學知識」後所完成的作品。

　　還記得本文一開始提到的「企鵝報報」吧？幼兒園裡小朋友對於這個世界的好奇，以及探索的熱情，正是人類文明發展最爲純眞、強大的動力。我們許多的前輩在長大後仍然保有這份精神，我們也應該如此，來一份屬於自己的「企鵝報報」吧！

# 從資料、 資訊到知識

在說明如何使用本書前，我們可以先透過表 a，分析和統整臺灣以及世界各地在進行「文本理解和問題探究」這一類課程時的各種構想。

型態 1 至 3，通常會畫歸於語文學科的學習，但只要課程／評量目標明確、內容設計得當，要從閱讀理解進入到批判思考、論證寫作能力的培育或檢核，是沒有問題的。只是在性質上，型態 1 至 3 並不屬於「專題研究」的範疇，但透過這些課程的學習與能力檢核，確實有助於提升進行「專題研究」的效能和品質。

型態 4 至 7，屬於「專題研究」的範疇，重點在於要求學生查找文獻資料。從查找文獻資料這一個學習活動起，學生將逐步檢視自己的研究動機、學習如何聚焦研究問題及其問題意識，進而釐清自己的研究立場、研究所要處理的核心概念或變項為何，可能需要蒐集哪一類型的資料來回答研究問題，以及這一類型的資料該以何種研究方法來蒐集和處理等，經過這樣的過程，才能夠完成研究計畫。

不過，我們設定的學習任務，是到練習完成研究計畫（或較簡化的研究構想書）即可，或者進一步得進行正式研究，完成小論文（或規格更高的論文），這是決定此類課程難度高低的關鍵之處。一般而言，若只是兩學分的規畫，學習如何擬定一份研究計畫，藉以培養閱讀理解、批判思考、論證寫作等核心能力，應該是足夠了。

當然，學生從毫無經驗開始練習做專題研究，很需要循序漸進地引導，表 a、b、c 及圖 c、d 提供了相關學習進路的指引，可供參考。

表 a　從閱讀理解到批判思考、論證寫作的七種學習型態

| 型態 | 學生查找文獻資料 | 老師提供文獻資料 | 老師提示方向或題目 | 說明 |
|---|---|---|---|---|
| 1 | × | × | ✓ | 寫作練習 1<br>傳統的作文形式。 |
| 2 | × | ✓ | ✓ | 寫作練習 2<br>從是否提示思考方向、提供的文獻數量多寡、文獻的學術規格高低、只做閱讀理解或進一步提出自己的評析論述等四個面向，來調控難度。目前大學入學考試學科能力測驗中的「國語文寫作能力測驗」，以及國外的 essay 寫作課程或測驗，多屬於這一種型態。 |
| 3 | × | ✓ | × |  |
| 4 | ✓ | ✓ | ✓ | 專題研究初階練習 1，完成研究計畫，或進一步完成專題研究／小論文 |
| 5 | ✓ | × | ✓ | 專題研究初階練習 2，完成研究計畫，或進一步完成專題研究／小論文。國外中學生專題研究寫作的一種型態。 |
| 6 | ✓ | ✓ | × | 專題研究進階練習 1，完成研究計畫，或進一步完成專題研究／小論文 |
| 7 | ✓ | × | × | 專題研究進階練習 2，完成研究計畫，或進一步完成專題研究／小論文。國外中學生專題研究寫作的另一種型態。 |

表 b　「摘要→問題意識→文獻探討」的專題研究學習進路（階段 I～III）

| 文獻數量 | 文獻取得 | 學生學習活動 | | 階段 | 基本能力 |
|---|---|---|---|---|---|
| 單一文獻 | 老師提供文獻 | 練習寫摘要 | I-1 | I | 閱讀理解 |
| | | 練習寫該筆文獻的問題意識 | I-2 | | |
| 多筆文獻 | 自行蒐集文獻 | 從多筆文獻中發現、凝聚共通的問題意識 | II-1 | II | 批判思考 |
| | | 另找一筆文獻，符應上述共通的問題意識 | II-2 | | |
| | | 自訂研究主題、研究焦點，蒐集多筆文獻 | III-1 | III | 論證寫作 |
| | | 從多筆文獻中組織、形成專題研究的問題意識 | III-2 | | |

| III-3 | 進行文獻探討 |
|---|---|

| III-4 | 撰寫研究計畫 |
|---|---|

| III-5 | 展開正式研究 |
|---|---|

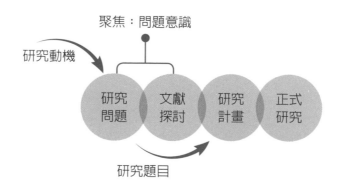

圖 c　專題研究「階段 III」的簡明流程

圖 d　做專題研究「循序累加」的三種產出及其重點要求

表 c　做專題研究三種產出的核心能力連結與可延伸的工作

| 學習成果產出的設定 | 閱讀理解 | 批判思考 | 論證寫作 | 可延伸的工作 |
| --- | --- | --- | --- | --- |
| 3. 做研究和寫論文 | 高 | 高 | 高 | 簡報、成果海報、論文 |
| 2. 專題研究計畫 | 高 | 高 | 中 | 簡報、成果海報、小論文或論文 |
| 1. 專題研究構想書 | 中 | 中 | 低 | 簡報、成果海報、小論文 |

　　上述各圖、表的分析統整，應是關於「文本理解和問題探究」、「專題研究」這一類課程的簡明架構。

　　本書各單元的說明及討論，即是依據這三組表格及兩組圖展開的。

　　本書提供給學生和老師們的參考資訊，以及實作建議，以下依照篇章次序，分別說明。

1. 遠眺：提供國際視野，了解臺灣之外的世界是如何思考及進行「文本理解和問題探究」、「專題研究」這一類課程，以及能力檢核。

從中我們可以發現，閱讀理解、批判思考、論證寫作等核心能力的培育，具有不謀而合的共識。

2. 藍圖：明確將「專題研究」這一類課程定位為「學術文章」的閱讀及寫作練習。「學術的」（academic），不能立即連結於學者（scholar）的培育。作為一位當代公民或可用之才，我們在討論或處理問題時應該要設身處地了解相關資料或當事人想法，然後講理由、要證據，其實這就符合「學術」標準。

在這個篇章中，還針對「小論文／論文」、「研究計畫」等課題提供進一步說明，希望讓有心於「專題研究」學習或教學的師生們可以依據自己的條件和需求，進行衡量，做出適切的抉擇。簡言之，想要學什麼、教什麼，可以「豐儉由人」！

3. 扎根：這一篇章探討的是讀書、做學問的基本態度與方法，因此，適用於所有想讓自己的知識精進，特別是在十二年國教「素養導向」中提升學業和考試成績的學生們參考。當然，這些基本的態度和方法，是完成專題研究、小論文等學習的重要先備條件。

4. 茁壯：這個篇章包含 29 個單元，是全書的核心。單元 20 至 30，可以畫歸於基本的「文本理解和問題探究」（適用表 a 型態 1 至 3），單元 31 至 48 則屬於「專題研究」範疇（適用表 a 型態 4 至 7）。

5. 灌溉：這個篇章，嘗試從教師的觀點來豐富關於「專題研究」的討論，每一個單元都特別以問句呈現。這些問句，雖然從老師的角度提出，但真正關聯的都是學生的學習。

學生們可以看這個篇章嗎？沒有問題！讓學生們知道老師在衡量什麼、顧慮什麼，對於自己在課程中的參與和學習，其實大有助益。

最後，運用書中想傳達的觀念作結。

對作者而言，這本書是「知識」（knowledge）的結集。但對於讀者而言，本書一開始只是一堆「資料」（data）、一個「文本」（text）

而已，唯有讀者開始產生疑問、好奇，乃至問題意識（problematic，the sense of problem），在這樣的情況下，本書將被讀者升級為「資訊」（information），或者「文獻」（literature）。希望藉由本書的協助，讀者能變成學習者、創作者，在人生至為寶貴的中學生涯裡，就生產出屬於自己的「知識」。

第 1 部　遠眺

接軌國際教育

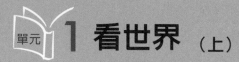

# 單元 1 看世界（上）
## 核心能力的培養

　　生活在臺灣的人，一定常常聽到一句話：「讓世界看見臺灣」。依循著這樣的思維邏輯，「臺灣之光」成為一種追求和執迷，彷彿只要透過少數「臺灣之光」這樣一個個亮點，就可以讓世界看見臺灣。

　　「讓世界看見臺灣」當然是一個很好的意圖及目標，但如何透過教育的努力，建置一個理想的系統和制度，使我們所培育的青年學子和各行各業人才，不一定要經由國際比賽，整體地就都可以成為臺灣的驕傲，這應該才是更為根本性的工作。

　　那麼，我們是否也應該適時地「讓臺灣看見世界」，看看別人、想想自己，免除一些自以為是的偏失，檢核自己的優勢、機會、限制與挑戰，然後改弦更張，為下一代學子「參與這個充滿變遷與無限可能的世界所需要的核心能力」做出關鍵性的準備？

　　以下，我們將做一個小小的回顧，從一個「批判性的回顧」來展開討論，並藉由幾個臺灣之外的實例，讓大家一起省思「核心能力的培養」這個課題。

 ## 小時了了

　　還記得小學課本中教到「月亮」單元時，自然科老師交代要觀察、記錄月亮的變化一個月嗎？在老師引導下，小學生的我們分析了觀察記錄的結果後，歸納出月相的盈虧有週期性的變化，以及月球有上弦月和下弦月等不同的月形。透過這樣的步驟，我們完成了關於月亮的小小探

究（enquiry or inquiry），並習得了月形、月相的相關概念。

　　類似的探究活動，也在美國校園出現。翻開美國小學低年級的自然科學教科書，第一頁就是一張標示著科學方法的步驟圖（圖 1.1）：

圖 1.1　科學探究的方法（**Scientific method**）

資料來源：英文原文取自 MaCmillan /McGraw-Hill（2011）. Science A Closer Look, Grade 1.

　　而在進行生物課程的「蝸牛」單元時，教科書先透過探究活動，引導學生認識蝸牛與其棲息地（下頁圖 1.2），進而運用觀察與記錄的結果，尋找支持最後結論的證據（你為什麼有這樣的答案？）。

　　然而，在臺灣讀書的學生進了國中，到了高中，深陷於厚重的教科書與講義、繁複的考試活動與課後補習中，還會有多少機會再依據類似圖 1.1 的步驟，進行科學探究？在歷年 PISA（Programme for International Student Assessment，國際學生能力評量計畫）的國際評比中，臺灣學生的表現一直存在一種很奇特的現象：平均成績好、程度不好的比例相對高、學習興趣以及在生活中應用知識的能力則相對偏低。成績好、動機低、

## Explore

### Where can snails live?

### What to do

❶ Observe. Snails can live in ponds or gardens. look closely at the pictures of each one.

❷ Compare. How is the pond the same as the garden? How is it different?

❸ Record Data. Draw and label the things you see in the pond and the garden.

❹ Draw a Conclusion. What do you think a garden snail might eat? What might a pond snail eat? Why?

## 探究活動

### 蝸牛的家在哪？

試著找一找

❶ 觀察：蝸牛可以居住在池塘或花園裡，請仔細觀察上面兩張照片。

❷ 比較：花園和池塘的環境，各有什麼相同和不同？

❸ 紀錄：標示出你在花園和池塘看到的東西。

❹ 結論：根據你的觀察和記錄，你覺得花園裡的蝸牛和池塘裡的蝸牛的食物各是什麼？
你為什麼有這樣的答案？

圖 1.2　探究活動：蝸牛的家在哪？

資料來源：英文原文取自 MaCmillan /McGraw-Hill（2011）. Science A Closer Look, Grade 1.

程度落差大，這樣的學生圖像，顯示出許多學生的成績很可能是機械式的過度練習下所得到的。但這種「勤能補拙」的勞苦，讓許多人無法負荷，而成績好的人卻可能無法發現學習樂趣，因為學習自主權大多旁落。久而久之，也就沒有能力進行自主學習了，連生活應用能力也相當薄弱，或許很會「解題」，卻很難「解決問題」。

　　世界上其他地方的學生，他們也在長大的過程中逐漸遠離提出問題、探究、發現答案的學習活動嗎？以下，我們挑幾個實例來觀察與省思吧。

## 我們小看了印度

臺灣有很多學生對於印度的第一印象，很可能來自於歷史課本提到的「種姓制度」，然後直覺會想到印度咖哩、火車上塞滿人、街上牛隻閒逛、寶萊塢（Bollywood）電影跟歌曲，還會提到恆河、甘地、男女不平等、貧富差距大、貧窮、空氣不好、治安差、拉茶、甩餅等。好不容易才有人提到印度學生數理科很強，厲害的人都當工程師。

大體上，臺灣不少學生總覺得印度是一個黑黑髒髒的地方，教育、經濟、科技都十分落後。不過，印度這個國家所涵蓋的樣貌，其實遠遠超過學生的想像。

2014 年印度總理莫迪（Narendra Modi）上台後，有鑑於高達 71% 家庭沒有任何如廁設備，為了改善衛生問題，他不畏其他國家的側目，大舉推出「潔淨印度」（Clean India）計畫，包括興建公廁及補助住家興建廁所。然而，同一年 9 月，印度發射的「火星軌道探測器」成功進入環繞火星的軌道，超越中國與日本在火星探索的成就，晉身為全球第四個國家，也是第一個亞洲國家成功進行火星探測任務。有趣的是，印度這項火星探測計畫只花了 7,400 萬美元，相較之下，遠比許多美國好萊塢（Hollywood）大片，譬如《地心引力》（Gravity）耗資 1 億美元、《星際大戰 8：最後的絕地武士》（Star Wars: The Last Jedi）成本 2 億元，顯得經濟實惠。

美國有三分之一高科技軟體工程師來自印度，早已不是新聞，在這眾人印象中貧窮、髒亂的印度，究竟是如何成為培育全球軟體、航太等領域人才的搖籃？答案是教育。

臺灣社會的「教育機會均等」做得比印度好很多，不過，印度中產階級以上家庭對於教育的重視與投資，學校在人才培育上的用心與投入，和臺灣沒什麼差別。但印度學校普遍鼓勵學生表達想法、傾聽包容不同意見、重視非考試學科的發展，以及讓學生以各種方式展現自己成就等，這些卻是臺灣教育體系相對比較匱乏的。

值得關注的是，印度是 Design For Change（DFC）探究式設計思考的起源地，在跨領域國際教育相關課程的推動更是不遺餘力。最具體的是廣泛參與英國的「國際學校獎認證」（International School Award，簡稱 ISA），美國彭博慈善基金會的「全球學者網路課程」（Global Scholars Program），以及聯合國永續發展目標的課程平台 The World's Largest Lessons（http://worldslargestlesson.globalgoals.org/）。在這幾個重要的國際化、探索式、實踐性課程與學習活動中，印度的學校都是積極的參與者。

　　圖 1.3 是印度中學（九年級）參與「國際學校獎認證」的一個課程設計實例，關注的就是如何培養學生的探究、批判思考與溝通表達能力。

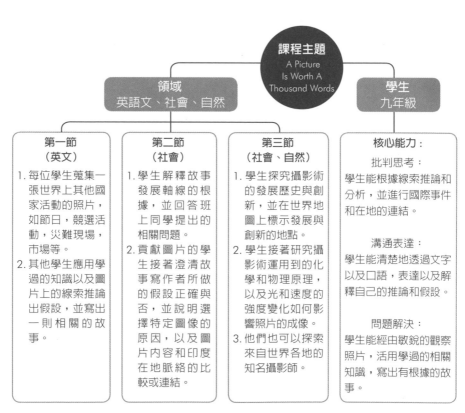

圖 1.3　印度中學（九年級）參與「國際學校獎認證」課程設計實例

資料來源：Handbook for Embedding International Dimension and Core Skills in the Classroom 2016-2017（By British Council India）

在這類課程的學習中，印度的中學生需要分析手上的資料，善用圖表，合理推論資料的場景與脈絡，形成自己的論點，並能針對同學的詢問提出言之有物、條理分明的答案。

##  美國紐約彭博慈善基金會 「全球學者網路教育課程」

接著，我們來看一個由美國民間基金會所推動免費的國際化課程方案。「全球學者網路教育課程」是一個針對全世界各大城市 10 至 13 歲的學生所設計的線上課程，每學年設計特定主題，透過網路平台連結，提供參與的學生與國際學伴互動、交流的機會，課程的宗旨，在於培養年輕學子的全球公民素養。

這樣的全球性國際教育課程，具備了什麼樣的元素？表 1.1 是全球學者網路教育課程 2017 － 2018 年主題課程：Feeding Our Cities 的概要介紹。

表 1.1　2017-2018 年 Global Scholars 課程概要介紹

| 課程單元 | 2017 ～ 2018 年 Global Scholars 課程概要介紹 |
|---|---|
| 第一單元：認識你的國際學伴 | 學生與國際學伴交流介紹——<br>1. 自己<br>2. 所屬城市的特色<br>3. 所屬城市的代表性食物 |
| 第二單元：食物滋養著我們的城市 | 學生將——<br>1. 學習營養的基本元素<br>2. 探究加工食品和糖分對於肥胖問題的影響<br>3. 覺知健康與糧食的安全和取得有著密切的關係<br>4. 思考所屬的城市可以如何解決在地的公共健康議題<br>5. 分析廣告及社群媒體是如何影響我們對食物的選擇 |
| 第三單元：食物的栽種 | 學生將——<br>1. 學習全球蔬果、穀物、肉與海鮮的生產系統運作<br>2. 訪談一位食物相關產業的從業人員<br>3. 思考全球暖化針對糧食相關議題所帶來的影響<br>4. 分析創新農業技術是否能促進糧食供應的永續 |

*(continued)*

| 第四單元：<br>全球食物供應鏈 | 學生將——<br>1. 了解全球食物供應鏈<br>2. 走查所屬的社區與飲食、食物相關的單位<br>3. 探討地理環境、交通如何影響食物供應<br>4. 探究學校食物浪費的情況<br>5. 腦力激盪解決食物浪費的方法<br>6. 認識國際組織如何確保糧食供應的穩定 |
| --- | --- |
| 第五單元：<br>我們的行動方案 | 學生將——<br>應用所學，擬定糧食相關議題的行動方案 |

資料出處：http://dq8tyqszjypss.cloudfront.net/wp-content/uploads/2016/05/GS-2017-18-Curriculum-Overview-1.pdf

　　從上述課程概要介紹中，我們可以歸納出數位素養、跨文化溝通、批判性思考、議題探究和解決問題等能力，是貫穿十個月課程的核心素養。在十個月課程的循序漸進中，每一個參與學校的學生要完成全部的在地探究活動，同時按進度，多次與連結的國際學伴一起進行線上交流和討論。臺北市政府教育局近年來已經積極鼓勵中小學參與這個方案，致力於提升學生國際溝通能力，以及透過探索行動建構世界公民意識。

　　全球學者網路教育課程 2018-2019 年的課程主題是：World of Water，詳細資訊可參見：

　　http://innovativelearning.browardschools.com/global-scholars/

 ## 芬蘭主題式探究課程

　　自 2001 年起，芬蘭在「國際學生能力評量計畫」（PISA）量表中的成績普遍高於世界平均，閱讀、數學和科學等一般畫歸於「學術成就能力」的表現均名列前茅。芬蘭學生 7 歲才正式上學，全年上課時間短、放假時間長、功課少、考試也少，但在培育高學術成就學生的教育成效卻聞名世界。

　　芬蘭展現在教育上的國際競爭力，關鍵是著重「解決問題導向」、

「探究實作導向」，透過主題教學，致力於發展應用、分析、評鑑、創造等高層次認知學習，而非死板地把大學的學科知識體系搬弄到中小學來，讓學生學習與生活世界幾無關聯的一套制式課程綱要。簡言之，芬蘭關心的是學生「學習如何學習的能力」（Learning-to-learn Skills），以及如何善用所學知識處理現實生活挑戰，不只是精通課程內容即可。

除了閱讀、數學和科學等「學術成就能力」的表現，芬蘭在同樣的教育哲學中落實「公民知識」（Civic Knowledge）的涵養，因此在「國際公民與公民權教育調查」（International Civic and Citizenship Education Study，ICCS）上的表現同樣突出。

芬蘭沒有自滿，2016 年起，推動新一波教育改革，更加強調教師的教學自主、支持協同教學，同時鼓勵學校每年至少規畫一個跨學科領域課程統整的主題式探究學習（Phenomenon-based Learning，PBL）計畫。PBL 計畫的推動是體認到，在面臨實際生活的現象或困境時，我們的頭腦並非如學校科目一般切割學科領域個別思考。實際上，我們是運用，而且也應該熟練以整體格局來思考。尤其二十一世紀許多問題都是全球關聯，例如氣候變遷、移民、經濟、勞動、媒體、科技等，過去的教育並未真正賦予學生處理這些跨學科、跨區域、跨文化議題的能力，透過PBL 計畫，芬蘭希望學校能讓「世界」變得更生動、更重要，引導與支持學生練習探究與實作能力、閱讀與溝通技巧，並增進跨文化理解相關知識，以提高學生的自我認知、學習自主性和學習動機。有了這樣的課程基礎與學習動力，絕大多數學生的學習成就自然可以提升。

**資訊加油站**

關於芬蘭教育的深入了解，可參見林曉欽譯（2013）。芬蘭教育這樣改！（Pasi Sahlberg 著）。臺北市：商周。
關於 Phenomenon Based Learning 資訊，可參見 http://www.phenomenaleducation.info/phenomenon-based-learning.html。

**IB國際文憑課程**

　　芬蘭是舉全國之力，積極培養所有學生都能成為探究與貢獻世界的終身學習者。另一方面，偏向培育菁英的國際文憑課程（International Baccalaureate，IB），也一直在關注類似的目標。

　　IB 機構（International Baccalaureate Organization）在 1968 年成立於日內瓦，其宗旨在於培養有探究能力，知識淵博，充滿愛心的年輕人，通過跨文化的理解和尊重，能協力創造一個更美好，更和平的世界。IB 課程發展至今，已有四套課程，包括 IBPYP（小學課程，3-12 歲）、IBMYP（國中課程，11-16 歲）、IBDP（國際文憑認證課程，16-19 歲）和 CP（職業發展課程，16-19 歲）。這四套課程都非常重視探究實作、解決問題，其中最受矚目的是 DP（Diploma Programme）課程。

　　DP 課程是以兩學年進行設計，由六個學科群，及三個核心科目組成，如圖 1.4 所示。

　　DP 課程著重文理兼備、全人發展，學生得從六個學科群中分別選擇一個科目，但藝術學科群非必選，學生若不選修，可以從第二、三、四學科群中再學習一門科目。由於學生在第一、二學科群必選母語學科及外語學科，意味著 DP 學生至少是雙語學習。此外，每個科目均區分標準（150 小時）與進階課程（240 小時），在六個選修科目中至少要完成三門進階課程。

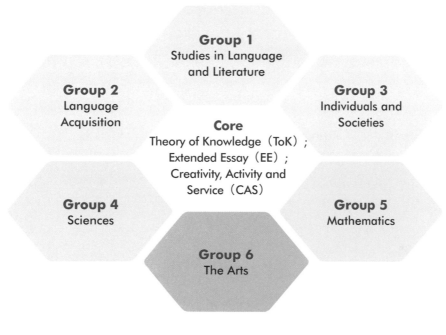

圖 1.4　**IBDP** 六個選修學科群，以及三個核心科目

資料來源：https://www.ibo.org

　　在 DP 課程中更具關鍵地位的是三門核心科目，包括知識理論課程（Theory of Knowledge，ToK）、論文寫作（Extended Essay，EE）和創意行動服務課程（Creativity, Action, Service，CAS）：

### 1. 知識理論課程（ToK）

　　要求學生能了解知識是如何建構的（How do you know what you know or How do you know what you claim?），學生須提出現象或實例，來應證知識的真偽而養成批判思考（How do you know if what you know is true? How do you know what you know comes from reliable theories?），須提出反證，學習從他人不同於自己的視角與觀點，來反思自己的認知。最後的學習成果包含口頭報告，和一篇 1600 字的論文。口頭報告屬於內部評量，論文寫作屬於外部評量，由 IB 機構指定六個題目，學生六選一完成。

### 2. 論文寫作（EE）

從六個學科群選修科目中自選主題，進行獨立研究，完成一篇 4000 字論文。學生在研究與論文寫作中，表達自己的論點，並提供相關的實例與有根據的理論，發展分析、批判、資訊整合及評估、論證及寫作表達等能力。此一研究與論文寫作由校內老師指導，最後的作品則由外部評分。

### 3. 創意行動服務課程（CAS）

ToK 和 EE 在呈現上都必須連接生活上的真實情境（real-life situation），創意行動服務課程更是與生活緊密結合。學生必須提出一個方案企畫，落實 C（藝術和其他涉及創造性思維的經歷）、A（有助於健康的體能活動或生活實踐）、S（志工的服務學習或社區行動）任一面向的要求，或者整合兩個以上面向進行。IB 機構希望透過創意行動服務課程，培養學生恆毅力、團隊合作、解決問題和決策等技能。這一項課程不會進行正式的評分，卻是拿到文憑認證的必備條件。

綜而言之，IB 課程發展立基於其所界定的學習者圖像（learners' profile），旨在培養學生成為「具備全球與在地思維，知識豐富，熱愛探索、熱情奉獻、律己達人，能與他人協力共同守護地球，創建更美好未來」的終身學習者。在學科知識相關的評量之外，IBDP 更重視評估學生是否具備以下的能力：

1. 分析和表達的能力。
2. 評估和建構論證的能力。
3. 創新思維解決問題的能力。

這就是 IBDP 文憑之所以備受矚目的關鍵。因此，IBDP 的優秀畢業生，往往享有免試申請世界百大名校的機會，可見其公信力已經確立。

## 再次關注新加坡

IBDP 培養的，是具備國際競爭力的學術菁英，新加坡的中學教育目標也是如此定位，這可以從「專題作品」（Project Work，PW）課程一窺堂奧。

「專題作品」課程自 2000 年開始於中小學實施，2003 年起成為大學預科（相當於臺灣高二和高三）學生的科目，是在參加大學入學考試（A level）之前一定要完成的課程，其學習成績自 2005 年起成為大學入學要求的一部分。

「專題作品」是以 4 至 5 人的小組工作進行，新加坡教育部於每年三月公布兩個主題，學生自選其一著手進行研究，有八個月的時間完成作品。整個課程是希望培養學生的溝通、合作、知識整合，以及自主學習的能力。而具體的學習任務，則聚焦在學生能運用跨領域知識的整合，進行真實情境問題的探究，透過批判思考分析手中資訊、辨識真偽，然後有邏輯、脈絡地論述探究的結果。

新加坡能提供大學預備教育課程的學校，包括 16 所初級學院，1 所高級中學和 4 所中學，這些學校都會安排課程，及早培養學生在「專題作品」上的研究能力。但各校的課程實施很具彈性，有的學校是由每位老師輪流教授，有的學校則是安排專任 PW 課程的老師來指導。

至於歷時八個月完成的「專題作品」，其成果呈現包含口頭報告，及 2500 － 3000 字的論文寫作。論文寫作評量偏重小組的表現，作品能否呈現分析、組織和評估的能力，是評分的關鍵。此外，每位學生需要針對探究主題，提出個人的見解及學習省思，以不超過 500 字的篇幅為限，藉以評量個人表現。

口頭報告部分，較多屬於個人的分數，看重的是表達是否流暢、條理分明。依據教育部規定，全國須在五天內完成口頭報告的評量，每個學生都有五分鐘的報告時間，以及小組 Q&A 的詢答應對。

值得注意的是，口頭報告及論文寫作均由校內老師依據評量規準進

行評分，評量者須通過教育部培訓，教育部也會派人到各校抽檢評量情形，並依據檢核結果，決定是否派人駐校監察。

　　新加坡教育部為確保「專題作品」評量的客觀公正，制定許多詳細的作業要求和評量規準。參見表 1.2 至 1.6（資料來源：https://www.moe.gov.sg/docs/default-source/document/education/syllabuses/english-language-and-literature/files/project-work-syllabus2018.pdf）。

表 1.2　PW 個人與小組評量的標準

| Components of Assessment | Individual | Group |
|---|---|---|
| Paper 1: Written Component | | |
| a. Written Report<br>• Formal exposition of 2500 - 3000 words<br>• Sources must be acknowledged | | • Substantiation of Ideas<br>• Generation of Ideas<br>• Analysis and Evaluation of Ideas<br>• Organisation of Ideas |
| b. Insights & Reflections<br>• Formal exposition not exceeding 500 words | • Analysis and Evaluation of Ideas | |
| Paper 2: Oral Component | | |
| Oral Presentation<br>• Max. 25 min. per group for groups with 4 candidates; max. 30 min. for groups with 5 candidates<br>• At least 5 min. per candidate<br>• May include group presentation not exceeding 5 min<br>• Q & A session | • Fluency and Clarity of Speech<br>• Awareness of Audience<br>• Response to Question | • Effectiveness of Oral Presentation |

表 1.3　PW 寫作和口頭報告的個人與團體分數佔比

| Component | Group | Individual | Total |
|---|---|---|---|
| **Paper 1: Written Component** | | | |
| a. Written Report | 40% | – | 40% |
| b. Insights and Reflections | – | 10% | 10% |
| **Total for Paper 1** | **40%** | **10%** | **50%** |
| **Paper 2: Oral Component** | | | |
| Oral Presentation | 11% | 39% | 50% |
| **Total for Paper 2** | **11%** | **39%** | **50%** |
| **Total for Papers 1 and 2** | **51%** | **49%** | **100%** |

表 1.4　PW 小組寫作評量規準

| Criterion | No mark | Approaching Expectation | Meeting Expectation | Exceeding Expectation |
|---|---|---|---|---|
| **Group** | | | | |
| **Substantiation of Ideas** | | Main ideas are supported by few relevant details and examples | Main ideas are supported by relevant details and examples | Main ideas are well supported by relevant details and examples |
| **Generation of Ideas** | Criterion has not been met | Ideas are largely rehashed with little or no modification | Ideas are appropriately modified and/or developed | Ideas are insightful and/or innovative |
| **Analysis and Evaluation of Ideas** | | Ideas are analysed and evaluated in a limited way | Ideas are sufficiently analysed and evaluated | Ideas are thoroughly analysed and evaluated |
| **Organisation of Ideas** | | Ideas are presented and organised in such a way that the report is difficult to follow | Ideas are presented and organised in such a way that the report is easy to follow | Ideas are presented and organised coherently |

表 1.5　PW 口語報告評量規準

| Criterion | No mark | Approaching Expectation | Meeting Expectation | Exceeding Expectation |
|---|---|---|---|---|
| **Individual** | | | | |
| Fluency and Clarity of Speech | Criterion has not been met | Speaks haltingly and/or mumbles, and is difficult to understand at times | Speaks clearly and intelligibly most of the time | Speaks clearly and fluently throughout, at an appropriate pace |
| Awareness of Audience | | Shows little awareness of audience | Shows some awareness of audience | Shows personal engagement with audience |
| Response to Question | | Answers are limited with little or no elaboration | Answers are relevant and contain some elaboration of ideas | Answers are relevant, well thought out and elaborated on |
| **Group** | | | | |
| Effectiveness of Group Presentation | Criterion has not been met | Presentation has limited effect due to lack of cohesion and organisation. Presentation aids do not enhance the presentation | Presentation is generally effective with some degree of cohesion and organisation. Presentation aids used appropriately to enhance presentation | Presentation is highly effective, cohesive and well-organised. Presentation aids used to effectively enhance overall effect |

表 1.6　PW 個人對探究主題的分析評估與反思評量規準

| Criterion | No mark | Approaching Expectation | Meeting Expectation | Exceeding Expectation |
|---|---|---|---|---|
| **Individual** | | | | |
| Analysis and Evaluation of Ideas | Criterion has not been met | Ideas are analysed and evaluated in a limited way | Ideas are sufficiently analysed and evaluated | Ideas are thoroughly analysed and evaluated |

從以上這幾個表格可知，新加坡對於「專題作品」的標準以及評量規準，盡力做到具體細緻、客觀公正。這些專題作品的標準及評量規準，成為各校在課程實施及教學指導上的依據，藉以培養知識整合、批判思考、解決問題、論證寫作、團隊工作、溝通表達等核心能力。

臺灣對於新加坡向來很關注，在教育方面雙方交流不少。針對新加坡教育，我們一直有正反不一的評價，客觀地說，新加坡不見得樣樣都值得學，或是想學就學得來，但針對「專題作品」的課程與評量規畫，卻值得我們省思與借鏡，特別是在優秀學生培育這個部分，「專題作品」所開展的實事求是舉措、知識整合任務，對於師生而言，都是深具意義及挑戰的目標。但人才培育，向來不就應該如此嗎？

**資訊加油站**

關於「專題作品」的資訊，請參見：
· 新加坡教育部官方網站 Project Work
（https://www.moe.gov.sg/education/
programmes/project-work）
· Project Work（PW）in Singapore（http://
www.bobpearlman.org/BestPractices/
ProjectWorkSingapore.htm）

## 香港也不容忽視

最後，我們回到距離臺灣很近的香港，同樣是以華人為主的教育體系，香港對於中學生在專題研究、跨領域學習上的關注，和新加坡十分類似。新加坡有「專題作品」，香港則有「通識教育」（Liberal Studies）。

香港晚近十幾年的教育改革，主要是因應 6334 新學制的調整，香港考試及評核局 2012 年開始舉辦中學文憑考試（Hong Kong Diploma of Secondary Education Examination，HKDSE，簡稱為文憑試）。在新學制下，所有學生可修讀三年初中及三年高中教育，完成六年中學課程後，即可參加評核其學業程度的文憑試，有關的公開評核包括公開考試、校本評核兩部分。所謂校本評核是指在日常學與教過程中，由學校任課教師評核學生

的表現。通識教育和中國語文、英國語文、數學，共同列入文憑試校本評核四大核心科目，想要入讀大學，必須至少得到最低門檻的成績。

依據法規和課程綱要，通識教育科在中五及中六期間實施，總授課時數約 270 小時，知識及方法等不可缺少的部分約佔 90 小時，課程目標主要包括三項：

1. A：加深對社會、國家、世界和環境的觸覺，培養正面價值觀（Awareness）。
2. B：擴闊學生的知識基礎與看事物的角度（Broadening）。
3. C：聯繫不同學科的知識和提升批判性思考能力（Connection skills & Critical thinking）。

從課程時間分配來計算，通識教育科只佔整體課時的 10%，但在高中總體課程中卻是居於核心位置，居中銜接支持各個必選修課程的學習。另一方面，在通識教育課程中，學生須學習進行獨立專題探究，當中包括擬訂探究題目、資料蒐集、整理、分析及完成報告，需要投入的時間其實非常多（參見下一單元的說明）。

為引導學生進行獨立專題探究，通識教育科的課程設計採行議題探究來建構知識，議題探究的過程基本上規畫為：

1. 掌握事實、理解現象、澄清概念。
2. 明白有關的分歧和衝突。
3. 進行反思、作出評鑑、判斷、探求出路、付諸實踐。

此外，為了支持通識教育科的實施，2011 年，由當時的香港教育局課程發展處個人、社會及人文教育組出版，顧伊麗、侯傑泰、何德芳所編寫的《批判性思考能力的學與教——情境分析（高中）》，共提供了九個情境文本，每一個情境均分別設計了「情境討論及活動」、「情境解說：確認偏誤」、「拓展思考」三個單元，提供學校在進行通識教學相關課程時的參考運用。不過，針對批判性思考能力的培養，早在中一

至中三（國中）即已進行，高中延續此一核心能力的培養，並在通識教育科進入更為具體的實作。

透過以上的探討，雖然只是列舉幾個實例，大致上還是可以發現：運用專題研究這一類課程來培育學生多元能力的發展，特別是在閱讀理解、批判思考和論證寫作等核心能力的紮實訓練，可說是共同的目標。這既關乎自主學習，同時也含括終身學習，遠比僅是要求學生熟練課本制式的知識，卻無知無感於現實世界來得重要多了。

## 資訊加油站

關於香港通識教育科及批判思考教材的相關訊息，請參見：

· https://www.edb.gov.hk/attachment/en/curriculum-development/major-level-of-edu/primary/materials/transition-from-p-to-s/25Jun_5Jul13_parent_talk_ppt3.pdf

· http://minisite.proj.hkedcity.net/edbosp-crosskla/cht/learning_and_teaching_resources/resources_list.html?id=511db403e343993078000000

· http://www.ate.gov.hk/2011_12ate/english/docs/Compendium06-07/Compendiumon20062007_7_Teaching_Practices_Cert_Merits_PSHE_KLA.pdf

· https://resources.hkedcity.net/search.php?search_key= 批判性思考 #search_key=

當然，批評者會說這一類課程是要培養菁英人才，有許多學生連基礎的知識都掌握不了，哪有能力進行探索？

這種想法顯然是推託之詞，而且完全低估「學生是有自己想法」的事實，更糟糕的是隱含一種意識形態：「思考和探究是聰明學生的權利，我的學生不夠優秀，因此不能教他們思考和探究，他們也學不來」。按這種邏輯推演下來，這些學生似乎已被老師直接宣告是「勞力者」。這樣的教育心態，對於學生本人，或是臺灣社會迎接人工智慧、全球競合的發展，恐怕連「因應」都難以辦到，遑論開創或主導。

其實，比較積極的作為，應該是假如提供給菁英學生的專題研究或核心能力發展的標準是 10，其他學生就依據其可能的表現，在 1~9 之間加以引導和培育，設法逐步提升學生思考的品質與解決問題的知能。換

言之，在培養學生閱讀理解、批判思考和論證寫作等核心能力的目標上，不應該是一種全有或全無（All or None）的極端選擇，而應該是適性發展的循循善誘、量身打造。當然，我們更可以換個角度思考，讓學生從日常生活真實情境中，去連結知識的學習和探索的練習，真的有比讓他們坐在教室中熟讀一大套依據學科知識體系所編寫的教科書來得難，或比較沒有價值嗎？

在結束這個單元的討論前，我們或許可以再深思以下這個問題：試問，在沒有選擇題的世界舞台上，當你被問到「請分析某個事件的原因、過程、影響，以及對臺灣的啓示／挑戰」時，你準備好了嗎？

心得筆記

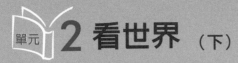

經過上一單元的探討及說明可以發現，當我們仍醉心於「如何精進選擇題的命題技巧，以便檢測學生的高層次認知能力」這樣一個徒勞無功的努力，以及無視於「這種『限制反應題』是如何地限制老師和學生的思考」這樣一個後患無窮的執迷時，臺灣之外的世界對於下一代年輕學子核心能力的培養，正在不遺餘力地展開。

以下，換個角度，從「核心能力的檢核」這個面向，深入了解臺灣之外的世界正如何思考和行動。

 **PISA測驗**

首先，配合臺灣在地的高度興趣，先來看看 PISA 測驗。

PISA 指的是「國際學生能力評估計畫」（Programme for International Student Assessment），由總部設於法國巴黎的「經濟合作與發展組織」（簡稱經合組織，Organization for Economic Co-operation and Development，OECD）所籌畫及推動，是針對全世界 15 歲學生學習水準進行檢核的大型計畫，最早開始於 2000 年，每三年進行一次，目標在於比較世界各地教育程度、發展教育方法與促進學習成果。

雖然遭受許多的質疑和批評，測驗結果也常遭到誤用或錯誤解釋，PISA 測驗仍可視為全球目前最具影響力的國際學生學習評量，具有國際排名的外溢效果，因此深受各國重視，臺灣自不例外。2007 年，教育部和當時的國家科學委員會，甚至委託國立臺南大學成立 PISA 國家研究中

心，專責試題研發及評量推廣、教師研習、種子教師培訓、測驗結果分析解釋等。此外，國家教育研究院早於 2004 年即著手進行臺灣學生學習成就評量資料庫（Taiwan Assessment of Student Achievement，TASA）的建置規畫，並將施測對象涵蓋國小至高中職學生。

　　PISA 主要測試數學、科學和閱讀能力，關注的不是學生在學科知識的學習成就，而是在多樣不同的情境中，能夠靈活運用學校所學（例如概念、程序、事實、工具等），整合相關資訊來描述和理解問題、分析和解釋問題、評估或解決問題。換言之，強調的不是一個人現在有或沒有的特性，而是能夠終身發展的特性。這種連結真實情境、關切終身學習的能力表現，應該就是十二年國教所宣揚的「素養」。

　　以閱讀素養為例，PISA 測驗所提供的文本，有短文和長篇章，少則 600 字，多則 1500 字以上，筆試時間是兩小時。試題設計如表 1.7。

表 1.7　PISA 閱讀測驗分析

| 閱讀連結 | 文本內在訊息 | | | 連結外在知識 | |
|---|---|---|---|---|---|
| 閱讀能力 | 擷取與檢索 | 統整與解釋 | | 省思與評鑑 | |
| 閱讀認知歷程 | 擷取訊息 | 廣泛理解 | 發展解釋 | 文本內容 | 文本形式 |
| 測驗題型 | 簡答題或選擇題 | 選擇題為主 | 選擇題、簡答題、問答題 | 選擇題、簡答題、問答題 | |
| 試題內容 | 文字檢索、圖表檢索、情境判斷等 | 判別主題、寫作目的、主旨大意等 | 文章涵義、段落重點、邏輯順序、統整訊息、原因推論、情境推論、舉例證明等 | 論點解釋、原因推論、證據解釋、評論某個段落的適合性、生活實例及解釋等 | 作者選擇此一形式的解釋、原因推斷、識別與本文風格和目的相關特色等 |

　　PISA 所謂的文本形式，包括連續文本及非連續文本。前者指的是記敘文、說明文、論述文之類，後者指的是圖形、表格、地圖、廣告等，這些是我們日常生活中都會接收、閱讀、分析的對象。

臺灣 PISA 國家研究中心曾參照上述 PISA 的準則，發展屬於臺灣自己的不同閱讀素養水準，做為試題設計的依據，如表 1.8。

表 1.8　不同閱讀素養水準的摘要描述

| 水準<br>最低分數 | 作業特徵 |
|---|---|
| 6<br>698 | 通常需要讀者能詳實且精確進行多項推論、比較和對比。能全面詳細理解、整合文本訊息。針對複雜訊息，處理不熟悉的觀點並產生抽象的類別。就不熟悉的主題提出假設、批判性評鑑複雜文本、考量多個標準或觀點，並應用來自文本以外的精細理解。擷取與檢索作業最重要的一個條件是分析的精確性，及小心留意文本中不顯眼的關鍵細節。 |
| 5<br>626 | 尋找、組織潛藏文本訊息，推論文本中訊息的關聯性。依據特定知識形成批判、評鑑或假設。需要對不熟悉的文本內容或形式全面詳細的了解。就所有的閱讀歷程來說，此水準的作業通常涉及處理與預期相反的概念。 |
| 4<br>553 | 需要針對全文，解釋一節文本中語文意義的精微差異。理解與應用陌生情境下的分類。使用正式或一般知識對文本提出假設或批判評鑑。 針對陌生內容、冗長或複雜文本，呈現準確的理解。 |
| 3<br>480 | 尋找與辨認符合多個條件訊息間的關係。整合文本以確認大意、了解關係，或詮釋字詞的意義。比較、對照或分類時考量多項特徵，所需的訊息不明顯、複雜或有其他文本阻礙，例如與預期相反的想法或負面用語。需要連結、比較和解釋，或需要讀者評鑑文本的單項特徵。就熟悉的日常知識呈現對文本的精緻理解。運用不常見的知識，進行一般性理解。 |
| 2<br>407 | 需要讀者尋找一個或多個可能需要推論及符合多個條件的訊息。其他則需辨認文章的大意、理解關係、或在訊息不明顯且讀者必須做出低階推論時，就有限的部分文本詮釋意義。此水準的作業可能包括依據文本的單一特徵進行比較或對照。此水準典型的省思作業需要讀者依據個人的經驗與態度，做一個比較或若干個文本與外部知識間的連結。 |
| 1a<br>335 | 需要讀者尋找一個或多個明確陳述的獨立資訊；辨認某個熟悉主題的主旨或作者目的，或簡單連結文本訊息與常見的日常知識。通常所需的文本訊息是明顯的，且很少有複雜的訊息。明確地引導讀者考量與作業和文本有關的因素。 |
| 1b<br>262 | 需要讀者從簡短、句法簡單的文本中，尋找一個位於明顯位置的明確訊息，該文本具有熟悉的情境和文本類型，例如一個故事或一個簡單列表。該文本通常能對讀者提供支持，諸如重覆的訊息、圖表或熟悉的符號。具有最少量的複雜訊息，對於需要解釋的作業，讀者可能需就相鄰的訊息做簡單連結。 |

資料來源：臺灣 PISA 國家研究中心（2010）。PISA 閱讀素養應試指南。http://pisa.nutn.edu.tw/download/sample_papers/2009/2011_1205_guide_reading.pdf

PISA 測驗其實仍在發展及修改中，2015 年開始全面電腦化施測，並增加「合作式問題解決能力（Collaborative Problem Solving Skills）」線上評量、互動式科學素養等題目，2018 年則納入「國際力」（global competence）指標，評估學生是否具備理解國際時事及批判思考分析議題的能力，這是在面對全球化衝擊下的生活能力與職涯競爭力。

 ## SAT及ACT論文寫作測驗

　　接著，鑒於歷年來臺灣有不少高中畢業生奔向北美爭取大學入學機會，因此，學術評估測驗（Scholastic Assessment Test，SAT）或美國大學入學測驗（American College Test，ACT）的檢核，是值得探究的對象。

　　SAT 及 ACT 這兩個測驗，是目前美國、加拿大許多大學招生主要參照的入學考試，均有論文寫作測驗 Essay writing test，但都屬於選考科目。一般而言，如果要爭取百大名校的入學機會，申請者實力又可能在伯仲之間，多一項論文寫作成績的證明，應該是比較保險的選擇。

　　2016 年之後，SAT 論文寫作由議論文變成分析性寫作，考試時間 50 分鐘，考題主要是一篇閱讀文章，由考生進行分析性寫作。寫作的重點在於分析作者使用了哪些證據來證明觀點，是怎樣進行論證的，以及論述邏輯是否完善，但考生不能加入自己的論點或批判作者的論點。此外，評分重點也包括檢核考生的文字表達能力，例如寫作架構完整，不鬆散、不離題，有組織且簡短有力等。

　　有關 SAT Essay writing test 評分的相關資訊，可參見：

https://collegereadiness.collegeboard.org/sat/scores/understanding-scores/essay

　　至於 ACT 的 Optional Writing Test，題型類似，但評量重點不同。在閱讀一段針對某議題的引言後，參考試題提供的三種觀點，寫出自己的論點。考生要在 40 分鐘內，表現出四種寫作能力，包括：

1. 分析：分析三種觀點，闡述自己對於此一議題的見解。

2. 論證：說明理由，舉出實例，支持自己的論點。

3. 組織：文章架構嚴謹、主旨清晰、呈現邏輯、段落銜接通順。

4. 語言：文字精簡、文句意涵清晰、語調適當等。

以下呈現的是 ACT 寫作測驗最高分 6 分的評量規準。

表 1.9　The ACT Writing Test Scoring Rubric

| | Ideas and Analysis | Development and Support | Organization | Language Use |
|---|---|---|---|---|
| **Score 6:**<br><br>Responses at this scorepoint demonstrate effective skill in writing an argumentative essay. | The writer generates an argument that critically engages with multiple perspectives on the given issue. The argument's thesis reflects nuance and precision in thought and purpose. The argument establishes and employs an insightful context for analysis of the issue and its perspectives. The analysis examines implications, complexities and tensions, and/or underlying values and assumptions. | Development of ideas and support for claims deepen insight and broaden context. An integrated line of skillful reasoning and illustration effectively conveys the significance of the argument. Qualifications and complications enrich and bolster ideas and analysis. | The response exhibits a skillful organizational strategy. The response is unified by a controlling idea or purpose, and a logical progression of ideas increases the effectiveness of the writer's argument. Transitions between and within paragraphs strengthen the relationships among ideas. | The use of language enhances the argument. Word choice is skillful and precise. Sentence structures are consistently varied and clear. Stylistic and register choices, including voice and tone, are strategic and effective. While a few minor errors in grammar, usage, and mechanics may be present, they do not impede understanding. |

資料來源：file:///C:/Users/user/Downloads/Writing-Test-Scoring-Rubric.pdf

SAT、ACT 這種論文寫作考試，性質上屬於強化版的閱讀測驗，但因為考試時間有限，考生不太容易發揮該有的學術能力。在舊制 SAT 考試時，論文寫作是必考科目，佩雷爾曼（Les Perelman）就曾經根據 SAT 主辦機構所公布的範文和習作，推斷出評分的固定模式，然後訓練考生得到很高的成績，在作文百分位上位列 92 以上。這段故事隨後由 Scott Jaschik 在 2007 年 3 月寫成 Fooling the College Board 一文，發表於 *Inside Higher Education*，參見：

https://www.insidehighered.com/news/2007/03/26/fooling-college-board

SAT 後來針對論文寫作的評量做出改革，進而限縮考生自行議論，僅能就提供的文章進行分析寫作。不過，無論 ACT 或是改革後的 SAT 論文寫作，似乎僅能部分推估學生具備學術性文章的寫作能力，其實難以檢核出學生將來順利完成大學學業更重要的條件，譬如動機、創造力、獨立思考能力、求知欲和毅力等，這些能力表現仍然得從學習歷程檔案中才能據以推估。晚近趨勢是越來越多大學名校捨棄「論文寫作」做為入學要求的一部分，但仍可能會依據此成績，考查英文寫作的邏輯分析能力。

 ## 加拿大卑詩省 （British Columbia） 學力測驗

加拿大卑詩省（或稱英屬哥倫比亞省）西靠太平洋，聚集非常多亞裔移民，主要居住於最大城市溫哥華（Vancouver），華語是僅次於英語的第二大語言。

卑詩省在 2018 年針對四年級和七年級學生所要接受的基本能力評量（Foundation skills assessment，FSA），以及高中畢業生必須接受的畢業會考（Provincial graduation assessment，定位類似於臺灣的大學學測）做了改革，改革的目的，是為了因應課程與課堂教學的改革，設計和實施足以反應課堂教學的學力檢測（The assessments mirror the classroom practice）。

基本能力評量測試的，是中小學生的閱讀、寫作及數學的素養，區

分為紙本與線上題目，如表 1.10。

表 1.10　加拿大卑詩省基本能力評量（FSA）試題架構

| FAS Structure | | | Weighting |
|---|---|---|---|
| **Collaboration Activity** | Explore 2 themes, students choose 1 theme | | Not scored |
| **Student Booklet** *Constructed-response items* | Student choice of theme | | |
| | **Reading: Theme 1** 2 reading passages 3 written-response questions | **Reading: Theme 2** 2 reading passages 3 written-response questions | 30% |
| | **Writing** 1 writing question | | 100% |
| | **Numeracy** 3 written-response questions | | 30% |
| | **Self-Reflection** 1 written-response question | | Not scored |
| **Online** *Selected-response items* | **Reading** 30 online questions | | 70% |
| | **Numeracy** 30 online questions | | 70% |
| | **Self-Reflection** 1 selected-response question 1 open-ended question | | Not scored |

資料來源：https://www2.gov.bc.ca/assets/gov/education/administration/kindergarten-to-grade-12/assessment/fsa_description_specification_june2017.pdf

　　紙本的閱讀素養評量分別以兩人一組、全班合作，激盪思考兩個主題可能涵蓋的內容，以及生活中的相關經驗後，由學生自由選擇感興趣的一個主題，閱讀相關的評量文本（通常是兩篇），然後針對文本提示的問題，書寫個人的理解。在跨文本提問部分，聚焦於學生能根據文本內容細節，支持自己對於文本的理解，並透過跨文本的人物、內容或事件的比較，深化對於此主題的詮釋。評量的最後一個部分是短文寫作測驗，仍扣緊相關主題發揮。

　　表 1.11 節錄自七年級的閱讀與寫作範本試題，右欄是本書作者加上的備註說明，可供參考。

表 1.11　加拿大卑詩省基本能力評量（FSA）七年級範本試題

| 主題<br>theme | Overcoming Obstacles<br>（克服困境） | 備註 |
|---|---|---|
| 閱讀<br>文本 | 報導文學：<br>Adventure In the Amazon<br>短篇故事：<br>The Herring Choker | Ed Stafford 是英國人，以 860 天旅程，在 2010 年 8 月成功徒步跨越亞馬遜河流域。 |
| 閱讀<br>理解 | 1.Explain how the environmental issues facing the Amazon and the planets are related to Ed Stafford's reasons to go on his journey from Adventure In the Amazon. | **How do I know**<br>要回答這個問題，學生必須理解地球所面臨的環境議題，及 Ed Stafford 在文本中提及自己對亞馬遜河之旅所賦予的意義。 |
| | 2.Explain how facing challenges affects the relationships between the characters in the Herring choker from The Herring Choker. | **How do I know**<br>要回答這個問題，學生必須掌握因果與時序脈絡中人際關係的轉變。 |
| | 3. 跨文本的提問<br>Overcoming obstacles is often achieved with the help from others. Explain how the people in Adventure in the Amazon and the Herring Choker help each other to overcome obstacles.<br><br>Adventure in the Amazon<br>Both<br>The Herring Choker | **How do I know**<br>要回答這個問題，學生需要理解，在困境中，人們可以如何相互鼓勵與協助，並透過比較文本細節，歸納兩個文本的異同。此一題目提示可使用 Venn Diagram 分析文本訊息，比較兩個文本出現的人物是如何彼此協助。關於 Venn Diagram，可參閱：<br>https://en.wikipedia.org/wiki/Venn_diagram |
| 短文<br>寫作 | Writing topic（題目）<br>**Sometimes we need to depend on each other.**<br>Describe a time you or someone you know depended on someone else. | |

資料來源：https://www2.gov.bc.ca/gov/content/education-training/administration/kindergarten-to-grade-12/assessment/foundation-skills-assessment/fsa-samples

進一步檢視基本能力評量的評量規準（如表1.12），相關（relevant）、符合邏輯的連結（logic connection）、以證據為基礎（evidence-based）、具洞察力（insightful）是獲得高分的關鍵。

表 1.12　加拿大卑詩省七年級基本能力評量（FSA）評量規準

### FSA Grade 7 Reading Scoring Rubric

| | 1 | 2 | 3 | 4 |
|---|---|---|---|---|
| **Snapshot** | Demonstrates limited understanding or misreading of the text（s）and/or question, usually a verbatim recall of information. | Demonstrates an understanding of the gist of the text（s）and question. The reader is able to support their thinking in a simplistic way; literal interpretation of main ideas and concepts. | Demonstrates a clear understanding of the text（s）and question. The reader is able to support their thinking using mostly accurate details closely linked to the central idea of the question and text（s）. | Demonstrates an in-depth understanding of the text（s）and question. The reader supports their thinking using accurate text based information; may be insightful. |
| | **NR** No response（answer page is blank） | **0** | Response does not have enough information to be scored; response contains very inappropriate language; or all work is erased or crossed out. | |
| **Comprehend** | • limited understanding of the text（s）and/or question; may be an inaccurate interpretation<br>• may confuse main and supporting ideas<br>• locates some details; omits a great deal<br>• may place main events in order; explains some simple relations<br>• has difficulty making simple inferences or predictions | • basic understanding of the text（s）and/or question is evident; often vague; sometimes incomplete<br>• identifies most main ideas<br>• locates some details; omits some<br>• places main events in order, may explain some relationship among events<br>• makes simple inferences or predictions; little or no text supported references | • clear understanding of the text（s）and question; provides accurate information with specific reference to the text<br>• identifies main ideas and restates in own words; may use words from the passage<br>• locates specific text based information<br>• places main events in order; explains relationship among events<br>• makes some logical inferences or predictions with text supported references | • in-depth understanding of the text（s）and question; work is precise and thorough; may be insightful<br>• identifies and restates main ideas; explains how they are connected<br>• locates specific relevant details; discussion may be insightful<br>• explains subtle relationships among events; often speculates about other possibilities<br>• inferences or predictions based on evidence; insightful |

（continued）

| | 1 | 2 | 3 | 4 |
|---|---|---|---|---|
| Connect | • no integration of ideas, information or supporting evidence from the text（s）<br>• no evidence of interpretation or relevant insight<br>• has difficulty making simple and obvious connections<br>• simple, unsupported reactions and opinions | • little integration of ideas, information or supporting evidence from the text（s）<br>• may include interpretation or insight in a simplistic way<br>• makes concrete and obvious connections<br>• simple, direct reactions and opinions; gives reasons if provided a frame or model | • some integration of ideas, information or supporting evidence from the text（s）<br>• may show some interpretation or insight<br>• makes accurate, relatively direct connections<br>• offers reactions and opinions; with some logical support | • integrates specific relevant ideas from text（s） in response to the question<br>• shows interpretation or insight; makes inferences<br>• makes and supports connections<br>• offers supported reactions and opinions; may show some complexity |

資料來源：https://www2.gov.bc.ca/assets/gov/education/administration/kindergarten-to-grade-12/assessment/fsa-scoring-guide-en.pdf

　　透過這一份評量規準，七年級學生平日得學習如何理解及分析文本，以及如何評估自己的回答和寫作能力，從寫作中，呈現自己對於文本關鍵要素的掌握，以及延伸的反思和詮釋。

　　卑詩省高中畢業生的學力檢測，主要針對跨領域的多元思維和理解分析能力，評量類別分為數學 Provincial Graduation Numeracy Assessment（GNA），以及閱讀素養 Provincial Graduation Literacy Assessment（GLA）兩個面向，旨在評量學生能運用課堂中所學習的知識，在呈現真實情境的試題中，展現溝通表達、創造性思維和批判性思考。新制的數學評量（GNA）已經在 2018/2019 學年度開始實施，閱讀素養評量隨後將於 2019/2020 學年正式實施。

　　閱讀素養評量會以核心問題（essential questions）提問，啟動學生的運思與討論，試題內容和真實情境息息相關。下列為兩個核心問題的例子，資料來源參見：https://curriculum.gov.bc.ca/provincial-assessment/graduation/literacy

　　1.　What role does diversity play in today's society?

　　2.　How can an individual make a difference in the world?

圖 1.5 呈現的，是即將在 2019/2020 學年正式實施的閱讀素養評量架構，旨在評量學生是否能深入分析多文類閱讀媒材（Part A: What do these passages have to say? / How do you know what you know?），透過寫作，驗證他們的理解，並能言之有物、言之有理、言之有據地表達針對相關主題的個人見解與省思（Part B: What do you have to say based on what you know?）。

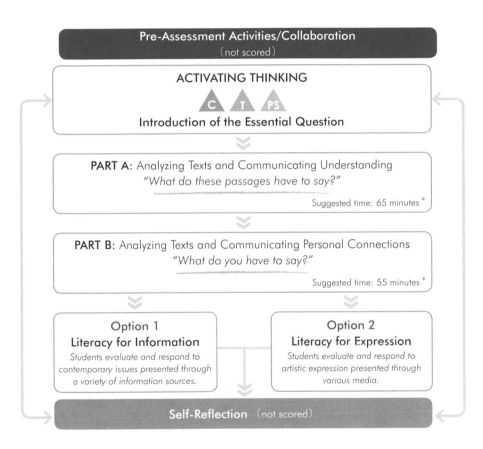

**圖 1.5　加拿大卑詩省高中畢業會考閱讀素養評量（GLA）架構**

資料來源：https://curriculum.gov.bc.ca/provincial-assessment/graduation/literacy

無論評鑑四年級、七年級學生的基本能力測驗，或高中畢業生會考，我們都可以在相關網站上讀到 The assessments mirror the classroom practice，這句話闡明評量的方式與內容旨在反映日常的課堂學習，課堂學習才是核心。

　　透過上述關於評量架構、範本試題、評量規準的介紹，我們實不難歸納出多文類閱讀理解，以及透過閱讀理解，詮釋與發展學生自己觀點的批判性思考、論證寫作等核心能力，正是加拿大卑詩省在日常教育活動中所致力的關鍵目標。

##  新加坡的 「理解與寫作」 （General Paper）

　　在上一個單元介紹新加坡大學預科課程中的「專題作品」時，已經連帶呈現「專題作品」的檢核設計。對於準備就讀大學的新加坡學生而言，其實還有另一個難度很高的課程：「理解與寫作」（General Paper，GP），這是必修的英語寫作課程，已實施多年，同時也是大學入學考試（A-level）的科目之一。

　　「理解與寫作」的學校課程目標，除了淬煉學生英文寫作的表達能力，更因為寫作主題聚焦於時事、新加坡在地議題及全球重要議題，學生必須廣泛閱讀理解相關文本，擷取關鍵訊息，運用批判性思考，評估文章中的論點，進而整合跨領域的知識，援引實例支持及發展自己的論證，藉以完成論證寫作。

　　至於在大學入學考試中，「理解與寫作」分試卷一和試卷二，試卷一是作文，而試卷二則是理解問答。

　　試卷一的考試內容，是提供十二道題目給學生，每一道題涉及的領域不同，有歷史、社會、文化、經濟、政治、哲學、文學、美術、工藝、科學、數學、環境等，學生可選擇其中最有把握的一題作答，例如：

〝The media does not require more freedom; rather it needs to exercise more responsibility. To what extent do you agree with this statement? 〞，或是〝Do the arts have a future in Singapore?〞。

　　考試時間是一個半小時。一般學生答題字數多在 500 至 800 字之間，但如果想要獲得 A，一流學生可能寫到 2000 字以上。

　　值得注意的是，考試題目通常會問 To What Extent 或 How Far。這意味著答案最好不要武斷，得從不同面向、不同情況進行分析評估。在論述中最好提出至少三個論點，闡述這些論點時，最好能舉出實例來支持，而不是想當然爾的意見。如果要獲得高分，最好將論點和實例做出層次，且條理分明，在闡述自己的論點後，也要進行反思，設想持相反意見的人會怎樣批判自己的論點？自己的論點有沒有弱點或缺陷，必須加以交代及承認？

**資訊加油站**

- 新加坡教育部官方網站 Project Work
  https://www.moe.gov.sg/education/
  programmes/project-work
- **Introduction to H1s**
  General Paper, Project Work, and
  Economics. By Chung So Hyun
    （18A13A）and Grace Lau（18SO3I）
    （https://rafflespress.com/2018/01/26/
  introduction-to-h1s-general-paper-
  project-work-and-economics/）
- William Wang（2016）。新加坡學
  生念大學前必須學會的事：獨立思
  考、綜觀國際的判斷力。取自換日線
  https://crossing.cw.com.tw/blogTopic.
  action?id=505&nid=6853

有無解決方案或後續可以探索深究的方向？照這樣進行反思，衡酌反方或多元論點，才審慎地下結論，可以證明自己是個能夠進行全方位思考的學生。

　　試卷二是評量學生的閱讀理解，涉及知識領域不限，閱讀的總字數量約 1200 字，題目可能是一個長篇文本或兩個較短篇章，考試時間也是一個半小時。考題形式有幾題簡答題，主要是要求考生提取重要訊息，必須用自己的話來摘要作者的觀點。接著就是一個應用問題（Application），須寫出一篇短文，針對作者核心論點加以剖析，並闡述自己的看法，最好正反俱呈，探討在這個議題上，新加坡（或外籍考生自己的國家）是否能解決、如何解決。關於「理解與寫作」兩份試卷的評量設計，如**表 1.13**。

表 1.13　「理解與寫作」評量內容及分數佔比

| Paper | Description | | Range of Marks | Weighting | Duration |
|---|---|---|---|---|---|
| **Paper 1**<br>**Essay** | Paper comprises 12 questions<br><br>Topic Areas:<br>• Issues drawn from across disciplines<br>• Issues of local interest and global concern. | Answer any one out of a total of 12 questions.<br><br>500–800 words. | Content: 30<br>Use of English: 20<br>Total mark: 50 | 50% | 1 hour 30 minutes |
| **Paper 2**<br>**Comprehension** | Text comprises one or two passages.<br><br>Questions cover:<br>• Understanding including literal comprehension, vocabulary and inference （17 marks）<br>• Summary （8 marks）<br>• Application （10 marks）<br><br>Candidates write their answers on the question paper. | Answer all questions.<br><br>Questions will be set on one passage or on two different passages that allow for comparative analysis.<br><br>The length of text（s） will be about 1200 words in total. The text（s） will be marked by paragraph numbers in the left margin and line numbers in the right margin. | Content: 35<br>Use of English: 15 （A separate but holistic score based on the entire script.）<br><br>Total mark: 50 | 50% | 1 hour 30 minutes |
| **TOTAL** | | | 100 | 100% | 3 hours |

資料來源：https://www.seab.gov.sg/content/syllabus/alevel/2018Syllabus/8807_2018.pdf

　　由上可知，「理解與寫作」的評量向度主要就是閱讀理解、批判思考及論證寫作，同時也重視英文寫作能力。更重要的是，透過這樣的學校課程及考試檢核，新加坡要培養的是具備全球視野，且關切新加坡在地議題及脈絡的學子。

**香港的 「通識教育科」 校本評核**

香港自 2011 年啓動了「新高中課程」改革，2012 年起推行「校本評核」，主要包括中國語文、英國語文、通識教育三個核心科目，以及其他選修科目，總計十二個科目。

在上一個單元已經介紹的通識教育科，其校本評核模式是採「獨立專題探究」。依據香港考試及評核局的規畫，爲了讓中學生在學校的學習成就能成爲各大學入學具有公信力的要求，「公開評核機制」成爲基本規範。以通識教育科爲例，進一步的改革設計已於 2018 年公布，詳細資訊明載於《香港中學文憑考試 2021 年通識教育校本評核教師手冊》（School-based Assessment Teachers' Handbook，以下簡稱通識教育校本評核教師手冊）當中。

之所以編寫教師手冊，是因爲校本評核的要角是學校教師，唯有學校教師，才能眞正了解學生的學習表現與潛力。

在通識教育科的公開評核機制中，包含公開考試、校本評核兩部分。相關規畫如表 1.14。

表 1.14　通識教育科的文憑考試向度與分數佔比

| 部分 | | 比重 | 時間 |
|---|---|---|---|
| 公開考試（筆試） | 卷一：資料回應題<br>三道題目，全答 | 50% | 2 小時 |
| | 卷二：延伸回應題<br>三道題目，三選一 | 30% | 1 小時 15 分鐘 |
| 校本評核：獨立專題探究 | | 20% | |

資料來源：通識教育校本評核教師手冊 http://www.hkeaa.edu.hk/DocLibrary/SBA/HKDSE/SBAhandbook-2021-LS-C.pdf

通識教育科的「獨立專題探究」是一個自主學習的經歷，鼓勵學生在教師指導下，承擔學習的主要責任，促使學生在探究的過程中，成爲獨立和自主的學習者。每一位學生須就某一當代議題，以具規範的探究

方法，完成獨立專題探究報告。所謂具規範的探究方法，除了最後應附上詳細的參考資料之外，主要的內文規範包括：

A. 題目界定（通常可進一步說明研究背景及目的、焦點問題）
B. 相關概念和知識／事實／數據（通常可進一步說明研究方法）
C. 深入解釋議題（通常可進一步進行結果討論、結論及建議）
D. 判斷及論證

　　進行獨立專題探究時，學生須應用所學，就一個當代議題，勾畫出議題所涉及的因素／分歧／矛盾／爭議／關係／影響；透過聚焦的概念和不同面向的跨領域知識，蒐集及分析相關資料，並就議題作出解釋、論證自己的觀點／立場／決定／選擇／價值判斷等。

　　在形式規範上，文字模式報告字數不得超過 4500 字；非文字模式報告的觀看時間不得超過 22 分鐘，所附的短文則不得超過 1100 字。計算文字模式報告和短文字數時，不包括封面、目錄、標題、圖、表、相片說明、標點、腳註、註釋、參考資料、書目和附錄。

　　至於評量表格式，如表 1.15。

表 1.15　獨立專題探究評量表格式

| 題目 | 分數 | | 評語 |
|---|---|---|---|
| | AB | | |
| | CD | | |
| | PO | | |

資料來源：通識教育校本評核教師手冊 http://www.hkeaa.edu.hk/DocLibrary/SBA/HKDSE/SBAhandbook-2021-LS-C.pdf

考評局還規畫了詳細的評分指引（如下頁表 1.16），分為四個評量項目：AB 題目界定和概念／知識辨識（Problem Definition and Identification of Concepts/Knowledge），占比 30%；CD 解釋和論證（Explanation and Justification），占比 50%；PO 表達與組識（Presentation and Organisation），占比 10%，評分取決於整份報告的表現。

此外，學校老師可考核學生在學習獨立專題探究的相關能力、知識／概念，以及整個獨立專題探究進行過程中表現出的自發性，這是最後一個評量項目，占比 10%。

在《通識教育校本評核教師手冊》附錄 E，另提供許多有用的評量表格，可以讓教師參考如何進行形成性評量（如口頭匯報、辯論、腦圖等）與回饋。

**資訊加油站**

香港通識教育科相關訊息，可另參見通識教育網上資源平台 ls.edb.hkedcity.net，以及通識考評網頁 http://www.hkeaa.edu.hk/dsels/tc/index.html

為了更具體說明獨立專題探究的評量規準，香港考評局公布十一篇示例（附以分數及評語），其中有缺乏邏輯論證、語焉不詳的作品，也有理路分明、有條不紊的作品。從評核者的評論中，也能更加釐清一份優質的獨立專題探究所必備的關鍵因素，請參見：http://www.hkeaa.edu.hk/tc/SBA/sba_hkdse_core/LS/IES/2017_Report_Exemplar.html

在這個單元中，探討了國際性的 PISA、美國的 SAT 和 ACT、加拿大卑詩省的基本學力測驗，以及新加坡的「理解與寫作」、香港的通識教育科「獨立專題探究」對於核心能力的相關界定與評量檢核的資訊。無可諱言的，當我們將核心能力界定在「閱讀理解、批判思考、論證寫作」上，似乎便具有濃厚的中產階級意象，甚至是菁英取向。但另一方面，生活在民主社會、面對二十一世紀快速變遷時代的人，應該也會同意，唯有自主學習和終身學習，才能因應及創造好的生活與職涯發展。

如此一來，我們就得追問，自主學習和終身學習的態度，乃至閱讀理解、批判思考、論證寫作的核心能力專屬於中產階級嗎？或者，我們

表 1.16　獨立專題探究報告的評分指引

| 表現水平<br>（分數） | 題目界定和概念<br>／知識辨識<br>（比重：3） | 解釋和論證<br>（比重：5） | 表達與組織 *<br>（比重：1） | 自發性<br>（比重：1） |
|---|---|---|---|---|
| 表現卓越<br>（7–9分） | · 訂立及清楚闡釋探究焦點及範圍、探究方案（例如探究向度）／資料搜集方法；清晰表達議題的重要性<br>· 清楚指出所需及極具相關性的概念／知識，並解釋與該探究的相關性為何及可如何應用在該探究上 | · 應用非常有用的資料<br>· 把分析、論證及資料的相關性緊密地連繫起來<br>· 就極具相關性的概念及知識／事實／最新資料，清楚指出並明確及合乎邏輯地解釋有關因素／影響／關係／主要持份者的看法／分歧／議題隱含的價值觀<br>· 就極具相關性的概念及知識／事實／最新資料，全面及合乎邏輯地論證其立場／選擇／決定，展示高水平的邏輯推理及多角度思維力<br>· 能提供與議題及探究問題相關且具洞察力的意見／觀點，並輔以有力的論據<br>· 從不同角度作全面分析，以回應議題及探究問題 | · 以連貫和一致的結構，簡明及有條理地傳意<br>· 有效使用資料（例如以照片、圖、表及數據等形式的資料）<br>· 清楚和準確註明資料來源 | · 在整個探究過程中，有證據顯示學生主動、有應變能力，也能在毋須催迫下解決困難及作出反思<br>· 懂得分配時間，並能如期完成工作<br>· 持續改進 |
| 表現滿意<br>（4 –6分） | · 嘗試訂立探究焦點、範圍、探究方案（例如探究向度）／資料搜集方法及指出意義，但欠清晰，或對議題的重要性理解不足 | · 運用尚算有用的資料，但或資料份量不足，也或沒有清晰地把資料與分析及論證連繫起來<br>· 簡單解釋因素／影響／關係／主要持份者的看法／分歧／議題隱含的價值觀，但欠清晰，也不深入；運用基本／非完全相關的概念及知識／事實／或不準確及／或過時的資料 | · 雖有組織架構，但偶有欠連貫性、意念或欠完整和表達欠妥善的地方 | · 在探究過程中能解決一些困難<br>· 有時可如期完成工作／教師須時加督促<br>· 付出一些努力以謀改善 |

註：# 最高分數為 90 分。若課業水平未能達到評分指引規定的最低要求，則不應給分。
* 以下任何一種情況下，表達與組織這項的最高得為 3 分（總分 9 分）：
· 文字模式報告的字數超過 4500 字（不包括封面、目錄、標題、圖、表、相片標題及說明、標點、腳註、註釋、參考資料、書目和附錄）
· 非文字模式報告的觀看時間超過 22 分鐘
· 非文字模式報告所附的短文超過 1100 字（不包括封面、目錄、標題、圖、表、相片標題及說明、標點、腳註、註釋、參考資料、書目和附錄）

| 表現水平<br>（分數） | 題目界定和概念<br>／知識辨識<br>（比重：3） | 解釋和論證<br>（比重：5） | 表達與組織*<br>（比重：1） | 自發性<br>（比重：1） |
|---|---|---|---|---|
| 表現滿意<br>（4－6分） | • 簡單指出一些概念，但不全然相關；雖嘗試解釋這些概念與該探究的相關性及如何應用在這探究上，但欠清晰；或遺漏一些主要的概念 | • 運用非完全相關的概念及知識／事實／或不準確及／或過時的資料來論證其立場／選擇／決定，在某些地方發現邏輯推理有誤及理據欠充份<br>• 提供與議題及探究問題有關的意見／觀點，並輔以尚算有力的論據<br>• 就回應議題所作的分析，其範疇及深度均見局限，當中有欠詳盡的地方／傾向單一／集中某些角度 | • 大致恰當使用資料（例如以照片、圖、表及數據等形式的資料）<br>• 註明資料來源，但有遺漏／不準確的地方 | |
| 水準較低<br>（1－3分） | • 對該議題的認識膚淺／嘗試點出議題／探究方案（例如探究向度）／資料搜集方法，但沒有察覺／誤解該議題或問題的重要性，或未能就重要性解釋議題的焦點<br>• 列舉一些或不相關的概念／字眼／事實，也未能解釋與該探究的相關性 | • 資料與分析之間的關係不大，或舖陳不相關的資料／從狹窄的範圍搜集資料<br>• 含糊地指出持份者對該議題的意見／見解／因素／影響，但或有不相關／不正確的地方<br>• 運用膚淺的知識或概念，粗略地解釋持份者的看法，但解釋不足或有誤運用不相關的概念／知識／過時或並非完全相關／正確的事實／資料，嘗試就該議題與考生立場／選擇／決定，簡單解釋，但解釋粗疏、不足，論點欠缺邏輯及佐證<br>• 沒有回應議題的核心／沒有聚焦在所訂的問題上／論點偏頗／缺乏理據／含糊／自相矛盾 | • 報告欠組織／相關性／焦點；表達含糊<br>• 不恰當地展示資料<br>• 未能恰當地註明資料來源 | • 在整個探究過程中均需依賴教師的額外指示<br>• 不善時間管理，經常未能如期完成工作<br>• 甚少付出努力作改善 |

参考來源：香港考試及評核局（2018）。香港中學文憑考試 2021 通識教育校本評核教師手冊。
取自 http://www.hkeaa.edu.hk/DocLibrary/SBA/HKDSE/SBAhandbook 2021-LS-C.pdf

可以倒過來探究，自主學習和終身學習的態度，以及閱讀理解、批判思考、論證寫作的核心能力，應是今後造就「中產階級」的要素？

事實上，長年在教育現場工作的老師們應該都會同意，真正影響學習成就的，往往是學生的動機、熱情和毅力，促使這一類學生能夠不斷地學習，善用在數位時代隨處可得的科技和資訊，持續發展自己的知識、思考、文字與口語表達能力，就是這樣的態度、知能與技巧，決定了他們將會是全球化裡的贏家。

我們也必須很現實地來分析，在這個單元提到的任一個評量檢核機制，都是「功利」的，目的都是從未來人才的需求出發，預測哪一些學生應該挑選出來進一步培養，或者評估現有學校體制是否具備培養學生核心能力的功能。在這一類評量檢核機制中獲得高分的學生，應該就能爭取參與全球化發展的優先機會。

在這個培育自主學習和核心能力的教育過程中，無論國際性的課程或評量機制，或者各個國家、區域的相關規畫，都是從小學、國中就開始了。多年前，簡媜在《老師的十二樣見面禮》（INK印刻，2007）分享兒子在美國小學五年級就讀的經驗，引發大風潮，但大家關心的似乎是「十二樣見面禮」，而非孩子在學校中所培養的「研究能力及思考能力」。簡媜直言，這些被歸類為「超越學科的能力」是臺灣教育體制中最缺乏也是最不受重視的，幾乎等上了大學才可能碰到、用到（頁103-104）。但老實說，在臺灣的大學生中，真正會學習及應用這些「超越學科的能力」的人，恐怕也為數不多。

十多年過去了，世界一直在變化發展，不曾為臺灣停留下來。前言PISA在2018年的國際檢核中開始重視「國際力」，但經合組織（OECD）真正關心的是如何引導世界各國在平常的課堂學習中，實現「平等」（equity）、「和諧」（cohesion）、「永續」（sustainability）三大目標，因為這攸關環境變遷、科技躍進、國際關係、跨文化理解、人權等重大議題，也深具挑戰。

經合組織因而特別強調年輕學子的文化包容、國際友伴交流的能力，

以及在資訊社會中，如何具備閱讀理解、分析與批判思考的能力。這等關切，其實在芬蘭、加拿大、新加坡、香港等地的教育實踐，或是彭博慈善基金會「全球學者網路教育課程」、IBDP 國際文憑課程中，都可以發現。

臺灣社會在看待 PISA 時，我們關心的到底是國際評比的排名，還是在這些評量檢核後頭所隱藏／凸顯的核心能力？

當臺灣的學生出國留學，卻苦於每一門課都有或大或小的專題探究、論證寫作時，他該關心的是探究與寫作技巧，還是後頭更為嚴重的國際視野狹隘、當代科技與社會議題無從覺知，乃至自我省察不足、日常生活經驗匱乏的困頓？

綜觀上個單元及這個單元所探討的各種課程發展與評量，可以歸納出閱讀理解、批判思考、論證寫作，乃至溝通表達、團隊合作、自我省思等能力，都是參與二十一世紀全球化時代的關鍵條件。但所有的能力都是用來關切和處理在地或國際議題，這才是我們應該覺察和實踐的重點。

回顧小時候，我們都曾經充滿好奇心，並且能夠從蒐集或觀察的資料中發現問題，提出自己的想法。儘管那些想法多麼天真、好笑，都確確實實是自己的想法。

長大後，我們應該可以尋求進一步透過探究式的學習，蒐集分析資料形成證據，做出歸納，發展出具有實證基礎的結論。我們理當擁有這樣的能力，而學校應該為所有的學生提供這樣的學習機會。

擴大視野來看，充滿好奇心地去理解、探究這個豐富的世界，其實是一種美感的覺知。而理解和探究，從來就不限於學校課程或者入學考試，那是俯仰天地，讚嘆萬物多樣與美麗的感動，也會是關懷在地與國際社會悲苦生命的熱情行動。理解與探究從來就不只是為了專題研究或論文寫作，那是數位時代，資訊分秒蜂擁而至的人生中，我們應有的處世方法，是身為公民的我們監督國家制度與施政是否健全的基本責任，更是對於真理的渴求，與真實自我對話的能力。

無論我們要面對的是一篇數百字、上千字的專題研究寫作，或是沒有字數要求的人生功課，關於理解與探究的啟動，其實就是一句：How do you know / How do I know what I know?

## ✐ 心得筆記

第 2 部 **藍圖**

專題研究的各種可能

# 單元 3 學術寫作的價值與特性

內容充實、結構嚴謹、體會深刻、取譬適切？

 ## 中學生需要學習學術寫作？

　　臺灣絕大多數中學生都會就讀大學，無論普通大學或科技大學，學生總會閱讀學術文章，這是很基本的學習。更進一步，為了進行高深研究，或是為了就業做準備，具備有邏輯地論述和運用證據支持自己的論點，都是很重要的能力。換言之，學術文章的閱讀與寫作，是就學或就業的重要本事。

　　世界主要國家體認到專題研究、學術寫作（academic writing）的重要性，因此從中學學校課程到大學升學考試，無不以此做為目標來設計。在這樣的目標下，學術寫作訓練屬於學校（school）就要開始實作的學習任務，不能拖延到大學（college）才來進行，這對於人才培育恐怕是來不

及。學術寫作要能精簡、聚焦、論證，要寫得好，必須具備閱讀理解與批判思考的能力，短時間內難以速成，因此從中學、甚至小學就得開始培養。

　　不少赴外國就讀大學的臺灣學生，常覺得學術寫作比專業學科的學習要難。尤其歐美國家一向重視學術寫作能力，至少在中學階段，就會學習學術寫作。許

多歐美較為頂尖的大學，也都會探計 IELTS、SAT、ACT 之類考試中的 Essay 寫作成績，做為入學甄選的重要依據。等到入學後，各大學大多設有學術寫作中心，有不少學校將學術寫作列為大一必修核心課程。

即使近年來不少臺灣學生選擇就讀大學的香港，由於長期受到英國學術標準影響，香港的大學對於學術寫作一樣重視。臺灣學生們便發現，在修習的科目中，學術寫作比數學還難，因為臺灣高中生普遍缺乏相關的訓練。

## 資訊加油站

The Centre for Applied English Studies（CAES）是香港大學的教學單位，其所開設的 CAES 課是大一必修，包括每月一次的小組討論，和作業繳交，為了防止抄襲，學生得先使用一個軟體查證內容相似度，通過後才能上傳。CAES 期末考十分困難，學生現場須看完六篇文章，之後統整分析，寫成一篇小論文，目的在評量英語論證寫作能力，和對於學術論文格式的掌握。關於 CAES 的介紹，可連結 https://caes.hku.hk/home/。比較簡要的報導，可參見簡立欣（2016 年 12 月 28 日）〈學術寫作、通識課 港校震撼彈〉，載於中時電子報 https://www.chinatimes.com/newspapers/20161228000891-260301

無論國家或個人，想在國際競爭中取得較好的機會與成就，透過專題研究及學術寫作來磨練閱讀理解、批判思考、論證寫作的能力，已是不可迴避的趨勢。

 **什麼是學術寫作？**

寫作是生活中常用的技能之一，我們可能會寫信給他人、或是寫個人網誌等，這些都是個人寫作，可以隨自己喜好的書寫風格或用詞，不一定要引經據典，也不必符合特別的結構要求，只要能達到溝通的目的就可以。

學術寫作不同於個人寫作，它有自己的一套規則和方法，目的是在闡釋或論述作者所關注的研究論題、研究過程及結果。學術寫作是清晰、簡潔、聚焦、結構化、有證據支持的，好的學術寫作，必然有助於讀者理解，而能開啟對話與溝通，交流和累積研究的智慧。

## ⏱ 學術寫作的特性

「內容充實、結構嚴謹、體會深刻、取譬適切」是國文作文主要的評量標準，一樣適用於小論文之類的學術寫作，不過，集中的差異，主要在於文獻或資料的蒐集和分析評論，使得這些經過甄別評選而引用的文獻或資料可以成為證據，與研究者所持的論點和理由緊密連結，發揮強大的說服力。這應是學術寫作最為重要的表現。

**資訊加油站**

有關學術寫作的資料，可進一步參閱以下資料：
蔡柏盈（2014）。從字句到結構：學術論文寫作指引（第二版）。臺北市：臺大出版中心。
蔡柏盈（2010）。從段落到篇章：學術寫作析論技巧。臺北市：臺大出版中心。
Leeds University Library. （2018）. What is academic writing? Retrieved from https://library.leeds.ac.uk/info/14011/writing/106/academic_writing/1

好的學術寫作，要能清楚傳達概念、論證相關的理由，呈現結論，讓預設的讀者都能看懂。為了更易達成這樣的目標，學術寫作有一些共同的特點如下：

### 1. 語氣和風格正式（formal）且客觀（objective）

使用清晰、簡潔、正式的用語，並且要能客觀，盡量少用長句和艱澀的詞彙。許多學術寫作會有字數的限制，用詞清晰、簡潔，可以讓讀者在有限的時間內讀到更多論點，也能讓文章內容更豐富。

### 2. 焦點（focused）

學術寫作會有明確的關注焦點，就是「主要論點」，所有的內容理應回應說明及討論主要論點，這就是聚焦。通常聚焦愈明確，愈能清楚論述，就愈有機會寫出一篇好的學術寫作。當牽涉範圍過大或焦點不夠明確，論點就不易清楚說明。

值得注意的是，學術寫作不是將所有可能的論點加以分析評論即可，比較重要的是必須有自己的論點。臺灣有許多學生在出國留學考試的「寫

作」測驗中，或在繳交的申請文件裡寫作一篇Essay回答學校給定的問題，往往以為只要將正反方意見都寫出來就是有論點，卻因為沒有自己的看法（主要論點及結論），而得了很低的分數。

### 3. 結構化（structured）

架構分明、連貫、按邏輯順序編寫，並將相關論點和證據資料匯集在一起。一篇架構分明的學術寫作，最基本的是要有前言（introduction）、正文（body）、結論（conclusion）三個部分。前言說明這篇文章想要討論的主題與主要論點；正文則針對主要論點加以分析、闡述，並且找出證據支持論點；結論則是針對文章的論點做總結。

### 4. 證據（evidenced）

學術寫作是為了理論或概念的溝通，因此不能是個人的經驗談，所提出的論點必須帶有相關主題領域的知識，並且能精確適切地呈現由證據所支持的觀點和論述。這些證據，來自於引用前人學術研究成果、各類文獻，或者運用研究方法所蒐集分析的質性資料、量化資料等。

不同學術領域往往會有各自遵守的寫作慣例、風格與詞彙，但以上特點則是所有領域的學術寫作共通的特性。對高中生而言，因為還沒有明確的學術領域取向，所撰寫的論述只要符合以上特性，就算是達到學術寫作的水準。

### 心得筆記

# 單元 4 學術寫作的類型與要件

什麼是論文？研究對象、研究工具又是什麼？

 **常見的學術寫作類型**

學術寫作是為了學術知識的溝通與累積，依照不同的目的，有不同的格式與要求。不同類型的學術寫作，因目的不同，在寫作的取向上也有所不同，常見類型如下。

1. **小論文**：主要是透過閱讀與小組討論，嚴謹地探究一個主題，並運用相關文獻，或選用某種研究方法蒐集資料，加以分析整理，最後須提出自己的發現或見解。小論文的結構依序為前言、正文、結論，另外須詳列參考文獻來源。教育部舉辦多年的高中生小論文寫作比賽，即屬此類作品，頁數限 4-10 頁，小組成員限 1-3 人。

2. **學期論文或報告**：通常是指大學以上的課堂學期報告，學生針對某個問題進行深入探究、分析，加以整理、總結，並提出個人見解。

3. **學位論文**：是指將某個研究論題，完整仔細表述並提出研究想法與探究的結果，經過指導教授們的審查後取得學位。例如大學的畢業論文、碩博士論文。

4. **會議論文**：偏向新議題、新領域、新思維的主題論述，並且發表於學術研討會或學術會議，發表前不一定會經過同儕審查，主要是在學術研討會議上由同儕評論與對話。

5. **期刊論文**：注重單一議題的深入分析評論，刊載於學術期刊，期刊論文刊載前，大都經過學術同儕的專業審查，通過審查才能刊載出版。

6. **政府補助或委託專案研究報告**：政府為鼓勵學術發展或做為擬

定政策方向參考，補助或委託學術機構或學者，進行專案研究的研究成果。所有研究報告都可以在政府研究資訊系統網站（GRB, Government Research Bulletin）查詢。

7. 學術專書：學術專書通常是對某一學科領域的某一專題進行較爲集中、系統、全面、深入論述的著作。

高中生或大學生所書寫的學術寫作，無論是小論文、學期論文或報告，大概就等同於歐美國家傳統的 Essay 寫作。如果是給定一個題目，直接進行論述，這是基本的要求；如果是閱讀一筆或多筆給定的文獻之後進行統整聚焦、分析評論，這是較爲進階的寫作水準；如果需要依據研究主題蒐集文獻，甚至要求選用研究方法蒐集及分析資料，這就是一份完整而紮實的學術寫作了。詳細區分參見本書第 23 頁表 a。

鑑於學位論文、會議論文、期刊論文、政府專案報告、學術專書等，寫作較爲嚴謹，尤其需要經過審查或學術同儕對話的作品，學術價值更高。因此，在學術寫作中，若要引用文獻證據來支持論點時，建議盡量採用學位論文以上等級的學術論文。

 ## 常見的學術寫作格式

學術寫作的目的，是爲了學術的溝通與對話，累積學術知識。不同的學科領域，因爲不同的傳統、慣例、思考方式等，常發展出不同的學術溝通語言，因此學術寫作的規範，也常因領域不同而有所不同。

不過，爲了方便不同學科領域之間的對話交流，互相參考彼此的研究成果，目前國際間多數學科領域常運用 APA 格式，作爲文獻參考或引註的共通格式。就連全國高級中等學校小論文寫作比賽寫作格式的規範，也是採用 APA 格式。APA 格式是指美國心理學會（American Psychological Association）所發行的出版手冊（publication manual）有關論文寫作的規定格式，目前已是第六版。至於 APA 格式中文版，參見：

http://web.nchu.edu.tw/pweb/users/wtsay/lesson/11680.pdf

**學術寫作的結構**

學術寫作爲了增進學術的對話與溝通，因而有獨特的格式要求。除此之外，爲了使閱讀者能夠快速進入文章的脈絡，學術寫作也逐漸有其特定的文體結構，有時也會有特定的用詞。多數的論文從「緒論」開始，說明研究背景與動機、研究問題，再進行「文獻探討」，接著說明「研究方法」，包含研究對象、研究工具、研究步驟與資料處理，闡釋「研究結果」，再與前人研究交叉辯證討論，最後，再綜合整理「結論與建議」。但是人文及社會科學論文則較無固定的結構，尤其是質性研究，常會隨著研究主題或研究對象的特性，而有所調整。

 **學術寫作常見用詞及其意義**

由於中學生做專題研究，常常需要蒐集文獻，許多值得參考的作品往往是學位論文以上等級的學術論文，這類學術論文中有一些常見的用詞，中學生未必都能了解。以下簡要介紹這些常見用詞與意義，並舉例說明，方便大家在閱讀時更有效掌握。

表 2.1　學術寫作常見用詞及其意義

| 學術寫作用詞 | 代表意義 | 舉例說明 |
|---|---|---|
| 研究目的 | 說明研究要探討的方向 | 探討學習動機對學生學業表現的影響 |
| 研究問題 | 針對研究目的，條列出具體的問題 | 高學習動機學生是否有較高的學業成就？ |
| 文獻探討 | 針對研究問題的相關文獻進行蒐集、評鑑、分析、歸納和統整。 | 蒐集學生學習動機對學業表現影響的研究論文，閱讀、評析後，再撰寫論述。參考 415。 |
| 研究對象 | 指基於研究需要，從中蒐集獲取資料的「對象」。所謂「對象」，可能是物、地、人或其他生物體、組織、制度等。基於研究需要或限制，多會選取樣本，又稱為抽樣。在質性研究中，也會稱為研究參與者。 | 例 1：共享經濟價格空間分析 -- 以 Airbnb 為例，研究對象是 Airbnb。<br>例 2：臺北市高中生數學作業態度和學習表現之研究，研究對象是臺北市高中生。 |
| 研究工具 | 指研究中使用的儀器、問卷、量表、心理測驗或訪談大綱等。在質性研究中，因為研究者的角色對研究的分析有關鍵的影響，有時會常將研究者自己列為研究工具。 | 例 1：臺北市高中生數學作業態度和學習表現之研究。發展高中生數學作業態度問卷施測蒐集資料，研究工具就是數學作業態度問卷。<br>例 2：論平行電板間肥皂泡之變形現象。研究工具包括表面張力測定儀、相機、電腦、影像分析軟體 Tracker、幾何繪圖軟體 Geogebra 等。 |
| 研究架構 | 通常用圖示的方法表示，將研究相關的概念，或是變項畫出，並且指明其中的關係，有因果關係的用有箭頭的線標示，其他的則用一般線段標示。 | 「高中生學習動機與學習態度關係之研究——以臺北市高中生為例」的研究架構：<br><br>學習動機 → 學習態度<br>↕ ↕<br>學習成績 |
| 研究步驟 | 指研究進行的流程。較為詳盡的呈現，應包含時間進度。 | 確定研究問題→文獻探討→確定研究對象→訪談→資料分析→撰寫研究論文 |

# 單元 5 五個月內完成小論文

不就是「小」論文嘛！

 ## 「小」 論文終究是 「論文」

就中學生而言，完成一篇「論文」（essay）是一個重要的學習。正因如此，許多人一直掛在嘴邊的「能力不足」，不能成為理由，這只是藉口而已。就是因為能力不足，所以才要學習、培訓，不是嗎？

學習完成一篇論文，主要目的是藉由這樣的過程，培養閱讀理解、蒐集文獻及資料、批判思考、論證寫作等基本能力，而做專題研究／寫論文，正是培養這些基本能力不可或缺的一種途徑，甚至可說是最有效的途徑。

無論亞洲或歐美國家，中學生和大學生做專題研究、寫論文多已是行之有年的課堂功課，甚至也是升學甄選的考科之一。臺灣在這個學習領域是落後的，以致於把做專題研究、寫論文看成洪水猛獸，或想成是博士、教授的專屬權利。在這種情況下，為了誘導中學生，也舒緩大家的緊張情緒，出現了一個新詞，稱為「小論文」，這真是一個令人寬慰的發明。

小論文究竟多「小」呢？一般而言，大約 3,000 字（約三至五頁），再多也不會超過 4,000 字。相較於學位論文或期刊論文動輒上萬字，乃至十萬字，3,000 至 4,000 字確實是「小」。

如果和中國大陸、新加坡、香港的中學生、大學生比較，他們要完成的中文 essay，篇幅大概落在 3,000 至 5,000 字之間，相差不多。如果是歐美國家要求的英文 essay，2.000 至 4,000 字應是普遍的要求。

簡單來說，我們現在所謂的「小」論文，若考量的是篇幅，其實沒有比較少，是很平常的要求。所以，我們的關注焦點還是該回到「小」後面的那兩個字——「論文」。

##  「小論文」 的重點

就一位不曾接觸過專題研究或學術寫作培訓的中學生而言，如果要在五個月內（或一個學期）扎實地完成小論文，時間並不充裕。依據過往的教學與指導經驗，建議以先完成專題研究計畫（或研究構想書）為學習任務（參見單元7）。如果，學生的閱讀理解和批判思考已有相當程度，或者國中曾經參與過科學展覽、專題研究活動，那麼以五個月來完成這個功課，便屬可行。以下簡單地區分小論文、論文（例如科學展覽等要求較高學術表現的作品）、學位或期刊論文，三者要求的重點是遞增的。前兩者屬於中學生，或者大學生可以練習的目標。

學位論文或
期刊論文：
增加理論或方法論的探
討及運用，進行周詳的資料
蒐集與分析，講求論述和證據的
嚴密整合，解釋發現、提供建議與結論

論文：
進行周延的文獻探討，運用某種研究
方法蒐集證據（或數據、實證性資料），
並展開論述、解釋發現、呈現結論

小論文：
根據教師給定或自行蒐集的有限文獻或資料，進行分析評論，
並表達自己的見解

圖 2.1　小論文、論文、學位或期刊論文的區分

##  小論文不等於論說文

有一些老師或學生常常將「小論文」視同為國文作文中的「論說文」，但兩者其實是不太一樣的，主要差別在於「文獻的分析評論」，也就是說，小論文的寫作不是直接表述自己對某個議題的看法（譬如：在開發中國家推動環境保護是一件奢侈的事情），通常需要進行至少三筆以上文獻的閱讀理解和分析評論，文獻可能是由老師或評量者提供，也可能是學生自行蒐集，然後展開探討，有邏輯地呈現自己的觀點，準備過程中可以請教他人。

國文作文通常是在課堂上完成，就算當成回家作業，期限大概是一星期，至於小論文的寫作期限就長多了，五個月以上是常有的事。這也是小論文、論說文兩者另一個明顯的差異。

##  五個月完成小論文的關鍵

想要在五個月內完成小論文，除了學生的閱讀理解、分析評論和論證寫作能力要有基礎之外，最好是由老師指定一個議題，並提供一些建議的參考文獻，學生依據這個議題和參考文獻做兩個工作，一是聚焦自己的問題意識，擬訂一個具體可行的研究題目，二是蒐集更多筆相關文獻以便進行交叉分析討論，最後，表達自己的見解。簡言之，將學生摸索研究方向、蒐集文獻的部分時間成本節省下來。

舉例而言，老師利用 Viralane.com 網站所提供的 41 個社會議題廣告，選定其中一個議題：「如果你不把這些東西撿起來，牠們會將之吞掉」，搭配的圖像如下：

圖片來源：U.S. Fish and Wildlife Service Headquarters/Flickr

各組學生根據這樣的設定，自行發想、蒐集相關文獻，並聚焦研究問題，結果可能出現以下兩種研究取向：

1. 海洋廢棄物、陸源汙染、塑膠、「海洋濃湯」、微細纖維……

2. 淨灘、環境監測、減塑行動、世界海洋日、世界地球日……

在兩大取向中，研究題目可能偏向人文社會學科，可能從數學、自然學科入手，也可能是跨學科探究。由於大家都在同一個議題中發想、聚焦，研究過程中可以多方對話，研究成果可以相互對比，促成對於議題更加深廣的理解。

不用懷疑，只要願意下苦功，積極探究，五個月就有可能達成這麼精彩的學習。

心得筆記

# 單元 6 用六個月以上完成的作品

## 真的要玩這麼大喔？

### 從「小」論文到「論文」

在五個月內（或一學期），鼓勵、引導中學生進行專題研究，以完成專題研究計畫為原則，或者在學生程度較佳及一些必要配套之下，可以培訓學生完成小論文。這應該列為中學生一項必要的功課，甚至該畫歸為校訂必修課程的範圍。

不過，如果家長、老師，或者學生自己對於「學習」這件事情具有更大的企圖心及前瞻性，那麼將專題研究的規模和水準提升至「論文」層次，勢屬必然。

在前一單元談「小論文」時，曾將「論文」拿來對比，藉此凸顯各自的重點。所謂論文，即是在小論文之上有更進一步的要求，主要是要求進行周延的文獻探討，能運用某種研究方法（例如實驗、觀察、問卷調查、訪談、文獻分析等）來蒐集及建立證據（或數據、實證性資料），藉以完成自己的論述、發現和結論。

此外，在這個過程中還會比小論文更加講究「學術寫作」的技巧，主要包括：行文清晰（clear）、洗鍊（concise）、有焦點（focused）、結構化（structured），並有證據（evidence）支持等。但這一切的目的，就是要盡所有的努力，設法讓讀者能夠充分理解自己的作品。這是作者責無旁貸的責任！

簡言之，從「小」論文到「論文」所增加的練習有三項：

1. **文獻探討**：文獻蒐集和分析評論，藉以釐清自己的問題意識，確

立研究題目和研究架構。

2. 研究方法：能適當地採用某種研究方法來蒐集及建立證據，藉以發展自己的論述、發現和結論。

3. 學術寫作的技巧：藉以表現出脈絡化或邏輯性、具有溝通誠意的論述。

##  完成 「論文」 的研究歷程

在《我做專題研究，學會獨立思考！》一書（頁 38-39）曾以一學年來規畫，周詳地呈現論文完成的歷程，以及該注意的要項；下一頁加以引用，如表 2.2，提供參考。

顯然，這就真的不是小論文，關鍵不在篇幅，而在於較高規格的學術要求。一般而言，「論文」等級的專題研究會安排在高二進行，適用於能力較好，動機較強的學生。

##  是誰要玩這麼大？

論文需要寫多少字才不「小」呢？對於專注在探索行動的人，這已不是問題，他們會比較關心的是如何解決研究問題，並且把過程和結果清晰、簡練地寫下來。

誰會寫「論文」呢？其實，在每一年的課堂上總有一些學生眼睛發亮，專注學習，他們懷有企圖和願景，深知要把握機會增強自己的基本功，他們未必對「專題研究／學術寫作」有概念，但在老師的引導之下，積極地踏出了開啟「卓越」之門的重要一步。

世界的大小，從來都是由自己的想像和努力所決定的。

表 2.2　研究歷程與成果檢核表

| 時間 | 階段 | 向度 | 評量規準 | 檢核 | |
|---|---|---|---|---|---|
| | | | | 是 | 否 |
| 8 至 11 月 | 專題研究建構 | 主題訂定 | 1. 積極主動尋找主題 | ☐ | ☐ |
| | | | 2. 主題具有明確的問題意識 | ☐ | ☐ |
| | | | 3. 主題具有研究的可行性 | ☐ | ☐ |
| | | | 4. 主題具有新穎性 | ☐ | ☐ |
| | | | 5. 題目簡要精確 | ☐ | ☐ |
| | | 研究動機 | 1. 從個人至時空脈絡敘述研究緣起 | ☐ | ☐ |
| | | | 2. 研究動機敘述條理分明 | ☐ | ☐ |
| | | | 3. 研究目的與研究動機契合 | ☐ | ☐ |
| | | 研究問題 | 1. 研究問題的設定切實且可執行 | ☐ | ☐ |
| | | | 2. 研究問題描述清楚扼要 | ☐ | ☐ |
| | | | 3. 研究問題與研究目的契合 | ☐ | ☐ |
| 9 月 至 隔 年 3 月 | 專題研究執行進度 | 文獻探討 | 1. 有效應用資料庫、網際網路蒐集資料 | ☐ | ☐ |
| | | | 2. 能蒐集不同來源、類型的資料 | ☐ | ☐ |
| | | | 3. 能從文獻探討中釐清研究方向及重點 | ☐ | ☐ |
| | | | 4. 文獻探討與研究問題、目的契合 | ☐ | ☐ |
| | | | 5. 清楚地註明出處來源 | ☐ | ☐ |
| | | 研究設計 | 1. 主動尋找適合的問題解決方法 | ☐ | ☐ |
| | | | 2. 能參考前人的文獻設計出合適的問題解決步驟 | ☐ | ☐ |
| | | | 3. 研究設計說明清楚，且可操作 | ☐ | ☐ |
| | | | 4. 訂定可執行的研究時程 | ☐ | ☐ |
| | | 研究方法及資料處理 | 1. 掌握必要的一手資料 | ☐ | ☐ |
| | | | 2. 二手資料運用合宜 | ☐ | ☐ |
| | | | 3. 運用適當的資料處理方式 | ☐ | ☐ |
| | | | 4. 資料處理方式具有文獻基礎 | ☐ | ☐ |
| | | | 5. 資料處理方式與研究方法契合 | ☐ | ☐ |
| | | 研究行動 | 1. 依據訂定時程逐步完成 | ☐ | ☐ |
| | | | 2. 積極主動地解決研究過程中的難題 | ☐ | ☐ |
| | | | 3. 有正向的方式抒發研究過程中的壓力 | ☐ | ☐ |
| | | | 4. 能與人／單位合作完成研究 | ☐ | ☐ |
| | | | 5. 能定期地完成研究札記的撰寫 | ☐ | ☐ |

| 時間 | 階段 | 向度 | 評量規準 | 檢核 是 | 否 |
|---|---|---|---|---|---|
| 3 至 5 月 | 專題研究成果報告（含正式發表會） | 研究結果 | 1. 有效能地整理所蒐集到的資料 | ☐ | ☐ |
| | | | 2. 依據所蒐集到的資料說明結果 | ☐ | ☐ |
| | | | 3. 善用表格圖示解釋所蒐集到的資料 | ☐ | ☐ |
| | | | 4. 歸納的結論有憑有據 | ☐ | ☐ |
| | | | 5. 研究結論能與研究目的、文獻探討呼應 | ☐ | ☐ |
| | | | 6. 研究省思、回饋與研究結論契合 | ☐ | ☐ |
| | | 書目附錄 | 1. 參考文獻格式適當 | ☐ | ☐ |
| | | | 2. 附錄資料有助於理解研究歷程或依據 | ☐ | ☐ |
| | | 簡報 | 1. 簡報主題、背景與目的陳述清楚 | ☐ | ☐ |
| | | | 2. 簡報架構完整、內容脈絡清晰 | ☐ | ☐ |
| | | | 3. 善用多媒體輔佐口頭說明 | ☐ | ☐ |
| | | | 4. 口語表達清楚 | ☐ | ☐ |
| | | | 5. 台風穩健 | ☐ | ☐ |
| | | | 6. 時間掌握精準 | ☐ | ☐ |

心得筆記

# 7 專題研究計畫

先評估清楚再開始！

## 光說不練

多數中學生對於周遭世界，或者一些社會問題，其實是有想法的。不過，在許多時候，這些想法往往只是「想當然耳」，來源可能是片段的經驗、聽聞的印象、從眾的意見等。譬如：在教室外掛上彩虹旗，支持性別平權運動，表現出追求「自由、平等」、「人權」的一派熱忱，但對於「同志婚姻」、「多元成家」等議題不曾花時間了解，批評不同觀點的人是「腦殘」，甚至同時間對於班上同學進行關係霸凌。

又如知道耽溺於手機已經造成一些問題，也多次向父母和老師表示要改變，然而就是戒不掉。下定決心要好好準備課業，但對於自己的生活作息、讀書習慣與方法從來沒有下工夫分析及調整，解決策略就是向家長要錢去補習，結果愈補愈大洞！

「光說不練」意味著置身事外，只會說嘴、批評，卻懶得去對話、探討、行動。更進一步來看，這樣的「說」往往很表象、主觀，不經思辨，沒有實證，通常也就欠缺邏輯、說服力，或可行性。

「光說不練」類型的學生在做專題研究時，通常會有粗淺的研究構想，但因為不習慣動手做，以至於連研究計畫（research proposal）都可能無法完成，遑論進入實際的研究及成果寫作、發表。

 ## 先做再想

　　另外一種類型的學生是行動派，懷抱研究動機，有了初步的構想或假設，就希望馬上動手做研究。因為講求速效，完全不重視研究架構、研究方法，甚至根本不知道有這些相關的概念，只是一本熱忱。

　　曾經有學生希望研究中學生「手機成癮」的影響，直接上網抓了某份類似的研究，擷取其問卷中的部分題目，加上自己的三個問題，然後就發布網路問卷，過了五天共收到 21 份網友寄回的問卷，做了一個簡短分析，畫了圓餅圖，不到十天，研究就做完了。這樣的專題研究（小論文）品質堪慮，還真是完了。

　　也有許多學生一想到做專題研究，直覺就是探究「綠豆的向光性」，但結果只是「拾人牙慧」，毫無新意。另一個極端是想要讓動物細胞行光合作用，這題目夠創新，但如果連細胞的基本學理都弄不清楚，只能說還停留在「科幻」想像。

　　不過，在老師的提點、引導之後，「先做再想」類型的學生通常較有可能改善做研究的態度，因為他們很快就會「知困」、「知不足」。

## 研究計畫的重要性

　　中學生做專題研究、寫小論文，短則五、六個月，長則甚至一年以上，投入的時間及心力不少，如果不能謀定而後動，往往會走許多冤枉路，一直嘗試錯誤，事倍功半，最後甚至來不及完成。

　　為了避免這樣的「勞」與「煩」，需要先評估自己的研究動機、假設、構想、方法等，簡言之，必須先評估研究的「合理性」（rationality）和「可行性」（feasibility）。一旦確認這樣的研究題目是有意義且適切的，研究問題能夠聚焦且合乎邏輯，耗費的各類成本可以負擔，相關資源有機會獲取，預期發現或貢獻是有價值的，這樣的研究便值得放手去做。如果有困難，那就得回過頭來再釐清、調整研究動機、假設、構想、方法等，以便符合合理性和可行性。

　　即使是經驗豐富的學者、專業工作者在準備展開一項新研究時，也都要靜下心來蒐集文獻、釐清問題的性質與內涵，仔細構思、起草研究計畫。好的研究計畫往往能讓研究順利的進行，我們身為做研究的初學者，經驗缺缺、腦袋空空，那就更應該先做研究計畫，把研究到底要「做什麼」，以及預備「如何做」，一併想清楚、講明白、寫下來。

 ## 寫好 「研究計畫」 就是重要的功課

　　臺灣的教育體制與考試方式造成以往的中學生不會，也不必動腦筋探究問題、解決問題。上了大學之後，面臨寫報告、回答開放性問題，幾乎難以招架。十二年國教推動以來，開始積極解決這樣的積弊，於是大多數中學生開始有了動手做研究的機會，然而在欠缺相關知識及能力之下，不是把做研究想得太難，就是想得太簡單。

　　其實，中學生做研究的目的主要是「練習」，從「做中學」，練習閱讀理解、批判思考及論證寫作，而非真正要完成一份擲地有聲的學術論文。在這樣的前提之下，即便一個學期只是完成「研究計畫」，已是

一個相當有價值的功課。如果學生在嚴謹地完成研究計畫，以及不明究裡地湊出一篇小論文，兩者之間，何種學習較有價值？應該是前者所學到的本事與教育意義強大許多吧！

當然，少數學生確實可以在一學年之內完成一篇精彩的論文，讓評論或審查的教授直言「我指導的碩士班學生也沒這麼厲害」。這就留給大家想像、自我期許的空間了，但萬丈高樓平地起，首先就是把地基打好——寫好你的研究計畫。

##  研究計畫／研究構想書的體例

雖然不同學科領域的研究計畫體例未必相同，但就中學生而言，一個基本、通用的體例，還是應該訂定出來。

此外，為了讓師生不會因為看到「研究計畫」，便萌生莫名的擔心，可以考慮將名稱改為「研究構想書」，體例上配合做出一些簡化，如圖 2.2，同時附上可供參考的評量標準。如果想要更加仔細地檢核，可參見單元 54。

至於研究計畫或研究構想書的寫作說明，以及範例，請參閱單元 38，當中會進一步討論。

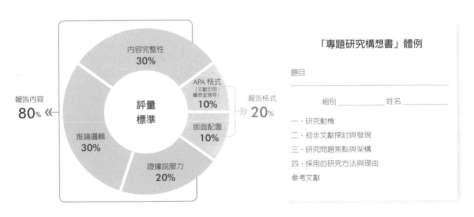

圖 2.2　專題研究構想書體例與評量標準

# 單元 8 專題研究成果寫作體例

不以規矩，不能成方圓

 ## 體例規定是基本要求

專題研究成果的呈現，在性質上屬於「學術寫作」，一般均有一些體例格式上的規範。

小論文或學期報告，體例通常比較簡單，這類文章（essay）的主體大致上只需分成「前言」、「正文」、「結論」三個部分，外加「參考文獻」即可。

 ## 小論文寫作體例

按照「全國高級中等學校小論文寫作比賽」的規定，小論文的基本架構，除了「封面頁」之外，主要包含四大段落：「壹、前言」、「貳、正文」、「參、結論」、「肆、引註資料」。

小論文寫作比賽分別針對前言、正文、結論、引註資料，作出明確的界定，簡要摘述如下：

1. 前言

須說明為何選擇這個題目，將透過什麼方法、運用什麼概念進行資料搜集，同時簡要呈現整篇文章的討論架構與範圍，以及想要達成的研究目的。

2. 正文：小論文之主體所在，應「言之有物」

  • 應特別加強相關文獻的引用、彙整、分析、辯證，亦即需「引

經據典」地進行文獻探討。

- 引用別人文獻時，應依照 APA「直接引用」或「間接引用」規範，註明參考文獻來源。
- 使用圖／表須有編號及標題，依 APA 規定，圖之編號、標題在下，表之編號、標題在上。如果圖／表不是自行繪製，而是引用，在圖／表下面應註明參考來源。
- 爲求論述清晰，正文的寫作形式必須分層次、分段來條列說明。建議論述層次分成四個層次，形式如下：

一、○○○○

（一）○○○○

1. ○○○○

（1）○○○○

### 3. 結論

主要包括研究過程中所遇到的種種現象思考，或根據研究結果提出看法，以及提出未來值得進一步研究的方向。

可適度使用條列方式陳述，使讀者清楚明瞭。

### 4. 引註資料

由於小論文寫作的重點在於援引相關文獻資料進行討論，故應「言之有據」，按照 APA 格式交代引註資料。小論文比賽參考文獻規定至少要有三篇，並不得全部來自網站。

關於「全國高級中等學校小論文寫作比賽」的詳盡規定，請參閱以下連結：http://www.shs.edu.tw/display_pages.php?pageid=2010080601

 **論文寫作體例**

依照單元 5 與單元 6 的區分，少數探究、解決問題能力較高，或者學習動機較強的學生希望進一步磨練、提升自己的閱讀理解、批判思考與論證寫作能力，完成屬於科學展覽、旺宏科學獎、全國高中臺灣人文

表 2.3　數學及自然科學領域專題研究論文的體例

| 中文 | 英文 |
| --- | --- |
| 摘要 | Abstracts |
| 關鍵字 | Keywords |
| 研究背景（研究動機、研究概述、<br>　　前人研究探討） | Background （Motivation, Introduction） |
| 研究目的 | Objectives |
| 研究方法 | Methods （Experimental methods） |
| 研究過程 | Research process （System development） |
| 結果與討論 | Results and discussion （Evaluation results） |
| 結論與應用<br>　　（結論與建議） | Conclusions and future applications<br>　　（Conclusions and suggestions） |
| 參考文獻 | References |

表 2.4　數學及自然科學領域與社會科學領域專題研究論文體例的比較

| 數理科學領域 | 社會科學領域 |
| --- | --- |
| 摘要 | 摘要 |
| 關鍵字 | 關鍵字 |
| 一、研究背景<br>　　（研究動機、研究概述、<br>　　前人研究探討） | 一、緒論<br>　　（一）研究動機（研究背景）<br>　　（二）研究問題與研究目的 |
| 二、研究目的 | 　　（三）名詞界定（名詞釋義）<br>二、文獻探討<br>　　（一）前人研究回顧<br>　　（二）重要概念或理論的分析* |
| 三、研究方法<br>四、研究過程 | 三、研究方法<br>　　（一）研究設計（研究模式、研究工具、<br>　　　　研究程序）<br>　　（二）研究對象（研究樣本、參與者、<br>　　　　受訪者）<br>　　（三）資料蒐集<br>　　（四）資料分析<br>　　（五）研究倫理（保密性、倫理考量） |
| 五、結果與討論 | 四、結果與討論 |
| 六、結論與應用（結論與建議） | 五、結論與建議 |
| 參考文獻 | 參考文獻 |

說明：本表所指「社會科學研究」，主要針對量化研究、事先組織好的研究類型而言。

獎等級的專題研究成果，在這類論文的寫作體例上，要求自然更為嚴謹、周延。

表 2.3、表 2.4 呈現、且加以比較數學及自然科學、社會科學領域的體例。

在論文寫作體例中有一些學術上的常見用語，相關意義及說明，請參考單元 4。

至於質性研究或人文學科（例如文學、史學、哲學）的專題研究論文體例，在呈現上會因研究主題、研究對象的特性而有所調整。

關於數學及自然科學領域、社會科學領域、質性研究或人文學科領域專題研究論文體例的簡要討論，可參見《我做專題研究，學會獨立思考！》115-125 頁。

**心得筆記**

心得筆記

第 3 部　扎根
必須具備的能力

# 單元 9 自主學習的價值

啊？學習有不是自主的嗎？

 ## 學習因自主才有了價值

當我們說到「自主學習」，你是否會疑惑：除了自主學習之外，還有什麼類型的學習？我們平常的學習方式，到底算不算自主學習？

其實，所謂的自主學習，強調學習者的主動性與掌控性，從學習目標的設定、學習過程的規畫和執行，到個人對於學習的省思與調整，都把焦點放在學習者本身。從這樣的標準來看，或許平常課堂的學習目標與進度都是由學校或任課老師決定，不少學生對於學習內容常只是被動接受，然後就結束了這個範圍的學習，這樣當然不能算是自主學習囉！

然而，當我們在跟隨課堂學習節奏（也就是由老師設定的學習目標與進度）的同時，也嘗試為這個範圍的學習訂定了一些個人化的目標、主動尋找並運用一些學習的方法或資源、安排學習的步驟，甚至在拿到小考等各種評量結果時，反思自己的學習，並調整關於學習的安排，這就已經具備自主學習的精神，已經在進行自主學習了。

當然，我們在社團中的學習，或是自己所設定課堂外的學習，只要具備類似前面說的這些條件，也都能算是自主學習。而這本書所討論的專題研究，顯然也包含在內。

換句話說，自主學習看重學習者的責任，以及在學習中所扮演的角色。自主學習之所以重要，是因為透過它，才真正展現了學習的本質，畢竟我們不會永遠待在校園內，學習也並非只發生在學校。在人生旅途上，有更多的時候，無論為了解決現實生活或工作中所遇到的問題，還

是個人基於某種業餘興趣的追求，我們都必須自己找到學習目標及資源，以便解決問題或充實自己。

##  自主學習的典範 —— 曹永和院士

曹永和院士是歷史學家，但他所接受過的正式學校教育只到中學階段，卻能夠因爲個人的興趣而終身學習，於 1998 年榮膺中央研究院院士，堪稱自主學習的典範。關於曹院士的學習歷程等介紹，可以從財團法人曹永和文教基金會獲得詳盡的資訊（網址 http://tsaoyungho.org.tw/）。

在此，我們藉曹院士的自主學習經驗，試著強調或釐清一些觀念。首先，從曹院士持續不輟的學習精神，可以驗證自主學習並不受限於年齡。其次，曹院士爲了研究歷史，努力學習外文，精通日、英、荷文，且略通西、德與拉丁文，可見自主學習並非一成不變，而是隨時視需要而加以調整、拓展。此外，曹院士曾跟隨岩生成一博士進行研究，也提醒了我們 —— 自主學習並不等於獨自學習，我們還是可以有伙伴同行，或接受老師的指導。

##  自主學習的航程

既然自主學習那麼迷人，也一樣能讓我們有機會獲致重大的學習成就，那麼，接下來就讓我們認識一下自主學習必備的條件包括哪些。由於自主學習就像一場自己做主的航海旅程，爲了讓大家更容易理解，我們就試著以航海爲例進行說明（如下頁圖 3.1）。

首先，請先想像自己是船長，需要駕駛這艘船前往心中嚮往的目的地。在這趟旅程中，你必須先有個自己想去的地方，也需要在出發前對於即將航行的海域有一些簡單的認識，想清楚中途該如何補給、在什麼港口補給，以便預先規畫好航行的路線、估算需要運用的時間。在航程中，你要時時留意航向是否偏離，也要檢視是否能順利依照預先規畫的

航程前進，並且視需要適當地調整航程規畫。當然，過程中也免不了會有一些突發狀況，需要船長臨機應變、化險爲夷。

懂得依據自己的航海能力
安排難度適合自己的航線

具備航海相關知識，
知道如何航行

評估航程上的需求，
選擇補給港口

收集可用資源及資訊，
有效輔助航程，
例如：定位與導航系統

安善安排航行的
路線與時程

能夠與船員合作，
或者請教有經驗的資深船員

能夠遵守航行紀律，
依據規畫進行航程

航程中，隨時留意
不偏離預定航道

抵達目的地之後，
反思航行心得，
作為下次航行規畫的參考

根據最新情況，
適度調整航行計畫

喜歡的、嚮往的
目的地

圖 3.1　自主航海旅程的有關因素

在前面這個航海的例子裡，航行的目的地就像是自主學習的學習目標一樣，而許多與航海相關聯的要素，也就像是影響自主學習的因素。我們試著把圖 3.1 轉換成圖 3.2，呈現出進行自主學習應該注意的地方，或者是需要具備的條件。

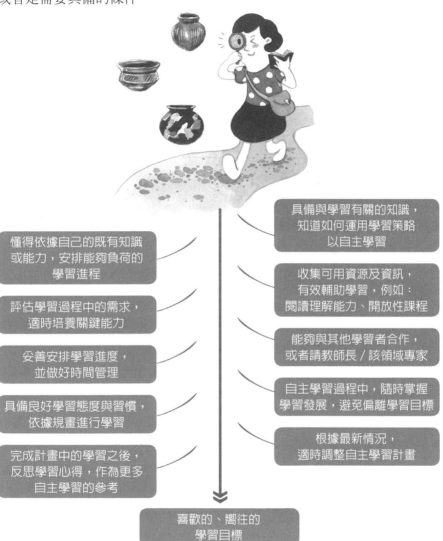

具備與學習有關的知識，知道如何運用學習策略以自主學習

懂得依據自己的既有知識或能力，安排能夠負荷的學習進程

收集可用資源及資訊，有效輔助學習，例如：閱讀理解能力、開放性課程

評估學習過程中的需求，適時培養關鍵能力

能夠與其他學習者合作，或者請教師長／該領域專家

安善安排學習進度，並做好時間管理

自主學習過程中，隨時掌握學習發展，避免偏離學習目標

具備良好學習態度與習慣，依據規畫進行學習

根據最新情況，適時調整自主學習計畫

完成計畫中的學習之後，反思學習心得，作為更多自主學習的參考

喜歡的、嚮往的學習目標

圖 3.2　自主學習的有關因素

閱讀了圖 3.1 到圖 3.2，以及相關說明，對於自主學習應該有更清晰的輪廓了。要進行自主學習，並不是不用老師指導，或自己喜歡什麼就做什麼，其實要配合的條件還真不少，以下幾個條件是很關鍵的：

1. 所設定的目標必須是自己喜歡的、渴求的，才容易激發學習動機。
2. 必須知道該如何進行這場自主學習，並具備相關的學習策略或能力。對於中學生而言，應該優先具備時間管理及閱讀理解能力，如此才有可能達成學習目標。
3. 更重要的是，必須具有規畫及行動的能力，將規畫好的學習付諸行動，時時掌握學習情況、反思心得，進一步回饋並調整後續或下一場的自主學習行動。

　　面對自己的學習旅程上，是否開始認真考慮要當自己的船長了呢？「專題研究」正是中學時期一趟偉大的自主學習航程，我們就從研究主題的訂定開始，試著透過專題研究的進行，在見識這寬廣世界的歷練中，成為一位本領高強的船長！

## 心得筆記

# 10 「解題」或「解決問題」

這兩個有什麼不一樣嗎？

 解題、 解決問題大不同

根據教育部重編國語辭典修訂本電子辭典，「問題」有兩種釋義，一是事態的嚴重性足以引人研究討論，或尚待解決，例如公害「問題」；二是考試時的題目，例如期末考的「問題」出得太冷僻了，參見：

http://dict.revised.moe.edu.tw/cgi-bin/cbdic/gsweb.cgi?ccd=JyZS8M&o=e0&sec=sec1&op=v&view=0-1

「解題」多是指老師已經依照某種學科知識與技能，將一個「問題」設計成習作或考試的題目，題型通常是測驗題或計算題，往往有標準答案，或制式的解答方式、技巧等，比較容易評量出學習成就。「解決問題」（problem solving），則是指針對尚待解決或研究討論的問題，探索、釐清、確定問題的焦點或癥結，然後運用已經擁有的知識和技能，並且彙整相關資訊與資源，加以分析、批判、歸納，尋求方法將問題解決。

對於中學生而言，那一種能力比較重要？

或許有人會說「解題」比較重要，可以「背多分」，可以在有限作答時間內回答問題又快又好，獲得高分。然而，許多學生只練習解題，考完試後就忘光光，更麻煩的是在面對真實生活情境時，經常不知如何運用所學，因為再也沒有人會先幫大家將這些問題情境簡化、轉變成「題目」，甚至暗示你可能的解題技巧或標準答案。

**問題解決能力的重要性**

　　面對未來，「解決問題」才是我們必須具備的能力，而晚近世界各國的教育改革，都在設法降低「解題」的比重，提升學生的「問題解決」能力。因為隨著科技的突破發展、產業迅速轉型，再加上自然環境的變遷，人們生活在現今社會中常要面臨許多不可預期的問題，而既有的知識或解決方法都將很快地不足以因應。

　　2016 年世界經濟論壇在「未來工作報告」中，指出 2020 年之後最需要具備的十大關鍵能力，問題解決能力依然高居第一名。尤其面對人工智慧的快速發展，學會問題解決、批判思考能力，才是不被機器人取代的重要關鍵。

表 3.1　面對未來世界的十大關鍵能力

| Top 10 Skills | |
|---|---|
| in 2020 | in 2015 |
| 1. Complex Problem Solving | 1. Complex Problem Solving |
| 2. Critical Thinking | 2. Coordinating with Others |
| 3. Creativity | 3. People Management |
| 4. People Management | 4. Critical Thinking |
| 5. Coordinating with others | 5. Negotiation |
| 6. Emotional Intelligence | 6. Quality Control |
| 7. Judgment and Decision Making | 7. Service orientation |
| 8. Service Orientation | 8. Judgment and Decision Making |
| 9. Negotiation | 9. Active Listening |
| 10. Cognitive Flexibility | 10. Creativity |

參考來源：World Economic Forum（2018）. The Future of Jobs and Skills. Retrieved from http://reports.weforum.org/future-of-jobs-2016/shareable-infographics/

　　具備問題解決能力，意味著能夠活用知識，但這必須經過一種學習者主動參與學習活動、實作探究的歷程，才可能發生。而能促成這種有意義學習的課程及教學，才是目前學校應該積極設計與貫徹實施的首要目標。

**專題研究就是在進行問題解決**

專題研究和問題解決，兩者有何關係呢？我們先來看一個例子。

近年來全球極端氣候頻傳，讓人好奇全球氣候變遷的狀況到底如何。學者周佳、劉紹臣於是分析過去聯合國觀測資料中全球氣候變遷的相關研究，發現地表氣溫的上升是最明顯且一致的氣候變遷，在過去百年（1906～2005）地表溫度大約上升了 0.74℃。至於強降水的強度和頻率也有逐漸增加的趨勢，且趨於兩極化，即雨季愈濕、乾季愈乾，但這種現象會隨著地區的改變而有不同。

**資訊加油站**

周佳、劉紹臣（2012）。全球氣候變遷觀測。大氣科學，40 卷 3 期，頁 185-213。取自華藝線上圖書館 http://www.airitilibrary.com/Publication/alDetailedMesh?DocID=02540002-201209-201303010037-201303010037-185-213

這個研究有一個問題焦點，是要確認觀測何種現象最能夠了解和預測氣候變遷的趨勢。方法則是透過長期間大數據分析，發現「地表氣溫上升」是觀測氣候變遷的最明顯指標，同時也分析評估及比較海平面上升、海冰融化、總降水量、強降水、颱風等預測效用，整個研究結果確實回答了氣候變遷趨勢分析的問題。其實不只是這個研究，只要是嚴謹、認真的研究，都是在進行問題分析、問題解決。

中學生要從一味解題的學習框架中突破，最好的方法就是開始效法、學習如何解決問題，這也是通往自主學習的最有效方法，而進行專題研究，則是培養問題解決能力最完整、最有系統的學習歷程。中學生未必能解決多麼重大的社會或環境問題，因此可以嘗試從日常生活或切身所遭遇的困難開始。美國學者杜威（John Dewey，1859~1952）曾將「解決問題」歷程分為五個主要步驟：

1. 遭遇困難：是指遭遇困境因而產生問題，有需要解決的狀況。

2. 分析情境：是指了解問題的關鍵，釐清問題性質，評估、推理或想像，擬定要達成的目標。

3. 假設可能的解決途徑：針對問題的屬性和相關的因素，蒐集既有的知識，形成可能的解決策略，並評估有效性和可行性。

4. 獲得初步結果：由假設推理並蒐集相關資料，獲得初步結果。這階段可能需要運用設備或器材，也可能會有突發狀況，必須隨機應變，尋求克服的方法。

5. 驗證結果：將所獲得的資料加以歸納、統整，驗證所得到的結果，並給予解釋，同時思考能否把結果或方法應用到別的問題？

杜威的分析十分簡要，卻掌握了關鍵，我們可以用來作為進行專題研究過程中的參考。

心得筆記

# 單元 11 問問題

## 沒問題是沒有問題，還是問題大了？

### 問問題， 主動學習的起點

　　前一單元提到解決問題的重要，而解決問題的關鍵，首先在於發現問題。可是，常有人會說，我沒有問題啊……

　　臺灣的學校教育長久以來偏好紙筆測驗，長輩們勉勵孩子要好好讀書考上好學校，這就意味著考試要得高分。考高分，多數時候指的是必須快速寫出標準答案。要辦到這件事情，有些老師甚至指導學生畫重點、反覆考試，還告訴學生不要問為什麼，先背下來再說。久而久之，學生們失去了好奇，只求標準答案；一旦沒有標準答案，往往會相當緊張，甚至無法相信怎會沒有標準答案？

　　然而，這些學生在就讀國小，或者幼稚園時，卻曾經是看到什麼就可以問為什麼的「大疑問家」，好奇、觀察、主動思考，甚至還會設法尋找答案或解決的方法。

　　這種主動學習的態度，使得小朋友和一些大思想家幾乎在精神上形成一體。例如：古希臘哲學家好奇「地球是圓的，還是平的」？畢達哥拉斯（Pythagoras of Samos，c.570~ c.495BC） 觀察自然現象，找尋證據來解答這

個好奇。他在海邊發現，最初露出水平線的總是船尾的梢，然後出現帆，最後才看到整個船身，由此推測，地球的表面一定是圓的。亞里斯多德（Aristotle，384~322BC）也發現，越往北走，看到北極星離地面越高，而越往南走，看到北極星離地面越低。他解釋說，這正是「大地是圓的」的證據。

透過問問題，我們才可以活用知識，對事物有更深入的了解。或者，我們會因此而質疑既有的知識，開始尋求解答，重新整合或創新了知識。在孩提時代，我們曾經如此地好學求知，現在該是將這份偉大的精神，重新找回來的時候了。

 ## 透過問問題活化思考

有人說：「先問對問題，事情就解決一半。」

問對問題的前提，是對議題或事件有清楚的了解與觀察。那如何問對問題？找出正確的問題焦點呢？

最基本的方法是透過一連串的問題追問、反思，逐步找出事件或議題的關鍵焦點。

例如有人要你造一座橋。

你可以問「為什麼要造這座橋」？答案可能是「我需要到對岸去」。

到對岸的方法有很多種，搭船、搭空中纜車或海底隧道等，所以，造一座橋，不再是唯一的選擇與答案。

問問題，還可以培養批判思考的能力，因為存疑提問，向來是批判思考的第一步。在閱讀文章或與他人討論時，提問、追問以下問題，可以讓我們自己，也可能幫助對方釐清問題的焦點：

1. 他想要表達的是什麼？
2. 他想要我們相信什麼？
3. 為了讓我們相信，他所提出來的理由是什麼？
4. 有什麼證據可以支持他的說法嗎？

有關批判思考的觀念與技巧，在單元 13 還會有進一步解說。

### 🌳 從 「發想」 到 「提問」 的歷程

通常我們總是習慣以「為什麼／Why」來提問，但是如果想要真正處理問題，或進行較為嚴肅思考的活動，譬如做專題研究時，以「Why」開始，只是屬於初期的發想階段，經過一段觀察、探究、思考之後，真正的提問應該是依照問題的類型或性質，而轉變為提問：How、What、When、Where、Who。

以「為什麼要造這座橋？」為例，可能的答案其實很多，除了「需要到對岸去」，還可能包括「為慶祝我父親明年 90 歲大壽」、「新工法可滿足較高的防洪標準」、「這裡可以連接新興市鎮」等，唯有將「Why」的提問進一步轉換和聚焦，從 4W1H 中找出真正的問題焦點，才是問對問題，才可能展開後續的探究、問題的解答或解決。想要問出一個好問題，一定是經過「百思」加「不解」的過程，而聚焦展開的，隨意問「為什麼」，是不成的。

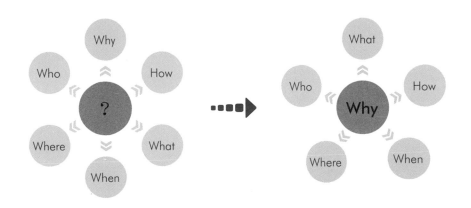

圖 3.3　從「發想」到「提問」的轉換

# 12 閱讀理解

## 讀書不只是「讀」書而已

### 閱讀是從文本中建構意義， 增強理解

談論「閱讀」這項話題之前，先來思考一下「運動」。一般人都有四肢、肌肉，能夠自由活動，然而這是否表示每個人都曉得如何正確運用自己的肌肉呢？是否保證每個人都能夠安全而且有效率的運用身體，增進身體健康呢？答案很明顯，為了妥善運用四肢和肌肉，人們必須學習各種知識、方法，藉由熟悉和訓練，達到運動的效果。

能夠活動四肢、使用肌肉，未必就算得上懂得運動；同樣的，光認得字，能辨讀字音與字形，還算不上懂得閱讀。

什麼是閱讀呢？借用「促進國際閱讀素養研究」（Progress In International Reading Literacy Study, PIRLS）在 2006 的界定：

閱讀素養界定為能夠理解並且運用各種書面語言形式的能力，而這些書寫形式受到社會規範，也受到每個人重視。年輕的讀者能夠從各種文本中建構出意義。他們藉由閱讀學習，藉由閱讀參與學校及生活中的社群，並藉由閱讀獲得樂趣。

這裡提到的閱讀，是閱讀者「從文本中建構意義、增強理解」的過程。所謂的文本（text）參見單元 29 的說明，是指各種書面語言的表現形式，包含了傳統的紙本書、漫畫、廣告、數位文本……等各種媒介。至於說閱讀是建構意義的過程，意味著閱讀的目的不在於記誦特定的內容，閱讀的方式不僅是讀出書面文字表面的訊息，還要能更深入理解文本內涵，增強自身的理解能力。因此又可以將「理解」分析出兩個方面的意義：一方面是對外，理解閱讀的文本；二方面是對內，增強自身的認知理解能力。閱讀理解的過程中，這兩方面的能力是同時並進的。

 ## 做個主動的閱讀者

促進理解的閱讀能力，同時也是認知與學習的基礎。一個人的閱讀理解能力愈強，他的學習能力也就愈高。從這個角度來看，世界各國重視閱讀，目的並不在於培養博學多聞的公民，也不是為了在國際評比上獲得名次，而是為了打下終身學習、自我成長的良好基礎。

要達成促進理解的閱讀，最重要的是培養自己成為一名「主動的閱讀者」。什麼是主動的閱讀者？《如何閱讀一本書》裡頭曾經舉過一個生動的類比：譬如棒球比賽的捕手，看似被動接球，其實綜觀全場，要給予投手指導與暗示，最後能接住投手發出的各種球路。

高明的捕手能夠接住各種球路，就像是閱讀活動進行中，高明的讀者也必須掌握作者的各種球路。儘管作者拋出來的球路千變萬化，仍是有入門的閱讀策略可以練習，熟練運用之後，再針對不同的文本類型靈活變化。

> **資訊加油站**
>
> 《如何閱讀一本書》幾乎可說已成經典，很值得參考。Mortimer J. Adler, Carles Van Doren 原著，中譯本為郝明義、朱衣翻譯，由臺灣商務出版。2016 年臺灣商務印書館 70 週年，還特地發行了典藏紀念版。

主動的閱讀者，會在閱讀時不斷和文本交流、對話，在交流、對話的過程中提升理解。「主動的閱讀者」通常會問這些問題：

1. 作者想要討論什麼問題？（文本處理的問題）
2. 作者為什麼要討論這項問題？（作者的動機、目的、問題意識）
3. 作者的主要論點是什麼？（文本的主旨）
4. 作者如何讓我相信他是對的？（作者如何論證）
5. 文章的組織與架構有怎樣的特色？（文本的脈絡與架構）
6. 我贊成或者不贊成作者的觀點？為什麼？（個人的判斷與評論）
7. 這個問題跟我有什麼關聯？（個人的反思連結）

##  掌握脈絡，才有機會完成理解

除了在內容上追問一連串問題，想達成閱讀理解，主動的閱讀者還需要把文本（或探究焦點）放在一個恰當的位置上。這個「恰當的位置」所在的周遭關係或網絡，就是「脈絡」（context）。

「脈絡」不是神祕高深的概念，而與人的認知模式息息相關。在圖 3.4 中，「T」所在的位置如何被認知及理解，其意義將是不同的。人在進行觀察、認知等心智活動的時候，如果能夠考量對象所處的前／後、上／下、左／右、內／外等各種條件與變項，通常會比較容易進行理解，也有助於較為長期的記憶。任何有效的理解與意義的掌握，總是都脫不開脈絡的。

圖 3.4

當然，人在進行理解時，往往也會摻入自身既有知識觀念的影響，進而形成了我們與對象之間錯綜複雜的關係網路。這是「脈絡」另一個更為複雜的關聯。

圖 3.4 符號「T」在橫列與縱行中呈現出不同的意涵。這與閱讀者的知識背景有關，也與「T」所處的脈絡有關。

**不同的閱讀素材， 運用不同的理解策略**

運動都要運用肢體與肌肉，不同的運動則講究不同的技巧和能力。以跑步來說，短跑重視爆發力，長跑更需要耐力與呼吸調節的能力，如果是接力賽跑，還要精研接棒的技巧與棒次的調度。

閱讀也是這樣，閱讀不同的文本，需要不同的策略，才可以方便讀者更有效率地達成理解與建構意義。比方說閱讀詩歌作品，會重視意象與聲情節奏；閱讀歷史讀物，會重視事件發生的因果關係與時間脈絡；閱讀哲學著作，會重視概念的內涵（intension）與外延（extension）是否清晰，邏輯推論是否嚴密。

圖 3.5　閱讀理解的層次

本書希望幫助中學生進行專題研究，在這宗旨之下，閱讀理解的對象主要是論述性質的文本。PIRLS 曾指出的閱讀理解層次，以及前文列出「主動的閱讀者」的提問問題，都是閱讀理解論述性文本的良好指引。在單元 55，會進一步介紹一些實用的閱讀理解策略。

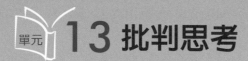

# 單元 13 批判思考

## 那簡單，就是把它Ｋ一頓？

### 批判思考是 「存疑求真」 的能力

常有人覺得「批判思考」（critical thinking）就是肆意地謾罵一頓，這是完全誤解了，批判思考並不是毫無根據地批評，或是嚴厲地指責。所謂「批判思考」，其實包含兩種息息相關的能力：質疑的能力，和理性思考的能力。簡單來說，就是存疑求眞。

質疑，是指對不確定的事情抱持疑問，甚至是對習以爲常的事情重新質疑。許多事情在特定的時間所知道的，可能只是部分的事實，也可能是假的、錯的，因此需要存疑。

理性思考，是講理，或有所本的推理。我們對於質疑的事情，有責任要蒐集、分析相關的證據或理由，這找尋充分資訊來驗證眞假的行動，就是求眞。

總結來說，批判思考是一種思辨活動，包含能夠分析、評論訊息，進而形成系統性知識與意義詮釋的能力。在眞實生活中，能夠清楚、合理地思考做什麼或相信什麼的能力，就是批判思考能力。在單元 54，列出了檢核「批判思考」的一張清單，也有助於了解批判思考的重要內容。

### 為什麼要培養批判思考能力？

#### 1. 培養學習的理解力

在日常生活中，或是課業學習時，我們常不假思索就接受他人提供

的訊息或說法，沒有檢驗對方是否提出合理的證據或推論。運用批判思考，我們應該學習多問：「你怎麼知道……？」「我們何以相信……？」試著找出對方的主要論點、推論的邏輯、希望我們相信的理由或證據，以及證據的可信度等。經由批判思考的訓練，可以讓我們更專心、更快地掌握重點，不受次要資訊的干擾，更能針對重點做出回應，讓別人了解自己的觀點。

### 2. 強化資料的識讀力

求學或研究上要存疑求真，在資訊爆炸的時代，這更是生活必備的能力。尤其網路上充斥許多訊息，親朋好友也常會隨手轉寄各種訊息，但其中有不少可能不該盡信，不能人云亦云、以訛傳訛。

「耶魯目標調查」就是很有名的一個例子，這個調查指出 1953 年的耶魯大學畢業生，其中有 3% 曾經寫下未來的明確目標，二十年後發現，這 3% 學生的財富比其他 97% 學生的總和還多。因為實在非常勵志，常被大眾廣為引用。但是一位哈佛大學的博士存疑求真，查遍所有研究論文，卻找不到任何相關紀錄。後來耶魯大學經過廣泛的考證後，公開說：「我們有充分信心認為，這個調查從來沒出現過！」

> **資訊加油站**
>
> 有關「耶魯目標調查」的討論，請參見楊少強（2006）。人云亦云、以訛傳訛 讓偽科學橫行。商業周刊，956 期。

### 3. 增進未來職場的競爭力

具備批判思考能力，分析技巧會更多元，面對各種狀況都能加以應用。具備這樣的能力，能在職場工作保有優勢。在前面單元 10 中，曾提到世界經濟論壇的未來工作報告中，2020 年最需要具備的十大關鍵能力，第二名就是批判思考能力。

## 🌲 批判思考的技巧

批判思考是一套有系統地驗證資訊、建立知識體系的方法，以下概述較為常用的技巧：

### 1. 論證（argument）

這是批判思考最重要的技巧。是指提出理由來支持或反對某種觀點、立場，並能與他人充份互動、討論及表達自己的看法等。一個基本的論證，必須包括一個立場或觀點、支持該觀點的理由、推論過程、以及結論。關於論證，在單元 24、25 會有更詳盡的介紹。

### 2. 澄清問題

能明確指出核心問題或重要的陳述、分析比較某一論點所包含的要素性質、提出具體澄清或挑戰作用的問題或解答、討論界定與問題有關的語詞、概念之異議或特徵等。

### 3. 判斷訊息

能提出證據或支持的例證，以及辨別判斷訊息的相關性、重要性或可信度等。

### 4. 推論

能指出問題的基本前提與假設、如何運用假設或推論，能從已有的訊息中推展出新資料、概念或結論，能連結事實、觀念與概念而提出問題解決方法或替代方案等。

在進行專題研究時，由於需要蒐集、閱讀、分析各種資訊，數量也比較多，因此相當需要批判思考能力和相關的技巧，才能夠迅速、恰當地掌握問題的焦點、論述的邏輯，以及檢核證據的效力。


## 🌲 批判思考常用的詞彙

以下整理一些批判思考常用的詞彙，可以在學習批判思考時更了解

其意義：

1. 立場（position）：有論點加以支持的觀點。

2. 主要論點或論證（the overall argument）：主要論點代表作者立場，由支持論點（contributing arguments）或理由（reasons）組成。我們也常用「論述」（line of reasoning）一詞，來表示支持主要論點的一組理由或論點。

**資訊加油站**

有關批判思考的資訊，可參見鄭淑芬譯（2015）。批判性思考：跳脫慣性的思考模式（二版，Stella Cottrell 著）。臺北市：寂天文化。

3. 理由（reasons）：提出來支持主要論點，或推論的要點。理由是否成立，有三個判定的標準。（1）可信度：是否真實可靠？（2）相關性與一致性：是否證成結論，還是與結論無關？是否與作者的其他說法一致，還是互相衝突？（3）可能性：是否還有其他沒被考慮的理由跟論證呢？

4. 證據（evidence）：用來支持理由的資料或原則。

5. 結論（conclusion）：推論最後會有一個終點，就是結論。結論通常要跟作者的主要立場密切相關。在批判性思考中，結論通常是由理由或證據推演而來。

心得筆記

## 只有化學課才能談 「哈伯法」 嗎？

學過國、高中化學的學生應該都知道哈伯法（Haber-Bosch Process），在高溫高壓下以鐵粉做爲催化劑，將氮氣與氫氣轉化爲氨（ammonia）：

$$N_2（g）+ 3H_2（g）\rightarrow 2NH_3（g）（反應爲可逆反應）\Delta H°$$

反應熱爲 -92.4 kJ/mol

通常化學老師會說明，因爲氮氣（$N_2$）的兩個氮原子之間是三鍵，所以要打開氮氣很不容易，不但要用高溫高壓，還得運用鐵粉來做爲催化劑……

在化學課，差不多把這些知識解說之後就結束了。

那麼，我們得追問，哈伯法的重要性在哪裡？猶太裔德國科學家哈伯（Fritz Haber, 1868-1934）可是因此獲得 1918 年諾貝爾化學獎。

會追問這個問題的高中學科，很可能是歷史課。因爲運用哈伯法製作化學肥料（氮肥），促成農作物產量大幅提升，再加上育種改良及殺蟲劑、除草劑的使用，20 世紀小麥與稻米的產量增加至少四倍，養活了許多人，這正是作爲科學家的哈伯所致力的初衷。1918 年諾貝爾化學獎的頒授，即已預見了哈伯的成就，並肯定其高尚的人文關懷。

然而，如果是生物課，將會關切氮肥所造成的環境生態衝擊。土壤中的微生物作用消失，尤其慣行農法採用單作、密植，導致土壤快速地酸化、鹽化，這類的陸源污染勢必波及海洋，海裡的氮與磷濃度上昇，造成藻類大量生長，形成藻華（algal bloom）。藻華隔絕水下植物所需的

陽光，使得水下植物因無法行光合作用製造養分而逐漸死亡。此外，大量增生的綠藻類消耗了水中的氧氣，接著動物開始死亡。這就是死亡海域（Dead zone）出現的癥結。

關於「死亡海域」的議題，在地球科學或地理課堂上，也同等關切。目前為科學家所確認的死亡海域，已經多達 400 多處，數量還在增加。此外，拜哈伯法之賜，1940 年代之後世界人口急速上升，因人口遽增衍生的社會和環境議題，向來都是地理課、歷史課的主題。

除了發明哈伯法之外，哈伯基於國家意識，積極發展化學武器，希望協助德國打贏歐戰（WWⅠ）。哈伯的化武研發十分成功，造成協約國士兵嚴重死傷，這等成就與影響，讓哈伯成為化學武器之父，但這似乎與哈伯法中所蘊含的人文關懷完全背道而馳。不過，到了 1930 年代，哈伯的猶太裔身分，引來納粹的迫害，在 1934 年因心臟病發死亡前夕，他的猶太族裔背景是與納粹德國形成緊張關係的。以上議題，都會是歷史課、公民課的重要題材。

 人世間的現象或問題全是跨領域的

看過以上的討論，或許你會追問：為何關於「哈伯法」的探討，可

以有這麼多的面向，並且跟許多科目有所關聯？

　　這樣的提問很重要，因爲無論是哈伯這個人，或是促成哈伯法出現的時代背景，以及哈伯法問世之後的一連串影響，已經不是「化學」這個學科所能處理的了，需要綜合眾多學科知識來思考、檢視，以及解答。

　　其實，每一個學科都有自己關注的課題，以及獨特的研究方法。每一個學科在面對和參與這個豐富世界時，因此都有獨到的貢獻，也有難以避免的限制。更值得注意的是，無論哪一個社會或自然議題，都不可能是孤立的，總是牽一髮動全身，特別是當代科技文明充滿許多大型的複雜系統，系統之間往往又環環相扣，潛在的風險相當高。例如發生於2011 年的 311 日本大地震所造成的核電廠輻射外洩事故，就引發嚴重的連鎖效應和深遠的影響，之後還得經歷漫長的善後處置，乃至引發是否續用核能的爭議等，這都不是單一學科所能處理。而且，臺灣也深受這個事件的影響，造成科技、政策、能源、社會行動等面向的眾多轉變。

　　如果有人宣稱他所專長的學科可以完全搞定 311 事故的所有問題，這個人若非瘋子，就是傻瓜。

　　讓我們換個對象來觀察及分析，即使是臺灣各地興盛的超商（convenience store）現象，裡頭的學問也沒那麼簡單。想想看，學校中有那些學科必須派上用場？

| 觀察的現象 | 可能適用的學科及初步分析 |
|---|---|
| 1. 貨品種類、通路鋪貨 | |
| 2. 物流車、倉儲 | |
| 3. POS 系統及條碼 | |
| 4. 人力配置及勞動條件 | |
| 5. 選址，不同區位的定位 | |
| 6. 與雜貨店、自助餐的競爭 | |
| 7. 有效日期，「新鮮」的標準 | |
| 8. 其他： | |

## 🌳 跨領域的勇氣

堅持死守某一個學科領域看世界，正好落入「瞎子摸象」的困境。

但是，每一個學科領域的知識都已經很複雜，精熟某一項已經不是容易的功課，哪還能夠跨領域呢？

中學階段的課程屬於「通識」，每個重要學科領域都會學習到，關鍵在我們應該嘗試關心周遭事物，或者當代重要議題，讓好奇心與求知的熱情帶領我們去運用一切學習到的學科知識，進行理解和尋求解答，只要這麼做，自然而然就會是「跨領域」。

我們應該熱情地、勇敢地運用知識探索世界，解決疑惑，而不是躲在書本裡、教室中，被毫無生命力的講義和考卷所宰制，只能自怨自艾。

### ✏️ 心得筆記

# 15 筆記

不要太相信你的記憶和理解能力

 **隨時記下發現或靈感**

隨身攜帶紙、筆，似乎是一個快要消失的好習慣，因為手機可以拍照、錄音、打字，功能更強大，哪還需要那麼麻煩做筆記？

這是一個事實，無庸置疑。

如果我們只是單純地要把當下的想法、景象、資訊記錄下來，手機確實是很好的工具，不過，這些記錄下來的文字、影音內容如果沒有進一步整理，其價值只存在於被記錄下來的那一刻，馬上就變成堆積的資料（data），不久之後便隱藏在巨大的記憶體中，與自己再無關聯。隨著手機記憶體越來越大，堆積的無用資料便越來越多。

這也是一個事實，無庸置疑。

我們如何讓記錄下來的資料，進一步變成有用的資訊（information），甚至是寶貴的知識（knowledge）呢？關鍵還是在「整理」筆記，而且目前看來，這件事情還是使用紙本來做，效果更好。

 **以筆記建構多層次、結構化的心智圖像**

筆記，絕不是聽到什麼或看到什麼就設法原封不動抄錄下來，這是大忌諱，因為一定跟不上，注定失敗。

打從作筆記的一開始，就是一連串的理解和整理，也就是把聽到的、看到的，設法以自己的話精簡地記錄下來，可以是縮寫（abbreviation），

但最好是改寫（paraphrase）。而且，記錄的時候就要立即將事實、現象，以及意見、觀點區分開來。

如果當下產生了自己的想法、假設或疑問，最好也要隨手記下，但應該用底線、不同顏色或其他方式加以標示，這種「心有餘力」的本事是產出好筆記的訣竅。如果當下來不及，也應該趁之後記憶還鮮明時趕緊記下來。

第一階段筆記之後，接著應該進入第二階段：查找文獻資料，記錄相關觀點，釐清對方的問題意識，提出自己的解答或評論，歸納論點、結論、心得等。

依據這樣的整理原則，每一頁筆記紙應該區分成三部分（如表 3.2），是否等分，可以自行決定。至於背面，建議保留，因為後續可能需要補充資料，或繪製圖像。

表 3.2　筆記的技巧

| 1. 提取訊息<br>第一時間作筆記，就要開始分別記錄、整理 | | 2. 推論分析、詮釋整合、<br>比較評估 |
|---|---|---|
| 事實、數據、現象等 | 意見、想法、論點<br><br>自己的想法、假設或疑問<br>（建議以不同顏色的筆標示） | 記錄相關文獻資料觀點<br>釐清對方的問題意識<br>提出自己的解答或評論<br>歸納論點、結論、心得 |

當我們將筆記內容做出統整的理解之後，務必將這樣的結構化脈絡或邏輯轉變成圖像，具體地呈現出來。通常，在圖像化過程中，我們的理解將會更加深刻，還可能觸類旁通，發現及收納更多相關的內容，而且更能牢記在心。理解之後的將是有機的資訊，而非零散的資料。

至於何時該進行這種圖像化的筆記整理呢？通常因人而異，但我們的大腦確實需要一段時間的整合及醞釀，才可能產生洞察、躍升的理解。當然，圖像化工作可能不只一次，而是呈現螺旋式的發展，越來越廣，越來越高，甚至開始整併原本看起來不相關的圖像，形成新的結構化脈絡或邏輯，專注於發現通則或規律，而非陷溺在無數細節中無法自拔。

　　還有一個重點是，做筆記所使用的紙筆，哪一種比較好呢？建議使用活頁方格紙，鉛筆或三色擦擦筆，比較能滿足特別是在第一階段的「繁忙」工作。

 ## 閱讀時的特定筆記技巧

　　如果我們做筆記是在閱讀中進行，有何特別需要注意的地方呢？

　　基本原則還是將筆記紙三分，每一欄位的記錄重點不變，但第一、二欄位可以適度抄錄專有名詞、關鍵字句資訊，第二欄位則應該著重記錄題旨大意、論述邏輯、問題意識，或者用來說服讀者的理由或證據，此外還是要寫下自己的想法、疑惑、文本中讀不懂的地方等。

　　因為是閱讀做筆記，時間的緊迫性小多了，相對的，如果這書籍或文章屬於重要資料，就可以分別運用檢視、詮釋、評論等方式來反覆閱讀，配合作筆記。

　　應該特別說明的是，書籍不必從第一頁讀起，而是先讀目錄和序言，然後全書瀏覽一遍，注意最後篇章的內容，掌握全書輪廓、題旨及結論，之後再決定是否詳讀，或先讀哪一篇章。在這樣的閱讀過程中，最重要的是形成對於這本書的初步想法、假設或疑問，帶著這樣的「前見」來進行後續的詳讀與做筆記。

　　綜而言之，筆記的架構和方法，其實就是思考的架構和方法，做筆記可以提升思考的品質和效率，也將能為之後的探究和寫作奠下扎實的基礎。

# 單元 16 討論

## 激盪智慧的火花

 **什麼是討論？**

根據教育部《重編國語辭典修訂本》的解釋，討論是指相互探討研究，以尋求結論。換言之，兩人以上始能討論，就某事物相互表明見解或論證，尋求共識。

無論平日的課堂學習，或者做專題研究，討論是經常進行的活動。不過，如果隨堂或回家作業、專題研究等，是要自己一個人完成，為何還需要討論呢？

 **為什麼要討論？**

《紅樓夢》第七回提到：「讀書一事，也必須有一二知己為伴，時常大家討論，纔能進益。」意思是讀書學習，需要有人一起討論，才能多所進步。近代以來的大學甚至將專題研討課（seminar）列為必修，看中的就是討論在學習進程中的價值。

討論的功能與優點，簡要整理如下：

### 1. 增進思考

我們都知道要能對別人清楚說明想法，必須先經過思緒的整理，透過討論，可讓自己進一步釐清思考的重點和脈絡。此外，在對事不對人的大前提下，多人討論，多人共同思考，也可以將一些可能的爭論明確化、做更深入的探討。

### 2. 合作學習

討論須與他人交換意見，因此有機會可以學習、吸收他人的經驗或見解，融會兩種或兩種以上的不同看法，進而修正彼此的想法、產生新觀點。近年來，在亞洲許多中小學推動的學習共同體（Learning Community），就是強調透過討論達成共同思考、合作學習的目的。

### 3. 激盪智慧、創新觀點

個人的思考常會受限於自己的知識背景與經驗，很難面面俱到、推陳出新。透過多人，甚至跨領域的討論，更可以集思廣益、激盪創新思維。以創新思維解決問題著名的設計思考（Design Thinking），就特別強調團隊中要有不同領域背景、專長的成員，能以不同的觀點看待事物，更容易在討論中激發出更多創新的可能。

### 4. 提升口語表達能力

口語和寫作都是與人溝通的重要管道。在專題研究的過程中，學習進行學術性的討論，尋求與他人對話溝通，是很具意義的學習目標。常見的溝通分享模式，除了形諸文字的學術寫作外，「發表會」（單元48）也是很好的選擇，透過具有溝通誠意的短講、簡報，以及同學們隨後的一起討論，可以大幅提升個人口語表達能力。

 **討論的注意事項**

討論不能變成爭論、爭吵，這是很基本的原則。因此，進行討論，要記得一些注意事項：

### 1. 對事不對人

在專題研究的討論中，討論的目的是要讓自己的研究目的、方法與結果發現等論述更爲清楚明確，以便進行後續的修正。在討論過程中所有的提問或批判，都是爲了讓研究更有價值，不必視爲針對個人的否定。曾有學生在課堂討論中，因爲同學提出一些評論與質疑，他就覺得自己很爛，做不好專題研究，這是錯誤的心態。

### 2. 運用批判思考

在進行討論時，切勿未經批判思考，就完全同意或不同意同學的報告。針對同學報告的討論，也應該對事不對人，抱持開放態度，只能質疑，不必否定。質疑，優先得提出自己的論點或證據，也就是論證，但語句的結束是「？」，而非「！」；至於否定，語句結束往往是「！」，這只是一種讓討論變質、終止的主觀意見宣稱，萬不可取。

參考單元 13 的批判思考技巧，或單元 54 關於批判思考的檢核重點，都有助於提升自己澄清問題、判斷訊息、進行論證的能力。

### 3. 適切提問，措辭溫和

臺灣的學生在討論時，多半安靜或不敢問太批判的問題，因爲擔心被認爲是在爲難同學。其實，針對問題批判、評論的目的，都是在精進彼此的學習，讓專題研究更有價值。如果還是擔心，在提問時可以多問 what，少問 why；一方面可以避免給人質問的觀感，另一方面也可以讓問題更聚焦。例如：「你的研究爲什麼要這樣設計？」可以改成：「能否請你說一下，這樣安排研究方法的主要考慮是什麼？」

無論個人的功課，或是中學生進行專題研究時所慣用的小組工作，討論都是一種可以讓成果豐碩、凝聚同學情誼的重要活動，值得好好練習與實作體驗。

# 17 寫作

我們何時的思考最有脈絡或邏輯？

## 流動的意識

我們日常的意識活動往往是一種連續不斷的流程，卻不是線性的發展，不是一個個片斷的有序銜接，而是流動的、多變的、交織的，充滿直覺、主觀感受，許多時候更是由不假思索的慣性來主導，也經常被我們自己的性別、社經背景、族群、世代等大的社會文化結構所左右。

在如此真實的意識活動之中，「思考」或「理智」的作用會有多大，端視每個人的教養修練而定。理想上，「思考」或「理智」的作用愈大，表示這個人或這個社會就愈文明。

我們該如何提升自己的「思考」或「理智」能力，以便讓直覺、主觀感受、慣性不至於過度地發展，導致產生一些不好的後果？又該如何讓「思考」或「理智」成為人際互動、公共事務處理的基礎呢？

關鍵在於「反思」（reflection），尤其是帶有批判性（critical）的反思，這是一個審慎自律的行動，目的是要坦然面對自己的主觀感受，釐清疑惑、爭議，解決複雜或艱難的問題，盡可能尋求最明確周延、恰如其分的結果。

在批判性的反思中，流動的意識、紛雜的想法或折衝的價值得到梳理與定位，逐漸產生焦點（focus）和結構（structure），進一步還可能獲得意義（meaning）和策略（strategy），終而發展成為行動。所謂有教養的人或文明社會，基本上是如此形成的。

## 寫作是最精純的思考

「反思」意味著跟自己對話。

對大多數人而言，尋求與他人交談、對話，是一個釐清自己思緒、突破盲點的常見方法。不過，若能再進一步透過書寫記錄，與自己展開深度對話，效果通常會更好。因為在書寫中，最能夠專注（除非一開始就打定主意要呼攏自己），最能夠產生「即時」回饋，而且有了上下文的紀錄，我們可以直接推敲、釐清觀點是否成立，自以為的因果關係是否合理。

更特別的是，書寫記錄一旦存取下來，它就在那裡，成為一個開放的、容許我們隨時回返去進行檢視、反思、調整的「脈絡」（context）。在這樣回返、重新反思的過程中，知識、意義、策略、行動的合理性和可行性通常得以大幅提升。

最好的反思及書寫方式，當然是日記。不過，寫日記是一件很花費時間及心力的事情，能持之以恆者不多。退而求其次，根據某個興趣或需求而進行的反思及書寫，必要性就比較明確。在學生時代，透過專題研究課程來鍛鍊「思考」或「理智」能力，以某個感興趣或有意義的題目展開探究，並藉由小論文（或論文）的寫作進行批判性的反思，組織思路的脈絡或邏輯，讓知識、意義、策略、行動的合理性和可行性大幅提升，這是相當有價值的學習活動。

##  讓自己慢下來

因為全球化的脈動，加上科技的推波助瀾，我們的時代變遷、生活節奏已經非常快速，甚至已經相當複雜、吵雜。

推陳出新的無線通訊（目前已進入 5G）、AI 人工智慧、電子商務和行動支付，加上上個世紀發明的「分期付款」，加總起來的作用讓我們來到了宛如「予取予求」的樂觀世界。在這樣一個眾聲喧嘩、變動不

居的世界中，讓我們面臨「既容易滿足，也更加不容易滿足」的矛盾，各式觀點、價值紛至沓來，又快又多，難以消受。偏偏整個社會或產業的系統越來越龐雜，若仔細想想，其實我們的生活、城市都很脆弱，任何一處的小疏失或小盲點，都可能導致整個系統的失靈，牽一髮動全身。

於是，「慢下來」（downshifting）開始成為一種當代社會的反思行動。如何讓自己「慢下來」的方法，相關討論已經不少，但目的多是希望能夠擺脫對於物質的瘋狂迷戀，減少壓力，著重尋求個體的舒適。

重新反思自己的生活當然很重要，但重新反思我們的世界正面臨的變遷與風險，應該也很重要。無論針對自己這樣的「小我」，或者社會這樣的「大我」，暫時放下不假思索、樂在其中的消費者姿態，透過一個比較正式的方式展開觀察、反思與寫作、發表，這應是一位有理想的中學生為自己和這個世界承擔責任的開始。

想、說、寫三者，最慢的就是寫，從寫作中鍛鍊自己思考和表達的能力，我們將比較有機會更了解自己，並與這個世界產生真切而有意義的連結。

 ## 論證寫作

寫作的文本類型很多，本書關注的是中學生如何進行專題研究，因此，「論證寫作」成為焦點。不過，想要表現出論證寫作的水準，就必須奠基於「閱讀理解」、「批判思考」。換言之，如果一篇學期報告或小論文符合「論證寫作」的要求，它一定也同時達到「閱讀理解」、「批判思考」的標準。

本書第四部有許多單元，都是圍繞著「論證寫作」加以說明和討論的，在單元 54，則提供檢核表，可以了解「閱讀理解」、「批判思考」、「論證寫作」三者的關聯。此外，關於「寫作」這個課題，在《我做專題研究，學會獨立思考！》一書有比較完整的專篇探討，可以參考。

# 單元 18 歷事練心

離開舒適圈，才能認識自己

 ## 臺灣學生的世界很小

臺灣因為地緣政治的糾葛，海島地理的侷限，國際觀或國際連結的情況顯得曖昧不明，連帶地也造成跨文化理解的殘缺，或全球責任感的虛無。

另一方面，升學主義的普遍影響，以及許多家長對於子女的過度保護，使得多數人在求學期間僅能關注書本知識，反覆練習解題的技巧，在四選一的測驗中找尋十分受限，乃至偏誤的「答案」，不太有機會探索大自然或遠方的世界。

簡言之，海洋的環繞、政治的藩籬、學習的窠臼等框限，讓我們傾向安居在一個小天地，自以為是，自得其樂，與國際變動、全球趨勢出現嚴重隔閡而不自知。

常有人會質疑，每年我們出國觀光旅遊的人數相當多，2017 年大約有 1,566 萬人次，這些人的世界難道不大嗎？

其實，世界大不大，跟出國的次數、到訪的國別，或者外語流不流利之間，並不存在著理所當然的關係，如果只是抱持著消費、旁觀、玩樂的心態，事過境遷，我們和世界之間仍然是毫無關聯的。更何況，「世界」並不一定只是「國外」，有人戲稱淡水河以南就是「臺南」，中南部的人挖苦臺北是「天龍國」，聽起來像玩笑話，卻頗為寫實。對不少人而言，在自己鄉土之外的臺灣各個地方，其實都是「遠方」！

許多中學生往往只在家、學校、補習班之間流轉，人際互動也有限，

日常生活世界很狹小，但還稱得上親切、舒適。父母親告訴他們先考個好大學之後再說，於是大多數人也就心安理得地待在這個小天地中，捧著一堆課本，竟以為這就是全部的知識了。

 ## 與真實的情境連結

政府在晚近積極推動十二年國教，其中一個非常重要的企圖就是要引導、培養學生發展出與真實情境連結的學習，並能將知識運用於真實情境。這樣的覺知和倡導，與世界各國教育相比雖然慢了，但仍是一個好的開始，若能加倍努力，還是不嫌晚。

但什麼是「與真實的情境連結」？要如何與真實的情境連結？相關的探討已經不少，簡單來說，關鍵只在「設身處地」（empathy），首要是先能夠跨越自己，與他人尋求相互理解（mutual understanding），只要涉及相互理解，這必然是有背景、有脈絡的，不可能憑空想像或運作，而且通常會是溫和友善的，不會粗暴獨斷。

但如何跨越自己呢？比較好的方法有四：

**1. 多讀書**：多方瀏覽，尤其涉及各國風土民情及歷史文化、當代國際議題、人類社會普世價值的書籍、文章、報導等，盡可能利用零碎時間瀏覽，有興趣的部分再仔細閱讀。當然，觀賞影片、各類視覺藝術或表演藝術，也很有價值。只要「見多」了，就能「識廣」。

**2. 多交友**：每個人就是一個小世界，多認識一個人，你們兩個人的小世界都會擴大一些。多認識一個人，甚至於還能夠因此連結更多的人，形成人脈。有一個赫赫有名的理論叫做「六度分離」（Six degrees of separation），借助網路科學，證實地球上任何兩個不相干的人只要經由六個人連結，就可以發現彼此之間存在著某種關係。換言之，人際之間並沒有想像中的隔絕，透過朋友，即使素未謀面的筆友或網友，都可能讓我們認識更寬廣的世界。

**3. 多遊歷**：這意思就是多出門走走，到臺灣各地走走，參與可以深

度旅遊的活動。遊歷的經驗夠
了，也有一些積蓄，就到國外
各地走走。人們在陌生的地方
才有機會更加認識自己，尤其
是壯遊（grand tour），無論在
臺灣或海外某地，遠遊長居、
克勤克儉，我們才會知曉自己
的優勢和潛能，侷限與缺失。
趁年輕了解自己，鍛鍊生活及
生存的本事（ability），遊歷是
非常好的方法。

**資訊加油站**

關於「六度分離」理論，和「網路科學」（the
science of networks）的探索發現，可參考：
1. 傅士哲，謝良瑜譯（2009）。6個人的
   小世界（Duncan J. Watts 著）。臺北市：
   大塊文化。
2. 胡守仁譯（2003）。《連結》－讓
   60 億人串在一起的無形網路（Mark
   Buchanan 著）。臺北市：天下文化。
3. 威爾‧史密斯（Will Smith）在 1993 年
   演出的電影，片名就叫《六度分離》（Six
   degrees of separation），亦可觀賞。

4. **多做事**：能夠把一件事情做好，其實很不簡單。事情無論大小緩
急，總會涉及人、資源、時地關係，甚至還會夾雜權力、各種情緒、成
果或績效檢核等。而且，我們在一個時段裡通常不會只處理一件事情，
在不同事情裡所扮演的角色或承擔的責任也不同。把這些事情的處理視
爲一次次的學習和磨練，這是年輕的你送給自己最好的禮物。歐美大學
對於申請者是否有所歷練，向來十分重視，因爲這是本事，比書本知識、
紙筆測驗成績更爲眞實！

## 「做研究」 是整合四法的好途徑

要磨練、跨越自己，甚至超越自己，以上四個方法都很重要，而做
專題研究，正可以同時整合、實作四種方法。

做專題研究，要有自己的研究問題焦點，這個問題焦點一定涉及這
個世界的某個現象（phenomenon），裡頭包含一些知識分析或價值判斷，
爲了釐清、回答或解決相關問題，自然得廣泛閱覽、仔細精讀、團隊成
員分工合作、與他人討論、尋求相關人士協助、出門查找資料、實地觀
測等，這樣的多重探索過程，免不了多讀書、多交友、多遊歷、多做事。

專題研究做得好，論文寫得精采，自然是值得追求的目標，但是在過程中，只要認真地思考和探索，這種「歷事練心」下認識的自己以及獲得的本事，已經相當珍貴。

## 心得筆記

# 單元 19 學習歷程檔案

有「過程」來連結與證明的成果更重要

 **75級分也落榜！**

這些年陸陸續續都有學科能力測驗滿級分的學生在進入甄選入學（個人申請）第二階段時名落孫山，還有類似的情況是在同一個校系的甄選中，較高級分學生落入備取，正取的卻是較低級分的學生。

甄選入學第二階段主要是進行資料審查與面試，前者就是呈現自傳、高中在學期間的學業成績、參與的各種學習活動、完成的作品或成果，以及申請該校系的動機、讀書計畫和已經做出的準備等。後者則是直接觀察應對進退、口語表達和邏輯思維能力等。基本上，較高級分，尤其是75級分的考生，理應佔有滿大的優勢，究竟是什麼原因導致落榜？

有許多人因此批評甄選入學的設計有瑕疵，甚至直言整個制度很不公平，人為主觀因素太高等。這些問題確實值得探究，針對其中癥結，尋求改進之道。但如果回到高分落榜的個案來看，這些學生裡頭確實有好幾位是除了考試成績優異之外，其餘幾乎乏善可陳。高中在學期間沒參加什麼活動，沒完成什麼作品，一些科目的成績偏低是因為上課態度不認真、作業馬虎只求及格過關，原因非常明確，這些都不在學科能力測驗的範圍內。至於有限的服務學習活動、社團活動經驗，禁不起評審追問，更加證實是虛應故事、「搭便車」（free rider）而已。試想，一位難以評估其好奇、熱忱等人格特質，人際互動、讀寫實作等能力，以及對於為何報考該科系也提不出令人讚賞理由的考生，評審們決議不錄取，這有何錯誤呢？

##  恆毅力， Grit

21 世紀對於人才的評選、鑑定已經不再只是偏好標準化測驗成績，或者智力表現，而是更加關注態度和動機。這包括不自私功利、具有使命感或責任心、懷抱遠大的願景或追求社會整體的目標、保持好奇隨時面對學習、能夠探索與洞察人事物的關聯或變動、能夠在挫折中檢討與重新振作等。最重要的是，以上這些態度和動機是長期地堅持與實踐，以一種恆毅之心，探索與培養興趣、維持學習的紀律、懷抱希望、追求理想。

換言之，一個足以展現其不僅有決心，更有明確方向（direction），能夠將熱情與毅力結合的人，才是今後所需要的「人才」。

在中學的學習生涯中，有哪些活動足以鍛鍊、展現上述這樣的「恆毅力」呢？讀課本、寫考卷、填學習單等「基本活動」應該都不夠，連最起碼的「自主學習」特質都難以證實。那麼參與或領導社團、擔任班級幹部、投入服務學習、或者針對一個重要議題進行探究呢？這些都非常有機會可以整合各個科目的學習，鍛鍊及展現「恆毅力」，值得好好地計畫、執行，以及針對過程和成果持續地加以檢討改進，並且思考在適當時機如何分享和傳承，讓同學或學弟妹可以精益求精。同時，也重新思考這樣的學習經驗對於自己的未來發展具有何等意義，該如何承諾自己尋求日新又新。

### 資訊加油站

關於「恆毅力」，請參見洪慧芳譯（2016）。恆毅力：人生成功的究極能力（Angela Duckworth 著）。臺北市：天下。此外，Angela Duckworth 博士在 2013 年的 TED TALK：「成功的要訣是什麼？是恆毅力 Grit」，十分精彩，值得觀賞。

## 發揮評估及反思、 改進的效用

除了針對一個重要議題進行探究之外，即使參與或領導社團、擔任

班級幹部，或者投入服務學習，在過程中其實也都可以採用「做研究」的模式來加以計畫、執行，以及檢視、評估、反思、改進。

我們總會希望這個社團、班級事務或集體性的活動，能夠因為自己的參與和奉獻而愈來愈好。因此「發現一個需要解決的問題或追求的目標」、「蒐集及分析相關文獻、資料」、「提出自己的見解或方法」這樣的「做研究」模式，既能夠有系統地展開理性行動，也足以留下珍貴的歷程紀錄，更能夠因為必須寫作來完成結果報告，而讓整個「做中學」（learning by doing）進入高層次的認知學習，包括分析、統整、省思評估等。

無論參與或領導社團、擔任班級幹部、投入服務學習、或者針對一個重要議題進行探究，都能夠產生相當豐富的歷程檔案，特別是以一種較為嚴謹、系統的「做研究」模式加以計畫、執行與評估而完成的work（作品 product、功夫 effort、勞動 labor），更能展現出類拔萃的品格與能力。

其實，我們早已經發現許多學生經由「做研究」歷程所展現的恆毅力與因此得來的成果，是如何地在甄選過程中獲得評審的激賞。更可貴的是，這些學生不是為了升學甄選而進行學習，他們是為了自己的生涯發展與遠大願景而完成足以記錄和證明自己勤勉學、思、行歷程的work，獲得理想的升學機會，只是水到渠成的結果而已。

## 心得筆記

**心得筆記**

第 4 部　茁壯

進入專題研究

# 單元 20 形成一個問題

## 從「好奇寶寶」到「問題學生」

### 一部電影的啓示

電影《永不妥協》（Erin Brockovich）的故事改編自眞人實事，敘述一名非法律專業出身的單親媽媽，憑藉自身的好奇心、行動力、意志力與正義感，替無辜受害的小鎮居民伸張正義。

故事中，女主角 Erin 經由一連串的調查，最後依靠確鑿的證據與推論，在法庭上擊敗電力公司，使得小鎮居民獲得高額的賠償金。

這個「小蝦米擊敗大鯨魚」的故事，起因於 Erin 在律師事務所整理與房地產有關的法律文件中，發現裡頭夾雜了醫療保險文件，於是激發好奇心，想要追究「爲什麼」。

這段情節，充分展現了「問出一個好問題」所具備的非凡力量。

專題研究的起點，就是提出一個好問題，針對看到的現象、讀到的資料、聽到的意見等，努力思考，進而提出一個好問題。

> **資訊加油站**
>
> 如果從做專題研究的角度來看，電影《永不妥協》（Erin Brockovich）是一個非常好的示範題材。相關討論請參考黃春木（2016）。我做專題研究，學會獨立思考！臺北市：商周。頁 265-274。
>
> 不過，這部 2001 年獲得奧斯卡最佳女主角獎的電影片長兩小時，若考量課堂時間不足，但又希望借助影片來解說專題研究，柴靜所發行的《穹頂之下》這部 2015 年的霧霾紀錄片，前頭的 21 分鐘，也可以非常精彩地呈現做專題研究所必須知道的重要觀念和研究方法。

## 問出一個好問題

　　然而別忽略了，中學生與學術專業者的身分不同，立足點與標準當然也不完全相同。就多數的中學生而言，專題研究、寫學期報告、小論文或研究構想書等，只是過程或手段，目標是放在批判性地閱讀、思考與表達的綜合訓練，這就夠了。

　　如果從學術研究的觀點來看，研究理論、方法、工具、對象與結論的創新性都非常重要，然而從本書的觀點來看，一個好的研究問題，首先是探究者「感興趣」的問題。這項問題可以回應學生求知的慾望，對於所處的生活環境與經驗獲得更深刻的理解，甚至可以解決自身所面臨的困境。倘若學生的研究動機強，富有熱情，就更願意付諸時間心力完成研究，也才能獲得理想的學習效率與內在的學習成就。

**資訊加油站**

研究問題，從哪裡發想？
1. 源於生活情境的觀察或者疑惑
2. 對自己的興趣想要進一步了解
3. 對新聞的內容感到困惑、質疑
4. 文獻內容相矛盾，進一步驗證
5. 文獻與自身經驗差異，希望探究
6. 提出值得關注但是被忽略的事實

　　其次，一個好的研究問題能「切合時代脈動」，可視為研究者為了達成某種社會實踐而投注關懷。譬如說在人權、生態、環保、貧窮、暴力、醫療、糧食……等人類社會共同面對的重大議題上，予以關注，進而從學生自身所及的現象中選取合適的討論對象，加以分析探究。

　　第三，一個好的問題可能「填補知識的缺口」。這是說研究者能夠將既有的研究成果應用到自身的情境中，一方面獲得對於現象的洞察，另一方面，也得以檢視書本知識、既有理論若遷移到不同的情境中，是否仍然適用。這是中學生專題研究中最具有學術性意義的層面。儘管如此，它也和前兩點相互結合，可以是自己覺得有趣，而且具有社會意義的問題。

最後，一個好的問題兼具有「合理性」（rationality）和「可行性」（feasibility）。具體來說，就是研究問題的概念或變項單純、範圍小，不涉及過度專門的知識，中學生不會太難討論與操作，同時也符合其他的主客觀條件，譬如能力、設備、時空限制、預算等。

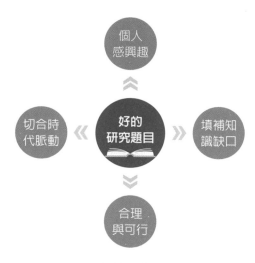

圖 4.1　好的研究題目

## 先找到研究主題、 範圍， 再聚焦研究問題

　　中學生發想研究題目的時候，不妨先找出一個感興趣的主題（topic），再從那個主題當中，慢慢聚焦、限縮，最後落實在相對具體的研究問題（research problem）上頭。這種收斂思考的過程，不僅可以使擬訂的研究問題更具備合理性與可行性，同時也才足以呈現出問題的特殊性質與內涵。研究的主題通常只用一個簡短詞語表達出來，其中包含不同的領域，或者還未經過聚焦的對象。研究的問題則是所屬主題底下，某一項值得關心的具體事項，或是希望進一步思考探究的爭議問題（controversal issues）。

從研究主題聚焦到研究問題中間，學生可以想一想自己最感興趣的領域或者對象是什麼，從分類與相關的範圍中選出希望探究的項目，融入到自己的研究問題裡頭。需要補充說明的是，想要探究的「問題」不等於就是專題研究的「題目」（title），而是可歸附在題目底下希望加以辨析、釐清的具體問題。

　　從思維程序來說，這是一種「降低抽象層級」，使研究問題具體明確的思考模式。圖示如下：

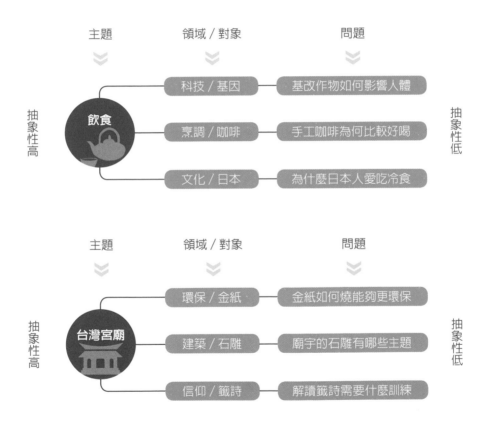

圖 4.2　使研究問題具體明確的思考模式

# 21 掌握問題意識

百思之後的不解，才能形成問題意識

 ## 「問題意識」 是對 「問題」 抽絲剝繭的反思

還記得單元 12 針對「閱讀理解」的討論嗎？在那個單元中，曾提到我們應該做個「主動的閱讀者」，抽絲剝繭地追問作者一連串的問題。在那七個問題中，前三個其實就是在確認作者的「問題意識」（problematic）是什麼。唯有在掌握了作者的問題意識之後，我們對於那篇文本的了解才有機會妥適地達成。

同樣的道理，人家也可以追問我們，「你這篇文章的問題意識是什麼？」「你的研究有什麼創新或者貢獻？」這是學術論辯時，最常遇見的兩項基本問題。事實上，研究是否有創新或者貢獻，仍然取決於本身的「問題意識」是否突出。用比喻來說，「問題意識」就像是研究論文的經絡，文章是否能夠神完氣足的傳達知識或意義，首先要看「問題意識」是否明確。

根據一般的定義，「意識」是指人對自我及環境的認知程度，而「問題意識」的字面意思是「對於問題的意識」（the sense of problem）。意味著不僅是「提出一個問題」而已，這個問題不是衝口而出、臨時起意的，問題的形成已經過一段時間的探索和思考，自己逐步追問和反思，最後終於釐清、確認了問題的焦點，或應該下手處理的關鍵處。簡言之，百思之後的不解，此一「不解」才是「問題意識」形成的起源。

從另一個角度來看，在釐清、確認「問題意識」的過程中，不僅是提出研究「動機」（motivation）而已，還要意識到與研究問題相關的種

種層面，譬如說：問題如何產生？爲什麼這個問題值得重視？有哪些證據或者經驗能確認這個問題重要？這個問題的內涵與性質是什麼？有什麼概念或變項必須處理的？這個問題的背景與相關脈絡是什麼？應該採取怎麼樣的研究視角與方法？一篇有問題意識的作品，能夠清晰地呈現研究者／作者對於這些問題的思索與鋪陳。

我們應該如此認眞、細緻地了解別人的作品，也應該如此認眞、細緻地追問和反思自己準備探究、處理的問題。「問題意識」沒抓緊，後頭的閱讀、思考和寫作等努力，非常有可能做白工。

問題如何產生？為什麼這個問題值得重視？

有哪些證據或者經驗能證明這個問題重要？

這個問題的內涵與性質是什麼？需處理什麼概念或變項？

這個問題的背景是什麼？相關的脈絡是什麼？

應該採取怎麼樣特殊的研究視角與方法？

圖 4.3　透過這些提問，你可以檢視他人或自己的探究是否具有問題意識

### 問題意識 ： 從形成到聚焦

讓我們舉例來談。姑且就用高中生普遍使用的「手機」作爲研究的主題。「手機」二字，完全看不出問題意識，最多只算得上一項研究的主題（topic/theme），而非具體問題（problem）。到底是想要探究手機商品定價的策略？手機外觀造型的設計？手機使用群眾的偏好？校園手機管理辦法的制定？還是任何其他與「手機」相關的探究方面呢？這是研究者必須要先行釐清的。

倘若進一步聚焦問題，希望探討「手機成癮如何影響高中生的學業成績」這項問題，可以透過怎樣的抽絲剝繭，逐漸形塑更清晰的「問題意識」呢？以下列出一些可供參考的思路，作為自己思考、與人討論、蒐集文獻資料探討的方向。

表 4.1　針對「手機成癮如何影響高中生的學業成績」形成問題意識的可能思路

| | |
|---|---|
| 1. | 學業成績會受到那些條件的影響？如何檢驗高中生的學業成績？ |
| 2. | 什麼是成癮行為？如何界定與判定成癮的行為及過程？成癮的心理機制是什麼？ |
| 3. | 成癮（addiction）與物質依賴（substance dependence）、物質濫用（substance abuse）等相關概念有什麼異同？ |
| 4. | 什麼是手機成癮？手機成癮與其他條件引起的成癮現象有何異同？ |
| 5. | 如何說明或證明學業成績變化是受到手機成癮影響？ |
| 6. | 為什麼選擇高中生作為研究對象？而不是小學生、大學生或成人？ |
| 7. | 高中生使用手機的比例、使用目的、依賴程度如何？ |
| 8. | 有那些現象呈現出手機對於高中生的重要性或者影響力？ |
| 9. | 高中生的心理發展與成癮行為有怎樣特殊的關係？ |
| 10. | 對於這樣的現象，可以提出怎麼樣的合理解決方法嗎？ |

對於探究問題加以反思之後，可以提出初步的問題意識，帶著這樣的問題意識，有助於進行文獻蒐集與探討。最後要提醒的是，「問題意識」通常會在研究過程中不斷滾動與調整的，在批判性閱讀、思考與寫作的過程中，它會不斷地經歷澄清與修正。

 **一個簡便的起手式**

從以上的討論可以得知，問題意識的聚焦形成，需要經過一段時間的醞釀和發展，沒有很簡單。不過，無論中學生、大學生或研究生，一旦釐清確認問題意識之後，整個專題研究、學期報告或論文寫作工作可

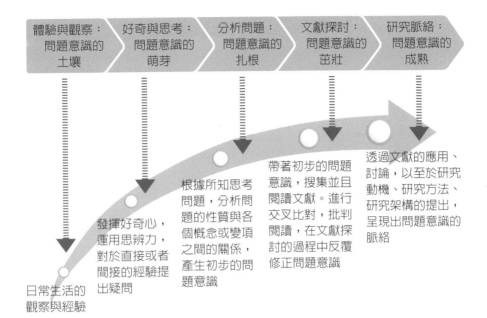

體驗與觀察：問題意識的土壤

好奇與思考：問題意識的萌芽

分析問題：問題意識的扎根

文獻探討：問題意識的茁壯

研究脈絡：問題意識的成熟

日常生活的觀察與經驗

發揮好奇心，運用思辨力，對於直接或者間接的經驗提出疑問

根據所知思考問題，分析問題的性質與各個概念或變項之間的關係，產生初步的問題意識

帶著初步的問題意識，搜集並且閱讀文獻。進行交叉比對，批判閱讀，在文獻探討的過程中反覆修正問題意識

透過文獻的應用、討論，以至於研究動機、研究方法、研究架構的提出，呈現出問題意識的脈絡

圖 4.4　如何形塑問題意識

說已經完成一半了，並且相當能夠期待將有一部好作品出現。

　　在問題意識的聚焦形成的過程中，除了自己思考、向別人請教或討論之外，還相當需要蒐集及研讀相關的文獻資料，增加自己對於研究問題的理解。

　　以下運用三種表格，提供一個簡便的操作方式，讓問題意識在聚焦形成的過程中，可以較有效率和品質。請注意，整個完成這三種表格的實作過程中，將會同步練習了「閱讀理解」、「批判思考」兩種基本能力。

　　在這一套表格中，先將「問題意識」簡要地區分成兩部分：

　　1. 研究問題的性質（the nature of the problem）：在知識或價值上，這如何是一個問題（problem）？

　　2. 研究問題的呈現（the appearance of the problem）：這個亟待解答或解決的問題，包含了什麼樣的關鍵「概念」（concept）或「變項」（variable）？

表 4.2　練習寫「問題意識」：單一文獻理解

| **文獻基本資訊**<br>（請註明作者、出版年代、<br>篇章名或書名、出處等） |
| --- |

主要處理的現象、問題

| | 檢核重點 | Yes/No | 內容摘要 |
| --- | --- | --- | --- |
| 1 | 提供議題的背景性或<br>歷史性資訊 | | |
| 2 | 主旨大意明確 | | |
| 3 | 結論（或建議）明確 | | |
| 4 | 每一個論點都明確，<br>足以支持結論 | | |
| 5 | 引用合適的數據、理論、<br>實例，或其他研究發現<br>具有證據力，足以支持<br>結論 | | |
| 6 | 前後的論點有呼應，<br>呈現明確的推論思路 | | |

表 4.3　練習寫「問題意識」：單一文獻分析

| 1. 關鍵字 | 2. 在知識或價值上，作者<br>如何界定這是一個問題<br>（problem）？ |  | 3. 為了解答或解決這個問題，作者<br>關注的概念或變項是什麼？如<br>何界定、處理？ |
| --- | --- | --- | --- |

---

說明：通常需要進行至少三筆文獻的蒐集和分析，才足以進行問題意識的聚焦形成。

表 4.4　練習寫「問題意識」：多筆文獻交叉分析

文獻 1 與文獻 2 的關係：

簡要敘述此關係：　　□立場一樣，觀點互相補充　　□立場接近，關心不同面向
　　　　　　　　　　□立場不同，彼此矛盾或對立　　□其他：


文獻 2 與文獻 3 的關係：

簡要敘述此關係：　　□立場一樣，觀點互相補充　　□立場接近，關心不同面向
　　　　　　　　　　□立場不同，彼此矛盾或對立　　□其他：


文獻 3 與文獻 1 的關係：

簡要敘述此關係：　　□立場一樣，觀點互相補充　　□立場接近，關心不同面向
　　　　　　　　　　□立場不同，彼此矛盾或對立　　□其他：


依據這三筆文獻的歸納、統整，**我自己**的問題意識是：

| 1. 關鍵字 | 2. 在知識或價值上，如何界定這是一個問題（problem）？ | 3. 這個亟待解答或解決的問題，有什麼樣的關鍵概念（或變項）最應受到重視？根據此一概念（或變項），可能的研究問題焦點是什麼？ |
| --- | --- | --- |

什麼是「概念」、「變項」呢？

「概念」是人對於一個複雜的過程或事物的理解，通常要掌握的是範疇或類別，而忽略其下一些具體的差異，因此概念往往是抽象的。譬如，老、熱、白、鳥、圓、月蝕、民主、圖書館、健康、農耕，這些都是概念。

由於概念往往是抽象的，在討論、探究的過程中，很可能因為理解的觀點或處理的方式不同，以至於產生歧異、混雜的結果。為了避免這種現象發生，於是我們會設法從概念中抓取最能代表其內涵的具體事例特徵，作為量度的指標，這個具體的事例特徵，就稱為「變項」。

舉例來說，我們怎麼界定「健康」？「健康」的指涉範圍相當廣泛，包含好多層意思，想要蒐集和分析與「健康」相關的資料，其實很不容易。怎麼辦呢？於是有人想到用血壓、血脂、血糖的高低來做為量度「健康」的指標，血壓、血脂、血糖就屬於量度健康的「變項」。

一般而言，如果我們做的專題研究屬於人文社會學科，尤其是質性研究，處理的大致會偏向「概念」，不過，會按照單元 20 中圖 4.2 的方式，設法將抽象程度降低，使問題焦點具體明確。如果做的專題研究屬於數理學科，或者量化研究，主要處理的就會是「變項」。

在前兩頁呈現的三種表格，表 4.2 是針對單筆文獻進行閱讀理解，表 4.3 是釐清這筆文獻的作者的「問題意識」，這兩個表格應同時實作。為了聚焦形成問題意識，通常需要至少參考三筆文獻，進行理解和分析。目前中學生小論文比賽，也是要求必須至少分析探討三筆文獻。

至於表 4.4，則是將這三筆已經分別完成理解分析的文獻彙整起來，檢核比對兩兩之間的關係，然後進入最後，也是最精彩的階段：

1. 在歸納這三筆文獻之後，「我自己」釐清、覺察得出什麼樣的問題意識？

2. 依據這樣的問題意識，需不需要再增加其他文獻的蒐集和分析？

3. 若是需要，應該要蒐集什麼觀點，或是包含何種證據的文獻？可能的關鍵字有哪些？

# 22 撰寫摘要

例如把3000字文章縮寫成300字？

 摘要呈現出閱讀理解的深度

　　閱讀長篇文章時，最大的挑戰是在有限的時間內抓出通篇大意。倘若閱讀功力不夠，很容易就會誤把文章中的某項細節或例證，當成全文的主要觀點。要訓練敏銳的閱讀眼光，達成正確的文本理解，勤寫摘要（summary）是絕佳的練習途徑。

圖 4.5　摘要的基本要求

　　摘要，是指閱讀完一篇文本之後，讀者以精簡的語言，陳述出原文的精華，講究的是用自己的腦思考，用自己的話表達。

摘要的內容通常包含文本所探討的主題、作者的重要觀點、行文脈絡，也可以提到行文的風格或者其他特色。一篇合格的摘要不只是篇幅省略而已，還必須完成一些基本要求：

1. **內容精確**：摘要能把握原文的討論主題，以及作者觀點，不加油添醋。
2. **綜合理解**：摘要是用自己的話，將文本的內容與脈絡扼要地陳述出來。
3. **表述客觀**：摘要雖然用自己的話去寫，但是不摻雜主觀的評論與心得感想。
4. **連貫完整**：摘要本身是一篇觀點明確、思路清晰的文章，具有可讀性。

 **你確定寫的是摘要嗎**？

　　學生的摘要習作，最容易犯的毛病是添入了太多個人主觀的評論與感受。之所以如此，可能是因為國文課堂上的「作文」經常要求學生「要有自己的看法」，或者是期待學生寫出「文情並茂」的美文佳作。那些固然是應該練習的寫作策略，但都不符合一篇摘要的期待。

　　摘要是一種比較「冷靜」的寫作策略，它要求讀者有批判性的理性思維，又要暫時節制住自己的評價與感受。

　　除了分辨摘要與評論、心得的不同之外，也有必要釐清摘要與論文摘要（abstract）、縮寫（abbreviation）、改寫（paraphrase）的不同。表 4.5 將四者加以比對說明。

表 4.5　摘要、論文摘要、縮寫、改寫的比較

| 摘要 summary | 論文摘要 abstract | 縮寫 abbreviation | 改寫 paraphrase |
|---|---|---|---|
| 摘要是閱讀完一篇文本之後,用自己的話寫出文章的內容大意。合格的摘要不是原文的縮寫或者改寫,而是通過自身的理解之後,對於文章重點內容的說明與描述。摘要不加入個人主觀的評論,也不抒發心得感想。 | 論文摘要是整份論文的精華,也是論文格式所要求的書寫表現。作者自己透過論文摘要,交代研究的背景、動機,研究方法、研究過程與結果等。透過論文摘要,可以幫助其他研究者迅速掌握全文脈絡及推論理路等。 | 縮寫是一般通用的寫作技巧,指刪除原來文本中的細節,只保留核心的內容。縮寫之後的文本,雖然縮減了篇幅,但同時還是保留了原文使用的詞語、段落的順序,或者採取的敘寫口吻等。 | 改寫是在通讀完整份文本之後,用自己的話重述原本的內容。改寫之後的字數可能更精省或者與原本差不多。在學術寫作上,改寫通常用於「間接引述」某段文字內容,用來進行論點的引證或者討論。 |

 ## 摘要寫作的步驟與訣竅

　　由於摘要的基本條件是正確讀懂文章,並且用自己話表述出來,幾乎稱得上是學術閱讀與寫作最關鍵的基本功。

　　特別在寫作文獻探討的時候,具備精準的摘要能力,能夠提綱挈領地陳述所徵引文獻的重要內涵,作為進一步比較、分析、評論的客觀基礎。倘若缺乏這項能力,很可能就無法有效地透過文獻閱讀而理出「問題意識」的脈絡。

1. 通讀文章,標記段落中重要的概念或者句子。

2. 將重要的概念或者句子用自己理解的方式重新組織。

3. 可藉由心智圖或各類圖表等輔助工具,呈現自己的想法

4. 把對文本的理解有組織地寫出來。一定要有主旨句。

5. 確認內容,沒有摻入個人的評論或者心得感想。

6. 檢查字句是否通順流暢,善用表達承轉關係的信號字。

圖 4.6　摘要寫作的步驟

基本的摘要能力從小學就開始訓練了，但是練習的文本大多是國語文課堂上的選文，或者選文的段落，篇幅不長，難度不高。然而，進行專題研究，經常要面對數千字、甚至是多達萬字以上的長篇章論述類文本，這時候就真正考驗摘要的能力了。

其實，這項能力會隨著閱讀寫作的經驗純熟而慢慢提升，剛開始起步的時候，可以參考下列步驟。寫完之後，也可以與同學相互檢視。

表 4.6 則是一個檢核「摘要」寫作品質的工具，可以用來自評，也可以用來互評。當然，我們也可以利用先前單元 21 的表格工具（表 4.2），對閱讀的文本（文獻）加以理解之後，進行摘要（如表 4.7，同表 4.2），然後再利用單元 21 的表 4.3，進行該筆文獻的「問題意識」分析。如此一來，從「摘要」到「問題意識」的理解分析，便比較能夠順理成章。

表 4.6　摘要自評／互評檢核表

| 檢核項目 | 是 | 否 |
|---|---|---|
| 01. 符合字數要求。 | ☐ | ☐ |
| 02. 指出文本的特殊性質或者特定的背景、對象、目的。 | ☐ | ☐ |
| 03. 指出文本探究的核心問題，以及作者提出的結論與論述。 | ☐ | ☐ |
| 04. 充分掌握文本的關鍵詞，包括關鍵詞的定義，以及所在的脈絡。 | ☐ | ☐ |
| 05. 能夠分析出作者行文或者思考的脈絡、架構。 | ☐ | ☐ |
| 06. 能夠使用自己的詞句，重述文本的內容重點。 | ☐ | ☐ |
| 07. 沒有參雜自己的意見、評論或者心得感想。 | ☐ | ☐ |
| 08. 善用各種表現語句之間承接、轉折、層次或者其他關係的信號字。 | ☐ | ☐ |
| 09. 成為一篇完整的文章或段落，文字流暢，避免冗贅。 | ☐ | ☐ |
| 10. 沒有錯別字。標點符號運用正確。 | ☐ | ☐ |

檢核者　　班級：　　　　座號：　　　　姓名：

表 4.7　練習寫「問題意識」：單一文獻理解

| 文獻基本資訊<br>（請註明作者、出版年代、<br>篇章名或書名、出處等） | | |
| --- | --- | --- |

主要處理的現象、問題

| 檢核重點 | Yes/No | 內容摘要 |
| --- | --- | --- |
| 1　提供議題的背景性或<br>歷史性資訊 | | |
| 2　主旨大意明確 | | |
| 3　結論（或建議）明確 | | |
| 4　每一個論點都明確，<br>足以支持結論 | | |
| 5　引用合適的數據、理論、<br>實例，或其他研究發現<br>具有證據力，足以支持<br>結論 | | |
| 6　前後的論點有呼應，<br>呈現明確的推論思路 | | |

（continued）

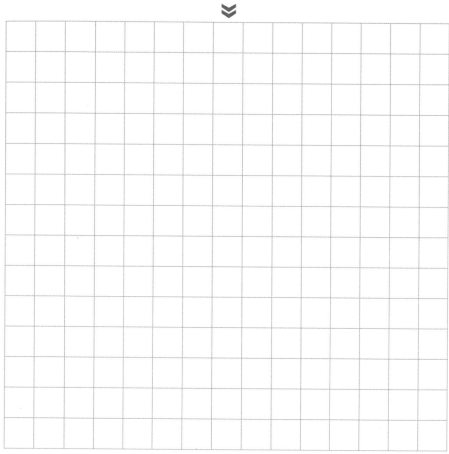

說明：橫式書寫（即由左至右，由第一列往下撰寫），以 210 字為限。

# 單元 23 分析評論

別擔心，這不是要你寫「作文」

## 「評論」是溝通，不是自說自話

　　分析評論（analyzing review）與以往國文課堂要求的「作文」很不一樣。訓練學生在規定時間內完成「作文」，儘管題型逐漸多元，內容仍多以敘寫個人經驗、抒發個人情思為主，評分標準側重於主題內涵、篇章組織與遣詞造句等能力。分析評論則是一種小論文／專題寫作（essay）的訓練，無論有無格式限制，目標皆在於訓練學生透過閱讀與寫作，表現閱讀理解與批判思考的能力。

　　每個人都有主觀意識，「評論」不必然得免除個人觀點，但也絕不是「各言爾志」一般的不受拘束。

　　「評論」是一種與作者／文本／讀者進行理性溝通及交流的方式。儘管是一項知性的技能，但就像任何遊戲、競賽一樣，「評論」也是講究基本規則的。

**蹲好馬步 ： 分析閱讀、 筆記**

　　評論的前提是「讀懂文本在說什麼」。這裡所謂的「懂」，當然不限於字面意義而已，更需要掌握的關鍵處在於：文本在解答或解決什麼問題？那個問題為什麼重要？作者如何論證？用了什麼理由說服我來相信他？那些理由有堅實的證據支持嗎？前一篇討論過的「摘要」，就在培養這樣的理解功夫。

　　在理解的基礎上，接著問：我同意作者的意見嗎？我能夠找出證據來支持或者反對作者的看法嗎？我能夠明確指出文本的優劣之處，並且找出合適的證據加以論證嗎？作者的見解有怎樣的開創性、重要性與限制嗎？這些問題的追問，就鋪設出了通往「評論」的道路，同時表現了批判思考的能力。也就是說，「評論」既不是抒發個人感想，也不只是摘要重點內容，而是在理解與追問的過程中，進一步和作者／文本進行理性的溝通。

> **資訊加油站**
>
> 關於如何進行分析閱讀與評論，推薦參考：
> 1. 郝明義、朱衣譯（2016）。如何閱讀一本書（Mortimer J. Adler, Charles Van Doren 著）。臺北市：台灣商務。特別是第二篇「閱讀的第三個層次：分析閱讀」。
> 2. 鄭淑芬譯（2013）。批判性思考：跳脫慣性的思考模式（二版）。（Stella Cottrell 著）。臺北市：寂天文化。特別是第十單元「評論與分析性寫作」。

　　想要使這樣的溝通順暢無礙，有效的方式是練習分析閱讀與筆記（請見單元 15）帶著一些批判性思考的問題進行閱讀，同時將自己的想法記錄下來。一開始的時候，可以依靠檢核工具提醒自己，經驗豐富之後，便內建成自身的閱讀與思辨素養了。

表 4.8　分析閱讀與分析評論對照表

| 項目 | 分析閱讀檢核 | 分析評論提問重點 |
|------|------------|----------------|
| 動機 | 文章有表達寫作的動機，或者說明問題的重要性 | 文章所討論的問題真的重要嗎？作者對問題的評估是否正確？ |
| 問題意識 | 陳述主要問題的性質、定義，以及相關項目之間的關係 | 文章的問題意識是什麼？關鍵概念或變項的界定什麼？作者能夠藉由現象或文獻的討論，建立起有意義的討論脈絡嗎？ |
| 主旨 | 文章的主要論點明確 | 作者對於主要的問題是否提出明確的結論或者建議？這樣的論點有那些前提必須成立？ |
| 論證 | 運用相關的論據（數據、理論、實證研究、實例）支持結論 | 文章中的論證是否能夠成立？論據是否能充分支持論點？ |
| 論據 | 明確指出論據的出處，而且來源可靠，有說服力 | 文章引述的文獻或者證據，來源與內容是否可信？有什麼限制？作者是否刻意曲解或者排除了不利於自己的證據？ |
| 思考邏輯 | 論點與論據之間的邏輯嚴謹 | 從論據到論點的邏輯推論是否嚴謹而能夠避免謬誤？ |
| 論述架構 | 結構清晰，段落安排有條理 | 文章的論述結構是否清晰？段落與段落的次序是否有邏輯關聯性？所有的內容是否都與主題有關？ |
| 文字表述 | 可讀性高，段落大意明確，善用各種閱讀引導語和信號字 | 作者的寫作是否通暢，概念表述是否簡白精準？句子與段落的邏輯關係是否清晰？ |

 同理，先於批判

　　開始撰寫評論，先不必急著說自己的意見，也不建議立刻劍拔弩張地批評作者／文本。第一步要做的是同理（empathy）。必須在同理作者的前提底下，評論才是有意義的，否則就像是射箭的時候，還沒搞清楚靶心在什麼方向，就急著發箭，無論如何都徒勞無功。

如何同理作者呢？首先，確定他要討論的主要問題是什麼，關鍵詞的定義是什麼。每個人都有閱讀的成見，容易看到自己關心的面向，或者用自己熟悉的概念進行理解，但這些很容易成為理解作者的障礙，必須要加以廓清。

其次，替文本重建論證。每篇文本的寫作風格與行文布局大異其趣，其中還可能夾雜許多不同層次的訊息，通常愈複雜的題目愈不容易分析出作者的前提、主要論證、論據之間的關係。替文本重建論證，表現出我們身為讀者的妥適理解，這是與作者／文本建立對話的前提。關於「論證」的詳細說明，請參考單元 24、25。

最後，才提出批評。批評的對象必須要很具體，譬如，哪一項論點的概念模糊不清？哪一項論據有誤？哪一項推論犯了怎麼樣的邏輯謬誤？哪一項判斷不符合經驗事實等。

心得筆記

# 單元 24 事實、 意見與論證

起、承、轉、合？拜託，別再搞那一套了！

## 等等， 你說的是 「事實」 還是 「意見」 ？

分析性的閱讀與評論，都需要把握「論證」（argument）。在進一步分析什麼是「論證」之前，有必要先區別「事實」（fact）與「意見」（opinion）的不同。

想像新聞報導中出現這樣一段話：

位於市中心商業鬧區的金雞商場，在眾人引頸企盼之下，終於在本日隆重開幕。業者不惜重金，聘請知名團體灰熊樂團現場獻唱，吸引高達 300 人的洶湧人潮圍觀，現場氣氛 HIGH 翻！

這段話的訊息內容，主要是「事實」還是「意見」呢？很顯然，意見居多。如果要改寫成事實陳述，會傾向這個樣子：

位於富貴路三段的金雞商場，歷經 10 年的籌辦興建，在本日開幕。業者聲稱，花費 50 萬元邀請灰熊樂團現場表演。據計算，現場參與民眾約 300 人。

比較這兩段訊息，能夠分辨出「事實」與「意見」的差

> **資訊加油站**
>
> **事實**（fact）：
> 客觀的訊息，像是數據、研究報告或案例。
> **意見**（opinion）：
> 主觀的感受或者見解、觀點。
> **論證**（argument）：
> 用事實作為證據，提出理由，經過邏輯推理，使人相信某項意見。

異嗎？簡單來說，「事實」重視客觀性，包含具體的訊息，可以接受證據檢證，容易被大眾接受。相對地，「意見」比較主觀，帶有個人的情感與偏見，別人可以有不同的解讀，而無法被檢證。在上述的例子中，「市中心商業鬧區」、「不惜重金」、「高達 300 人」這些訊息含有較強的意見特質，而「富貴路三段」「花費 50 萬元」、「參與民眾約 300 人」等語彙則是陳述事實。

 ## 論證要有理由和證據， 不然就只是斷言

　　一言以蔽之，論證就是「根據理由（reason），運用推理，來支持論點（point／opinion）」。通常我們提到「論證」，可能指的是這樣的思考過程，或是這種表述的形式，也可能是指最後提出來的觀點或者結論，就看前後文的意思而定。

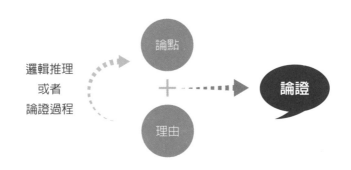

圖 4.7　論證要素示意圖

　　分辨一項訊息是否為論證，就要檢視訊息是否含有這些要素。要評估一項論證的可信程度與有效程度，也就從這些要素加以檢證。

　　一項論證中的論點，就是企圖要說服對方相信的意見。然而這裡的意見不只是個人情感、信念的表露，而是一項準備受到質疑或者接受的觀點。提出意見，並不等於是表達贊成或者反對的立場而已，而是將自

己的想法以一個可以被判斷爲正確或者錯誤的語句表達出來。比如「我支持校園內禁止販售一次性餐具」是宣告立場，如果近一步說「校園內禁止販售一次性餐具有助於垃圾減量」，就形成一項論點了。

**資訊加油站**

分別論證與非論證（例如：描述、解釋、摘要），可參考鄭淑芬譯（2013）。批判性思考：跳脫慣性的思考模式（二版）。（Stella Cottrell 著）。臺北市：寂天文化。特別是第四單元。

這項論點的表述語句可以被證成，或者否證。

論證的目的是使別人相信自己的意見，因此必須提出具有說服力的理由。不過那些理由也只是另外的意見，需要具體可靠的事實做爲基礎才行。而這些用來佐證的事實訊息，就可以被視作證據（evidence）。

延續之前的例子，支持那項論點的理由可能是「一次性餐具過度被使用，造成大量垃圾」。如果找到文件足以說明學校之前使用的一次性餐具數量龐大，或者根據觀察統計，發現禁用政策實施之後校園的垃圾總量減少，那些文件或者統計資料，就被可以被視作支持理由的證據。

##  論證是否就不客觀？

許多人對於「客觀性」（objectivity）存在兩個很簡單的界定，一是「事實」，二是「正反俱呈」。這樣的認知並沒有錯誤，不過，在許多時候未必能解決問題；原因在於，事實是否已經全部呈現？以及，正反俱呈之後要不要做出判斷或決策？其實，將「客觀性」等同於事實、正反俱呈的人，隱隱然對於「表達自己的意見」、「下決定」有種保留或排斥的態度，可能認爲這會是「主觀的」。

有沒有第三種對於「客觀性」的界定呢？有的。如果我

**資訊加油站**

關於「客觀性」的討論，請參見黃春木（2016）。我做專題研究，學會獨立思考！臺北市：商周。頁174-176。

們對於提出的意見，或所做的決定，相當坦誠地提交理由和證據，願意接受討論和檢驗，這當然也是客觀的。尤其，如果對方提交的理由和證據更加周延、更有說服力時，願意吸納對方的見解，甚至放棄自己的主張，這當然就更客觀了！

因此，只要「論證」確實是以事實做為證據，提出理由，呈現推理邏輯，坦誠表達自己的想法，並願意與人進行開放、平等的對話，尋求相互的了解（mutual understanding），這可是難能可貴的客觀，也是民主社會人人該當實踐的素養。

 ## 學術寫作的表述形式

學術寫作，必然要進行論證，但在整個論述的過程中，有可能使用不同的表述手法，尤其進行複雜的論證時，往往會牽涉到描寫、敘述、說明等表述方式的交錯運用，讓學術寫作的可讀性、可靠性提升。常見的文本表述類型及內涵如下表。

表 4.9　四種文本表述的類型

| | |
|---|---|
| 描寫文本<br>（Description） | 描寫文本通常著重於對象在空間上的狀態或者樣貌，它們提供關於「是什麼」問題的回答。描寫性文本可能涉及一些可供觀察的特質、關係，或者是程序、及功能。在學術寫作中，描寫的目的在於提供一些與細節，讓人印象深刻。 |
| 敘述文本<br>（Narration） | 敘述文本通常與時間有關，它們回答關於「何時」或者「在什麼時序中」的問題。敘述性文本涉及行動或者事件在時間中的變化。在學術寫作中，敘述可能涉及到研究的發展歷程、步驟，或者相關事件的背景與變化。 |
| 說明文本<br>（Exposition） | 說明文本通常與綜合性的概念或者包含在那些概念中要素有關。它們解釋不同的要素在整體中的關聯性，以及回答「如何」的問題。說明性的文本包含了定義、闡述、分析、解釋、摘要等等。 |
| 論述文本<br>（Argumentation） | 論述文本通常與概念或者主張有關，它們回答「為何」的問題。論述文本通常針對概念、事件表達見解與觀點，包含了以說服與表達意見有關的文本，像是評論文章、學術論文等等。 |

# 單元 25 檢視論證

再看一眼，這是有效的論證嗎？

## 你的理由， 是必要 / 充分的條件嗎？

運用理由來支持論點的邏輯思維過程，稱為推理（reasoning），或者論證過程。推理是論證成立不可或缺的部分。推理過程呈現出從理由（以及理由所包含的證據）到結論的邏輯關聯性。無論數理或人文社會學科，推理都很難完美，總是存在可能的漏洞或意外，邏輯關聯性的強弱通常是程度上的問題。

論證的途徑有很多種，強弱也不一樣，不同的論題適用不同的方式。不妨將不同的思維方式視作不同的工具，幫助我們檢查自己的論證是否站得住腳。

要釐清事項或者概念之間的關係，進行合理的推論，必須認識「必要條件」與「充分條件」，這是重要而且方便的思考工具。

所謂「必要條件」就是必須要達到的條件，如果要證明 P 能夠成立，必然不可缺少 Q（如理由或證據）；換句話說，缺少了 Q，P 便無法成立或證明。舉例而言，生存必須要有呼吸，呼吸是生存的必要條件。

另外一種狀況是，不管在什麼情形下，只要 P 出現，Q

### 資訊加油站

**充分條件（sufficient condition）：**
有之必然，無之不必然。
**必要條件（necessary condition）：**
有之不必然，無之必不然。
**充要條件（sufficient and necessary condition）：**
有之必然，無之必不然。

必隨之出現；可是 P 不出現，Q 不一定不出現，P 只是可能的「充分條件」之一。例如：若天下雨，則地濕；「天下雨」是「地濕」的充分條件，因為「地濕」的可能原因很多，除了「天下雨」之外，「水管破了」、「灑水車灑水」皆可造成「地濕」。

如果針對一項論點，某個條件同時是「充分」與「必要」的，也就是說滿足這項條件的話論點必然成立，缺乏這項條件的話論點必不成立，這樣的條件我們稱為「充要條件」。推理過程中，你能判別論點（P）與理由、證據（Q）之間，是怎樣的條件關係嗎？

 ## 找出論證的假設前提， 加以評估

論證要成立，必須有支持論點的理由，然而除了明白提出來的理由之外，論證往往還隱藏著一些假設（assumption）。這些假設被視為理所當然的事實或者概念，直接運用在論證當中。這麼做可以使論證簡明單純，尤其在已經知道目標讀者的時候，作者很可能採取某些判斷，作為論證的假設。不過，隱藏某些假設，也可能出於遮掩、欺騙、避重就輕或者刻意誤導等不良的動機。

無論如何，試著辨別論證或者任何訊息中存在的假設，進一步評估那樣的假設是否合理、可被接受，是敏銳的讀者需要自覺訓練的批判思考技能。舉例來說，「上課使用手機導致學生課業表現下滑，為提高學生學習專注度，應禁止上課使用手機」，這句話至少包含這些假設：

假設一：課堂專注度提高，會讓學生課業表現提升。

假設二：使用手機一定會降低學生的課堂專注度。

假設三：學生在課堂上不用手機，就會專注上課。

假設四：學生課業表現下滑，是因為上課使用手機。

假設五：閱聽者能理解「手機」、「課業表現」、「學習專注度」等詞語的內涵。

假設六：學生的課業表現是一件重要的事。

原來一句平常的話語，竟可能含藏著這麼多的預設！至於上述那些假設不合理，那些假設比較容易被接受，可能會因為每個人的立場或者環境不同而有差別，需要針對特定的情況加以討論才行。

表 4.10　各種謬誤類型

| | 謬誤類型 | 說明 |
|---|---|---|
| 1 | 人身攻擊謬誤 | 針對個人的身分、品格或者其他條件攻擊，而不是反駁他所提供的論點或證據。 |
| 2 | 訴諸公眾謬誤 | 引述多數人都支持某個觀點，來證明那個觀點有道理。 |
| 3 | 以偏概全謬誤 | 包含很多種情況，例如：以少部分、特定成員的經驗或觀點，作為整個群體的共識；或者針對少數的實情，指稱多數情況如此；或者刻意挑選支持某項論點的資料，而忽略不支持該項論點的資料。 |
| 4 | 滑坡謬誤 | 過度強調每個環節的因果關係與強度，無限上綱，形成誇大的結論。 |
| 5 | 因果關係謬誤 | 包含很多種情況，例如：過份強調單一因素的作用而忽略其他原因；或者倒果為因；或者將相關、僅是先後發生的事情，直指具有因果關係。 |
| 6 | 完美主義謬誤 | 宣稱某個主張不完美，有連帶缺陷，因此就不應該做。 |
| 7 | 權宜主義謬誤 | 宣稱某個主張是為了重要的目的，儘管有些缺陷，也應該去做。 |
| 8 | 循環論證謬誤 | 證明論點的理由直接由論點自身推導出來，或者換一句意思一樣的話來解釋原本的論證。 |
| 9 | 偷換概念謬誤 | 扭曲或者抽換討論的概念，使討論失去焦點。 |
| 10 | 訴諸情感謬誤 | 並非針對論題討論，而是運用帶有情感性、評價性的詞語，或者藉由同盟或分化的關係，來影響判斷。 |

## 哇！原來思考的陷阱這麼多

坦白說，很多經驗豐富的閱讀者，甚至學術工作者，也經常被一些似是而非的表述所迷惑。那些表述或許具備了論證的表述形式，卻隱含了不當的假設，或者在邏輯上犯了各種謬誤（fallacy），形成與論點不一致、不相干、不充分的情況。

上頁表格介紹一些常見的思考陷阱，進行論證時，儘管無法完美無瑕，但應該盡量避免明顯的思考謬誤。

**資訊加油站**

關於如何進行邏輯上的論證、修辭，推薦參考荷夫譯（2015）。叔本華的辯論藝術。（Schopenharer 著）。臺北市：商周。

心得筆記

# 單元 26 確認證據

《艦隊收藏》（艦隊これくしょん）是證據嗎？

　　在第二部單元 4 當中，談到「學術寫作」的特性之一，就是有證據的（evidenced）。專題研究及學術寫作所提出的論點和論述，必須是有證據支持的，這些證據通常來自於前人研究、政府或民間組織的文件、足以反映歷史或社會現象的文字及影音檔案資料，或是自己先前的研究結果等。

　　這些足以支持觀點、理由、論述的資料，就是證據。

 ## 證據在哪裡？

　　在學術研究及寫作常用的證據，可以分為兩種，一是原始資料（primary data，一手資料），另一是二手資料（secondary data）。

　　原始資料，是指在某事件或現象發生的當時，經由調查、記錄所產生的資料，可能是文字或數據。例如：實驗得來的數據、調查之後的統計、事件發生當下的信件、文件、圖書或影像紀錄、問卷的填答回應等。

　　二手資料，通常是指運用原始資料，或輾轉獲得的資訊而完

成的紀錄，通常是在某事件或現象發生一段時間後才出現的報導、報告、評論、書籍、論文、傳記等。

就數量而言，二手資料一定比原始資料多，而且呈現的面向會因為報導者、評論者、作者的觀點不同，而顯得更加多元。

還有一個經常拿來討論的問題是，原始資料一定比二手資料好嗎？原始資料的證據力一定比較高嗎？答案是：未必！

舉個例子來說，學生想探討陸源垃圾對於海灘的影響，於是選擇一處海灘進行觀察和訪談，透過三次，每次各二個小時的觀察，記錄了海灘上的陸源汙染物。在三次的實地觀察中，同時進行訪談，總共訪談了五位遊客、三位在地居民。這個專題研究做得很認真，經由觀察和訪談所得到的資料都屬於原始資料。然而，若與政府環保單位和民間機構，如荒野保護協會、台灣環境資訊協會等透過大型淨灘活動與長期記錄所完成詳實嚴謹的評論、研究報告相比較，學生們努力蒐集記錄的原始資料真的更為客觀可信嗎？

在學習做專題研究、論證寫作的過程中，蒐集文獻（二手資料）與運用研究方法親自獲得原始資料，在探究、解決問題能力的培養上都一樣的重要。不管原始資料或二手資料，只要能發揮證據的效力，幫助研究者有效地解決問題的，就是好的資料。

 ## 如何確認最佳的證據？

生活在數位時代，要獲得可以當作「證據」的原始或二手資料，似乎不難？恐怕也沒這麼樂觀。因為，資料要成為「證據」，需要一些條件的配合，得經過篩選。

做研究過程中，往往會蒐集許多的二手資料、原始資料，這些資料可能都很有價值，但是只有能貼近問題意識、具體回答研究問題、能發展有力論述的資料，才會被留下來轉變為「證據」。一筆資料要成為證據，需要以下條件的搭配及篩選：

### 1. 相關性

是指與研究的關聯性，可能是支持研究結論的、能充實論點及論述的；或者可能是與結論相互矛盾的，不能輕易忽視的反證。

### 2. 可靠性

是指具有可信度，原始資料通常具有可靠性，譬如政府或學術機構的長期調查統計，都屬於較可信賴的。若是二手資料，在相關專業領域中被認可，特別是經過「同儕審查」的期刊論文或研究報告等，可靠性較高。此外，有檢附參考來源的資料，一般而言也比較可以信賴。

### 3. 真實性

真實的證據，是指來源毫無疑問，經得起驗證。如何查證呢？若是在論文、書籍看到的資訊，可從檢附的參考文獻追查，進一步查對原始資料是否確實存在？作者是否正確引用原始資料？當然，也可以進一步檢核這筆原始資料是否未經過變造、虛構？能做真實性的驗證，就可以避免類似單元 13 所提到的「耶魯目標調查」錯誤。

### 4. 有效性

許多歷史悠久的權威資料，常受到該領域專業的肯定，但是隨著時代轉變，必須檢視是否已經過時？該領域專業是否已經有新的發現或做了修正？是否已經被取代？

 **《艦隊收藏》（艦隊これくしょん）是證據嗎？**

《艦隊收藏》（艦隊これくしょん）是由日本角川遊戲公司開發，DMM.com 提供及營運的一款網頁遊戲。

線上遊戲可以是研究的證據嗎？

讓我們依據以上確認「證據」的四個要點，逐一檢視：

☑ 相關性：

專題研究的題目是，「遊戲中的內容與衍生商品對玩家的吸引力——以日本遊戲《艦隊收藏》為例」。研究者想要探討是什麼

樣的遊戲內容特質吸引玩家參與？在 ACG（日本動畫 Anime、漫畫 Comic 與遊戲 Game）文化的衍生商品作品，對於玩家的參與是否有影響？《艦隊收藏》與此主題有高度的相關性。

☑ 可靠性：

《艦隊收藏》是這個專題研究的研究對象，它直接提供研究分析的原始資料。

☑ 眞實性：

遊戲在網頁上可以查找，且有一定比例的玩家參與其中，具有眞實性。

☑ 有效性：

它在專題研究進行的當時，仍是一款營運中的網頁遊戲。

　　如此看來，《艦隊收藏》對「遊戲中的內容與衍生商品對玩家的吸引——以日本遊戲《艦隊收藏》爲例」是一個適用的證據，而且也是最佳證據。

　　因此，什麼是「證據」？那要看你研究什麼問題（相關性），以及這些蒐集的資料能否通過可靠性、眞實性、有效性的驗證。

心得筆記

# 單元 27 資料、資訊、知識、智慧

我正在讀的這本書屬於什麼？

## DIKW的界定

　　資料、資訊、知識、智慧四者到底有什麼差別呢？我們可以從起源已不可考，但在資訊科學流傳許久的 DIKW（Data, Information, Knowledge, Wisdom）金字塔（參見**圖 4.8**），來試著釐清這四者的關係。

圖 4.8　DIKW（Data, Information, Knowledge, Wisdom）金字塔

　　「資料（data）」，或稱為數據，是原始、無組織、未經處理的紀錄，可能是文字、數據或符號等。因為缺乏背景和解釋，對於多數人來說不具任何意義。

　　「資訊（information）」，或稱為信息，是一組已經過篩選、處理，具有關聯性的資料或數據，可用來回答簡單的「誰？什麼？在哪裡？多

少？何時？」等問題，或描述概念、現象等。

「知識（knowledge）」，知識是針對資訊的進一步處理，更具有結構化、情境化，及實用性，能夠有效回答「如何？」、「爲什麼？」層次的問題。

「智慧（wisdom）」，是指運用知識來形成判斷、理解某種情況或概念。尤其是透過知識使用者的交流和反思，將價值觀、信念、情感、經驗等嵌入知識中，進而創造出智慧。智慧往往融合了知識、信念、價值，以便在複雜的選擇間做出明智的決定，或者幫助我們將知識應用於實現共同或更高的利益。

以下以一個例子，說明這四者之間的關係。

「就跟媽媽講這件事情……一開始會擔心……哭啊！喊啊！結果媽媽異常冷靜。就：喔！喔！……之後就會跟媽媽聊。但是媽媽還是無法完全接納。」

「大概高二的時候就知道了，就從筆記啊……我有跟媽媽稍微提，媽媽是沒有什麼特別的反應，當然不會是愉快。我們沒有特別去揭露，因爲想說以後的發展不曉得會怎樣。」

「我沒有明確正式說……就是經過幾次的家庭革命，他們現在大概也都知道了……爸爸就是說：好玩喔！如果敢再這樣的話就把我揍死之類的狠話。他們就說那你變回來好不好？那媽媽帶你去看醫生，就覺得我有病，因爲我自己也覺得說爲什麼是我，如果能不當，我也沒有想要當。」

以上這段摘錄的文字，出自張意苹、高穎婕於 2016 年所拍攝的影片：《出櫃了 然後 呢？》（https://www.youtube.com/watch?v=y2Gp4H1bWFY），這段文字就是原始未經處理的紀錄，屬於「資料」的性質，由於缺乏背景和解釋，看完之後，可能一頭霧水，完全無法掌握其意義。

這一組資料是同志向家人出櫃後家人的反應，及其自我的心路歷程。

透過相關資料的連結，就成了「資訊」。

從三個家人的反應，可以發現雖然看似冷靜，但有人是溫和地期待改變，有人則是恐嚇以激烈手段逼迫改變。彙整其他個案後也可以發現，其實多數同志的父母並非完全接受他們的身分，仍抱持著他們應該不是，或可能改變的期待。會有這樣的反應，一方面是因為對於同志的刻板印象或負面想法，另一方面則是擔憂社會對同志的敵意。父母不願接納孩子是同志，這對同志來說是遺憾。以上經過分析、整理的資訊，可以說是「知識」。

在許多出櫃的個案中，由於家長無法接納孩子的性別傾向，因此發生極為嚴重的衝突，甚至發生以死要脅、自殘的悲劇。如何在遵循傳統觀念、維護親子倫常關係與關懷同志心路歷程、尊重多元性別信念之間做出價值的澄清和判斷，這應該就相當倚賴「智慧」吧！

## 從「資料」、「資訊」到「知識」、「智慧」

在這個充滿大數據（big data）的社會，把資料快速整理成為自己可用的資訊是很重要的能力。資料和資訊看似相似卻不盡相同，兩者的差別在於有沒有經過整理。資料一旦經由整理後會成為資訊，再經過內化便成為知識。但知識要成為智慧，通常需要一個很漫長的過程。

從研究的角度來看，我們蒐集「資料」，包括原始資料和二手資料，透過篩選、組織成「資訊」，再透過分析、比較、綜合轉化成有價值的「知識」。想像一下研究成果的呈現，若只是將所有的實驗數據或問卷數據貼上，所有的閱讀者大概都不知道你想說什麼？也難以理解你的研究意義吧？理想上，研究應該要呈現的，至少是「資訊」、「知識」層級，不應是未經整理、分析的「資料」。

經過前面的定義與解釋，眼前正在讀的這本書，對你來說，屬於什麼呢？

# 單元 28 量化資料

Big Data怎麼翻譯成「大數據」？

## 什麼是量化資料？

顧名思義，「量化資料」是指研究中所蒐集或處理的數據資料。舉凡學分數、選舉人口數、秒數等資料，都屬於量化資料。在數位時代中，已有愈來愈多的研究，運用龐大數據來分析並理解現象。這類數據的資料量極大，我們稱之為「大數據」（big data），又稱為巨量資料。

在專題研究中，我們經常會參考到含有量化資料的文獻，也可能自己的研究就會運用量化資料。了解及處理量化資料，已是一種基本素養。

## 量化資料的形成

量化資料的形成，有可能是在資料獲得之初就已經是數字的形式，前面提到的學分數、人口數、秒數等，都直接以數字作為代表。在另一些情況下，量化資料則可能透過資料的轉換而獲得，例如：你的專題研究成績。

我們來設想一下，在完成專題研究之後，自己會獲得什麼樣的評價？如果你從指導老師那兒得知自己的專題研究有哪些部分做得不錯，在哪些地方可以如何改進而做得更好，這樣的評價沒有涉及數字，並不算是量化的資料（而是屬於質性資料）。然而，學期結束時，指導老師總會根據一些事先界定的評分標準，將這些優點與缺點轉換成分數。分數（量化資料），就是從優點與缺點的描述評價（質性資料）轉換而得到。

### 🌱 量化資料的種類

由於量化資料通常會運用統計方法進行分析，而統計方法的選擇有一部分會受到量化資料種類的影響，因此，我們需要先知道量化資料的兩種變項類型：連續變項與間斷變項，以下透過圖示予以呈現。

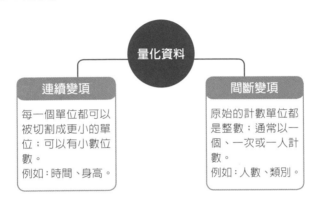

圖 4.9　量化資料的兩種變項類型

### 🌱 量化資料的誤差

任何資料的蒐集，都難免存在著誤差，即便是被視為客觀指標的量化資料，也是如此。因此，當我們在面對量化資料時，需要時時提醒自己：這筆資料的意義為何，以及可能存在的誤差有哪些。

關於量化資料的誤差，可以藉由前述量化資料的兩種變項類型來理解。首先，凡是可直接測量的變項，所得到的量化資料都一定有誤差，即便使用再精準的尺規也是如此。

其次，質性資料轉換為量化資料的時候，也涉及到誤差的議題，這主要與「轉換標準的界定」有關。如果轉換的標準並不清楚明確，那麼，不僅可能造成不同評分人員的理解不同，而給分（或分類）不同，也很

開放性問題並不提供特定答案作為判斷，而且參考性的答案通常會是一段文字。

可能使同一評分人員在不同時候判斷給分（或分類）不同。這類議題在不少研究中都會遇到，例如問卷調查中含有開放性問題的時候。

 ## 搭配圖表的效果

量化資料既然是以數字的形式呈現，那麼，若能夠適當地搭配圖表加以說明，將更能夠讓讀者理解整體資料背後所代表的意義。這類的應用特別是在比較多筆量化資料，或是在說明發展趨勢時，可以帶來意想不到的視覺及理解效果。相關介紹可參看單元 37。

 ## 量化資料的力量與限制

當我們把世界上的一些特徵加以量化之後，它有可能變得比較容易理解。例如：當我們說「小芳很努力，小明也很努力」的時候，我們難以得知誰比較「努力」，但若是給予 1 至 10 的評分，一位得到 6 分，另一位得到 9 分，那麼就比較容易感受到他們之間的差異。然而，這裡面也將存在著一些問題，值得我們思考，例如：

- 所謂的「努力」，是否有著穩定、客觀的標準呢？
- 當我們用量化的方式描述「努力」程度時，是否也因而模糊、甚至忽略了一些原本可以透過質性描述而得知的細節？

# 29 文獻、文件、文本

「維基百科」是不是文獻？

## 什麼是文本？

文本（text），根據《牛津字典》，原來的定義是指文字書寫的書籍或其他書面、印刷作品（參見 https://en.oxforddictionaries.com/definition/text）。後來延伸泛指任何可以閱讀、觀察，進而研究分析的對象，例如：文學作品、新聞報導、電影、街道標誌、服裝風格，乃至考古遺址等。

在眾多研究方法中有一種稱為「文本分析」（textual analysis），其指稱的「文本」，就屬於上述廣義的界定。

## 什麼是文件？

文件（document），《牛津字典》的定義是指提供信息或證據的書面、印刷或電子內容的正式文書資料（參見 https://en.oxforddictionaries.com/definition/document），可包括政府、NPO、NGO，或私人企業等組織公開發布的正式文本，例如：學術報告、公文、政策、統計年報、新聞報導、企業官網上發布的訊息等。

## 什麼是文獻？

文獻（literature）是「與研究者或使用者相關聯的」特定類型或特定主題的書面、印刷品，在學術報告或專題研究中所引用的書面資料，通

常都屬於文獻。

　　文本、文件、文獻三者的關係，如圖 4.10。文本涵蓋的範圍最廣，包含文字與非文字，只要可閱讀、觀察的都算；文件則是指書面或電子形式的正式文本；文獻則是有特定類型、主題的書面或印刷資料。

圖 4.10　文本、文件、文獻關係圖

　　文本或文件要成為「文獻」，大前提必須是「與研究者或使用者相關聯的特定類型、特定主題」下所選用的書寫、印刷或數位形式材料。

 ### 「維基百科」 是不是文獻？

　　全國高級中等學校小論文寫作比賽計畫，直接述明「引用維基百科資料時，建議引用其文獻資料或參考資料，不建議引用維基百科內容文字」（參見 http://proxy.yphs.tp.edu.tw/~op4/thesis/plan.pdf）。許多學生都喜歡直接查詢維基百科，為什麼不適合直接引用？因為維基百科是人人都可編輯的自由百科全書，任何人都能參與的協作計畫，卻沒有嚴謹的審查機制，性質上跟論壇、聊天室的狀況差不多。

　　如此說來，「維基百科」就不算是文獻囉？

　　那可不一定喔！文獻是指特定主題或用途的資料。如果今天專題研究的主題是：「維基百科的演變及對學生資料蒐集的影響」，那維基百

科就應該是文獻，而且還是重要的文獻。換言之，文本或文件能否算是文獻，就看研究者「問了什麼問題」。

在學術研究或專題研究中，文獻一定要與主題有關聯，也是研究結果討論時必要的佐證。研究主題不同，所引用的文獻自然就會有所不同。即使是一篇經典級的學術論文，都不應該，也不可能適用所有的研究主題。

##  採用文獻的原則

在學術寫作或專題研究，有一些文獻選用的參考原則，能幫助我們更快找到合適且豐富的文獻：

1. **重要性**：與研究題目或主題密切相關的理論或假說，通常會是重要文獻。由此延伸，提出重要理論或假說的學者，也可能發表過其他相關的研究成果。

2. **相關性**：從研究題目或主題出發，通常也會找到較為相關的文獻。此外，透過持續尋覓、閱讀與思考，則能夠讓所查找、篩選的文獻更聚焦。

3. **新近性**：新的研究可能已解答早年懸而未解的問題，或者又開啟新的研究方向、揭示新的挑戰，具有重要的價值。倘若需要閱讀、處理的文獻數量太多時，不妨優先研讀較新的文獻。

4. **可靠性**：我們應該優先採用較有品質或受到品質保證的文獻，評估的方式包括（但不限於）文獻是否來自同儕審查的期刊，或者在許多類似的研究中，常優先納入參考、引用的文獻。

5. **多樣性**：藉由不同來源、立場、型態及研究方法等文獻，可以發現觀點、方法的多樣性，使得文獻探討，或後續的分析評論更完整且嚴謹。

挑選出來的文獻，要如何整理成有組織的論述，聚焦研究方向及問題呢？在學術研究中，稱之為「文獻探討」（參見單元 33、34）。此外，在研究方法中有一種專門運用文獻探究問題的方法，稱為「文獻分析」（參見單元 43），這可能是中學生最常採用的方法，值得注意。

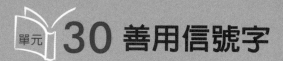

# 30 善用信號字

首先、因此、不過、總之……

 ## 認識信號字 （signal words）

在撰寫文章，尤其是論述性質的文章時，我們經常會使用某些詞語來表明主張（claims）、理由（reasons）、證據（evidence）、反訴（counterclaims），或結論（conclusion）之間的關係，這些字詞即是信號字，或稱為承轉詞語（transitional words or phrases）。

信號字看似稀鬆平常，其實非常重要，它是閱讀理解的線索、論證寫作的巧門。無論讀或寫，善用信號字，往往就能夠有效地掌握重點的提示、線索的鋪陳、論述的承轉、脈絡的貫串，以及篇章的組織，讀的人因善用信號字而將文章了然於胸，寫的人因信號字而讓文章錯落有致、條理分明。

 ## 常見的信號字

以下一一分類，中英文並陳，將論述時常用的信號字加以整理。

| 1. 表達先後順序 | |
| --- | --- |
| 首先 | first of all / first and foremost / to begin with / to start with / from here on / initially / in the first place |
| 然後 / 接下來 | next / then / secondly / thirdly |
| 最後 | last but not least / finally / in the end / last of all / eventually / lastly |

## 2. 延伸論述

| | |
|---|---|
| 此外 / 再者 | furthermore / moreover / what's more / also / in addition / besides / likewise / similarly / of equal importance / equally important / aside from this / apart from this / in addition to this |
| 換言之 | in other words / to put it in another way / to put it differently |

## 3. 加強論述

| | |
|---|---|
| 最重要的是 | above all / first and foremost / most importantly / on top of that |
| 事實上 | indeed / in fact / as a matter of fact |
| 誠如上述所言 | as has been noted / as I have said |

## 4. 提出例子論述

| | |
|---|---|
| 比如說 / 例如 | for example / to illustrate / for instance / to be specific / such as |

## 5. 引導說明目的

| | |
|---|---|
| 基於這個目的 | to this end / for this purpose / with this in mind / with this intention / for this reason / for these reasons / in the event that / granted that |

## 6. 引導出相反觀點的論述或反駁

| | |
|---|---|
| 然而 / 儘管 | nevertheless / nonetheless / however / despite this / in spite of this / regardless of this / yet / notwithstanding / for all that / unlike this / different from this |
| 相反地 | on the other hand / in contrast / on the contrary / conversely |
| 有人可能會提出 | one might argue that / one might have different perspectives that |
| 雖然如此 | although / though / even though |

## 7. 引導出結果

| | |
|---|---|
| 結果 / 因此 | as a result / as a consequence / consequently / hence / thus / therefore / accordingly / under those circumstances<br>due to（the above reasons）/ owing to（the above reasons）/ because of（the above reasons）/ on account of（the above reasons） |

## 8. 引導出結果作為結論

| | |
|---|---|
| 根據上述所說，可以驗證 | for what is said above / we can infer that / we can prove that / we can justify that / we can conclude that / we can claim that |

## 9. 下結論

| | |
|---|---|
| 簡言之 | in brief / to put it briefly / in short / in conclusion / in summary / all in all / finally / to sum up / to summarize / to conclude |

接下來，讓我們閱讀一篇關於印度總理莫迪（Narendra Damodardas Modi, 1950-）執政三年時的新聞評論摘錄，看看信號字如何串起文章的架構。

| 文章段落 | 說明 |
|---|---|
| 　當印度人民黨在納倫德拉·莫迪的領導下，於 2014 年 5 月贏得壓倒性地勝利時，各國觀察家對於莫迪與印度人民黨的如何拓展外交所知有限，**然而**印度人民仍相信這個國家在莫迪的領導下一定會改變。 | **然而（However）**，引導出相反觀點的論述或反駁的信號字。信任通常來自深刻的了解，故作者選用「然而」來連結「所知有限卻能獲得信任」的文意。 |
| 　……是莫迪主義的第二項重點，莫迪夢想著打造一個「蓬勃發展、緊密交流與合作的鄰國關係」，**因此**目前印度政府把與鄰近國家建立更加穩固、友好的關係視為優先事項。 | **因此（Hence）**，引導結果的信號字。作者選用「因此」來連結施政重點與政策推動兩者之間的因果脈絡。 |
| 　莫迪簽下的其他倡議包括國際太陽能聯盟、社群媒體活動**如**「和女兒們自拍」（倡導性別平等）等，都是印度提升軟實力的例子。**同樣的**，印度正在發展健保、傳統醫學、衛星科技教育與其他技術，這些技術也將會拿來與各國交流。 | **如（such as）**、**同樣的（Similarly）**，提供例子、延伸論述的信號字。作者選用了「如」、「同樣的」來鋪陳莫迪的許多倡議或技術發展。 |

資料來源：黃品慈譯（2017）。莫迪政府三週年：外交政策及莫迪主義的崛起（Rajeev Ranjan Chaturvedy 著），取自南亞觀察 http://talk.ltn.com.tw/article/breakingnews

 ## 善用信號字讓讀寫都順利

**資訊加油站**

signal

noun　　1.a gesture, action, or sound that is used to convey information or instructions.

verb　　1.convey information or instructions by means of a gesture, action, or sound.

　有趣的是，Signal 也是個動詞，在文章裡，信號字其實正在跟讀者招手，還擠眉弄眼地提示著文章的理路、結論的位置等。

　找幾篇文章來閱讀，結合單元 15 的筆記方法，圈選出信號字，看看作者如何憑藉信

號字鋪陳字句段落之間的連結，如何讓文意互相呼應與發展，然後，請把這樣的技巧用在自己的寫作中，讓你的讀者也能循著信號字，知曉你的論述進度、論證的邏輯。

Let's go signal word hunt!

## 心得筆記

# 單元 31 善用關鍵字

找對Key，就能打開寶庫

 「關鍵字」 很關鍵

當我們在專題研究方面提到關鍵字（keywords）的時候，通常有兩層意義，這兩層意義也是相關聯的。

倘若你正在參考學術期刊論文，可以先留意論文的第一頁，除了有論文名稱、作者和摘要，摘要之後總會附上「關鍵字」（或「關鍵詞」）──這是作者為這篇論文所提供，與這篇論文具有高度關聯的重要詞彙。

在進行專題研究的過程中，還有一個情況會遇到關鍵字，就是在文獻探討階段，為了搜尋文獻而採用的一些關鍵字詞。當我們在網路上運用關鍵字搜尋文獻時，很可能就是有一些作者先前在作品中提供了相同的關鍵字，所以現在才會讓我們搜尋到。因為找到研究方向或主題相近的文獻，我們的研究將能比較順利地展開，這可是很關鍵的躍進。

 找到適切的關鍵字能夠省時省力

古往今來、國內海外的可能文獻數量非常龐大，但通常只有相對少數的文獻會與你要做的研究有關聯，而被確認成為支持的「證據」（請見單元 26 的說明）。因此，懂得運用適當的關鍵字，幫自己搜尋到相對密切關聯的文獻，就是一件極重要的技能。

以下提供幾個常用來找尋關鍵字的方法，倘若你已經有想要進行的研究主題，或許可以同時練習一下。

**1. 運用研究題目或主題**

當你初步訂定了研究題目，題目通常也包含了這個研究的重要概念及詞彙，這些就是最合適的關鍵字。倘若還沒有明確的研究題目，但研究內容大致屬於某一個領域或主題，這個領域或主題名稱也適合當成查找文獻的關鍵字。

**2. 運用已知相關文獻的關鍵字**

有些時候，我們要直接想到更多的關鍵字並不是很容易，這時候可以翻閱手邊已找到比較相關的文獻，看看這些前輩們所選用的關鍵字是否也適合自己的研究。

**3. 運用專有名詞**

如果你的研究很明顯地與某一個專有名詞有關，那麼，這個專有名詞也常是好用的文獻搜尋關鍵字。

**4. 運用相似詞**

有些概念或詞彙其實也有另一個孿生手足，在文獻搜尋時千萬別遺漏了。例如，教育心理學中的「社會學習」這個概念，與「觀察學習」很相似。又如中文的「推理」、「推論」和英文的 inference、reasoning、deduction、judgment 等詞，往往可以互換來搜尋。

 ## 使用關鍵字找到適合的文獻

單元 32 將介紹蒐集文獻的方法，倘若能搭配、善用關鍵字，一定會讓你在蒐集文獻的時候光速前進。

首先，值得一學的技巧是：可以把不想被拆開的關鍵字放在兩個引號「" "」中間，這樣就不會找到一堆關聯度低的文獻。例如：我們想要找到「資源回收」這組四個字連在一起的關鍵字，可以用「"資源回收"」加以搜尋，這樣就可以避免查找到「資源」和「回收」這兩個詞

分開的文獻。

其次，我們可以同時使用兩個以上的關鍵字，以找到更符合我們目標的文獻，特別是當使用單一個關鍵字會找到大量文獻的時候。倘若我們使用的是論文資料庫，也會很容易就上手。現在的查詢介面，幾乎都可以同時輸入不同的查詢條件。以圖 4.11 的臺灣博碩士論文知識加值系統為例，它的進階查詢，就可以同時以論文名稱、研究生名字、畢業校院、系所……等不同的資訊做為查詢的條件。

**圖 4.11　臺灣博碩士論文知識加值系統之進階查詢畫面**

資料來源：https://ndltd.ncl.edu.tw/cgi-bin/gs32/gsweb.cgi/ccd=hkyIVj/search?mode=advance

 **訂定研究成果的關鍵字**

在完成專題研究時，你應該提供幾個關鍵字，方便其他研究者比較快地搜尋到這篇研究。

通常，我們可以從兩個方面去思考關鍵字的訂定。其中之一，是從這個研究的重要概念及詞彙中尋找，另一個則是檢視你所撰寫的書面報告，找出很常提到的詞彙。大多數的情況下，一個研究的重要概念及詞彙，常會在文獻探討及研究結果的討論中重複出現。

不過，請記得，關鍵字的訂定並不必多，5 至 6 個已經足夠。

**單元**

# 32 蒐集文獻

上窮碧落下黃泉，動手動腳找東西

 **「蒐集文獻」 在專題研究歷程的位置**

　　在單元 29，已經探討了「文獻」的性質和用途。「文獻」不可能不請自來，需要經過蒐集，在一個研究的初始階段，文獻的蒐集是相當重要的工作。

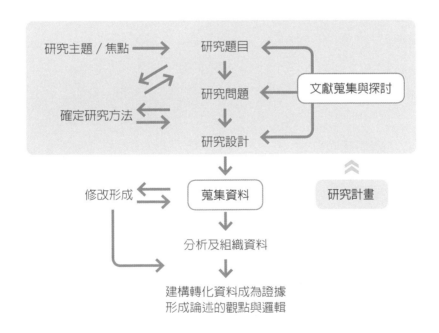

**圖 4.12**　「文獻蒐集」在專題研究歷程中的位置，以及和「研究計畫」的關係

**圖 4.12** 呈現「文獻蒐集」在專題研究歷程中的位置，在這樣的關鍵位置上，「文獻蒐集」是與以下三件事情息息相關。

　　1. 澄清問題意識：曾經有學生想要探討「OBike、UBike 的共享經濟模式」，初步蒐集文獻後，發現原來兩者都不是共享經濟。OBike、UBike 業者號稱的共享單車，嚴格來說仍是租賃模式，稱「共享」只是行銷策略。透過文獻蒐集，研究者澄清什麼是共享經濟，聚焦問題意識。

　　2. 選擇研究方法：透過文獻的蒐集，可以參考前人的研究設計、研究工具、使用的文獻或資料，以及獲得何種研究結果等，這些都可以協助我們思考應該運用何種方法來蒐集進一步的研究資料，以便解決自己的研究問題。

　　3. 完成文獻探討：經由文獻的蒐集、篩選、分析、歸納討論，以及批判思考，將能確認自己的問題意識，形成初步的論點、推理思路和研究設計，為正式的研究做出充分準備。

　　在一個專題研究中，研究計畫形成之前主要是要蒐集文獻。在正式研究展開之後，會依據選用的研究方法來蒐集研究資料，可能是實驗數據、訪談紀錄、問卷意見、觀察紀錄、檔案資料等，不同的研究方法在蒐集資料上有不同的技術與要求，參見單元 39 至 43 的討論。

### 文獻哪裡找？

　　運用搜尋引擎查找文獻，是中學生常用的方式，卻不是最好的方式。以下建議幾種比較理想的文獻蒐集方式。

　　1. 圖書館

　　學校圖書館、公立圖書館、國家圖書館等，是優先選擇。一方面可以透過網路連結查找書籍目錄，再到圖書館借閱書籍、期刊論文、學位論文，另一方面則是透過圖書館的連結查找電子資料，例如：臺北市各級學校有提供北市學生免費使用的電子資料庫，只需透過圖書館的 IP 或是申請酷課雲帳號登入系統，便能使用多種資料庫。另外，許多圖書館

也典藏可供閱覽的數位文獻資料，如影像、地圖、微縮片資料、電子書等。

### 2. 電子資料庫

電子資料庫（Database）的出現，讓今日的學習非常便利。目前臺灣已有許多免費或付費的電子資料庫，在資料蒐集時可以多加利用。例如：政策研究指標資料庫（Policy Research Indicators Database, 簡稱 PRIDE）、臺灣博碩士論文知識加值系統、臺灣期刊論文索引系統、華藝線上圖書館、科學人雜誌知識庫等。

值得一提的是 PRIDE 資料庫，這是免付費使用的資料庫，整合國內外政府及國際組織調查統計的數據資料，包含各國人口、經濟、財政、教育、科學技術等多種統計指標資料。此外，華藝線上圖書館是收錄學術期刊相當齊全的資料庫，重點是可以全文瀏覽及下載，一般需要計價收費，在臺北市政府教育局採購取得檢索權限後，學生透過申請帳號或直接在學校網域登入就可以免費使用。

### 3. 網站

利用搜尋引擎查找文獻，不要只是瀏覽維基百科之類良莠不齊的資料，其實網路上有許多具備可靠性、公信力的參考來源，應該多加採用。以下推薦一些值得高中生查找文獻的網站，例如：政府各部會的調查統計（中華民國統計資訊網、行政院主計處等），或科普推廣網站，包括科學人、科學月刊、科學發展、泛科學、台灣環境資訊中心、關鍵評論、天下、遠見、商周、上下游新聞、轉角國際、說書、故事、歷史學柑仔店、巷仔口社會學、菜市場政治學、哲學哲學雞蛋糕、沃草烙哲學等。

 **文獻蒐集的技巧**

無論透過圖書館、資料庫或網站搜尋文獻，絕大部分的經驗是可能的文獻很多，而非很少。為了讓文獻查找蒐集較有效率，有幾個技巧值得參考：

1. 善用關鍵字，這是文獻蒐集的關鍵。

2. 不要只找網路資料，也應多參考紙本書籍、期刊論文。

3. 優先查找具有學術參考價值的文獻資料。

4. 除文字之外，不要忽略了其他形式的文獻資料，如錄音、影像、地圖、圖片等。

5. 閱讀過的文獻資料最後所檢附的參考文獻，是進一步查找的來源。

6. 隨時記下文獻資料的出處，包括作者、年代、書名或篇名、出版者等。

以下另外提供一個表格工具，利用問題意識釐清、凝聚的過程，滾動式地蒐集可用的文獻。

表 4.11　在凝聚問題意識中發現新文獻

| 1 摘要 | 文獻 1：<br>分別說明主旨大意、主要論述、證據等 | 文獻 2：<br>分別說明主旨大意、主要論述、證據等 |
|---|---|---|
| 2 形成問題意識 | 我的問題意識：在知識或價值上，這兩筆文獻共同凸顯出來的問題（problem）是什麼？ | 這個亟待解答或解決的問題，有什麼樣的關鍵概念（或變項）最應該受到重視？請進一步根據此一概念（或變項）說明可能的研究問題焦點。 |
| 3 查找新文獻 | 需進一步查找什麼樣的文獻，進行交叉討論、檢證？可能的關鍵字是什麼？ | |
| | 文獻 3：<br>請註明文獻出處，並說明此文獻與上述「問題意識」的關聯 | |

說明：「查找新文獻」和「凝聚問題意識」是一個交互作用、滾動式發展的歷程。

#  33 文獻探討（上）

我這個題目，有沒有人做過？

## 🌀 自己的研究是尋寶任務，或是炒冷飯？

你是否曾想過自己的研究題目，前人可能已經做過？古往今來所累積的大量研究，其中很可能就有一些文獻與自己的專題研究主題相關，甚至已經解答了想要探討的問題。因此，我們必須試著從相關文獻中，確認自己的研究是否具有原創性或探詢待答的明確問題，而非炒冷飯，甚至抄襲。

此外，當閱讀一篇文獻時，一定得問：「為什麼要做這個研究，這個研究的目的與意義是什麼？」同時，也要問自己一樣的問題，並且透過文獻探討（literature review），說明這個研究是建立在哪些既有的知識或研究基礎上，以及值得加以研究的原因是什麼。

簡單來說，文獻探討的目的，在於透過具有學術價值的前人研究以及具有公信力的文件，凝聚自己的問題意識，並規畫研究架構與研究設計。在研究的前期，初步的文獻探討是完成研究計畫的關鍵。隨著研究的進行，進一步的文獻探討將啟動正式研究。只有當我們做好了文獻探討的工作，研究的意義才能確保，也才能讓人較容易理解。

> **資訊加油站**
>
> 此處討論的「文獻探討」，與研究方法中的「文獻分析法」不是同一件事，請參閱單元 43。

關於文獻蒐集與探討在專題研究中的位置，請參閱單元 32 圖 **4.12**。至於我們從一筆筆文獻的閱讀理解和摘要分析評論中，逐漸可以進行多筆文獻的統整，進而凝聚問題意識，這是單元 21、22、23 討論的重點，每一個步驟，都是完成文獻探討的必要過程。然後，才能完成研究計畫，進而啟動正式的研究。圖 **4.13** 說明了文獻探討在這樣的過程中所發揮的關鍵作用。

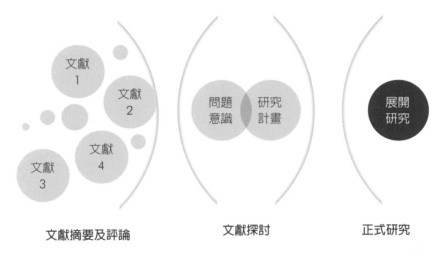

圖 4.13　文獻探討的關鍵作用

###  文獻探討的步驟──覓閱理論

對剛開始學習專題研究的中學生而言，文獻探討可能是個聽得懂、但步驟繁複的過程。因此，這裡試著將文獻探討的過程──尋覓、閱讀、整理、論述，簡化成「覓閱理論」（如下頁的圖 **4.14**）。這並不是某種理論，只是關於文獻探討四步驟的口訣。分別說明如下：

#### 1. 尋覓

文獻不會憑空出現，因此這個階段需要透過一些策略，在浩瀚文獻中找到相關或可能有關的文獻。查找文獻的策略主要是運用關鍵字（單元 31），而查找或採用文獻的原則，則在單元 32 已經加以介紹。

### 2. 閱讀

當我們查找到一些相關或可能相關的文獻時，需要進一步閱讀。閱讀的目的至少包含以下幾項：

a. 確認該份文獻是否與自己的研究相關。

b. 增長相關領域的知識。

c. 發現蒐集其他相關文獻的線索。

為了讓時間運用更經濟，閱讀通常會從「略讀」開始，可以先瀏覽摘要、研究目的、研究問題、採用的研究方法及結論，初步認識該份文獻，以及與自己研究可能相關的地方；此外，也可以試著閱讀其文獻探討的內容，讓自己對於相關研究領域有更多的認識，並且將心得回注到自己的研究。倘若略讀後認為有需要（特別是進入整理及論述的階段），才會進一步詳讀。閱讀時，千萬別忘了運用前面單元曾介紹過的相關策略，例如單元 12、15、30 等。

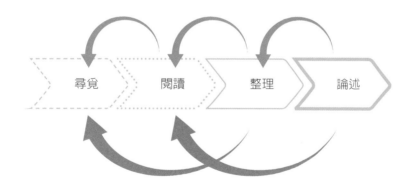

圖 4.14　文獻探討步驟示意圖

### 3. 整理

閱讀後，擱置與自己的研究比較無關的文獻，留下比較相關的當作文獻探討的材料，並且加以比較或分類，找到彼此之間的關聯性。整理文獻時，可以同時運用前面介紹過的概念或方法，尤其是單元 21、22、26、29、32 等，可以發揮事半功倍的效果。

### 4. 論述

透過文獻的閱讀及整理，我們對於「文獻與自己研究之間」、「文獻彼此之間」的關係越加清楚。接著便要透過文字論述出來，並且完成文獻探討的內容。請注意：良好的文獻探討，必須結構清楚、符合邏輯，也同時運用到下一單元及前面幾個單元（例如：單元 21、23、24、25）提到的內容。

必須強調的是，**圖 4.14** 所呈現的四個步驟，雖然有先後，但往往會視需要而持續前進及倒退。例如：我們在整理文獻的階段，可能發覺少了一些論證的依據，需要加以補強，因此會回頭嘗試查找更多需要的文獻；又或者在整理文獻或論述的階段，發覺自己對於文獻內容不夠了解時，也需要再次回頭閱讀。無論如何，這裡的每一個動作，都是為了讓文獻探討的內容更堅實、讓專題研究的架構更清楚。

##  文獻探討的論述重點與要領

基本上，文獻探討扮演著承先啟後的關鍵角色——往前呼應研究問題，同時也是後續部分的「前言」，帶出研究架構與研究設計之所以如此規畫安排的原因。因此，除了知道文獻探討的進行方式，以及如何找到並選用適合的文獻之外，我們也必須知道進行文獻探討時，應該說清楚的是什麼，以及通常會包含哪些主要內容。

以下列出常見的論述內容或要領，我們可以在進行文獻探討前，參考這些項目以架構想要探討的文獻。在文獻探討過程中，我們持續凝聚問題意識，並且視需要對於文獻探討架構，甚至研究中相關聯的部分進行調整，以求論述的架構與內容能讓讀者更加明白。

1. **確保探討的文獻與研究題目（或主題）有關**：必須清楚掌握所要探討的文獻，與研究題目之間的關聯是什麼？

2. 指出既有研究尚未能解答的問題是什麼：藉以說明、凸顯本研究的價值，或可能的貢獻。

3. 介紹與研究相關的**重要概念或變項**：本研究將處理哪些重要概念或變項？若未加以探討，可能會減損讀者對於本研究的理解。

4. 比較各研究一致／不一致之處：可由此說明之所以採用某種研究方法的原因，又或者將各研究之間的差異，延伸為本研究關心的議題。例如：研究問題、研究設計、研究參與者（背景變項）、研究方法、研究結果等。

✐ 心得筆記

### 文獻的探討方式

　　當我們在文獻探討中，依據相關原則與要領進行論述的時候，必須以清晰、具有結構的方式呈現所引用的資料。以下提供文獻探討的不同方式，以及文獻探討結尾應注意的地方。

#### 1. 依時序遞移

　　這種探討方式是依照時間遞移的順序呈現。當文獻具有隨著時間改變而發展的特性，便適合用這種方式呈現並加以論述。（如圖 4.15）

圖 4.15　依時序遞移的文獻探討示意圖

#### 2. 正反論辯

　　這種探討方式適用於處理爭議性的題目。可以把正、反立場的文獻加以對比，同時抓出雙方針鋒相對的論點逐一討論，整理出後續研究將會正式分析探究的面向與重點。（如圖 4.16）

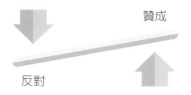

圖 4.16　依正反立場對比的文獻探討示意圖

### 3. 依「論點」或「議題」區分

由於這種文獻探討方式最為常見，以下將進一步藉由圖圖 **4.17**，舉例說明「文獻」、「文獻所得結論」與「論點」之間的關係。

在圖 **4.17** 所舉的例子中，假設我們找到了 A、B、C 共三筆文獻，這三筆文獻的研究結果分別得到了 [A-1、A-2、A-3]、[B-1、B-2]、[C-1、C-2、C-3] 等結論。此外，在文獻探討中，需要放入甲、乙、丙等三項論點，並且發現它們可以從文獻 A、B 與 C 中獲得佐證。

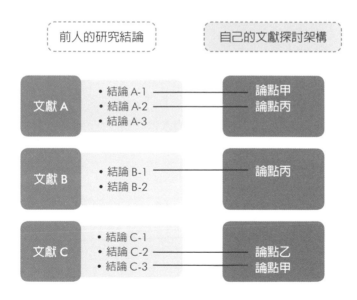

圖 4.17　舉例說明文獻、义獻所得結論與論點之關係圖

我們已多次強調文獻探討應該要清晰並具有結構，目的是讓讀者容易閱讀，能夠理解論述的重點。因此，在圖 4.17 這樣的文獻基礎上進行文獻探討時，會把所要探討的文獻歸納爲幾個論點，依照這些論點作爲文獻探討的骨架，分成不同段落加以論述。接著在各個段落的論述中，把分散在文獻中的相關結論或佐證資料放入，寫成表 4.12 左側這種形式（參考本單元最後所附的示例）。

　　至於表 4.12 右側直接以類似記流水帳方式，逐一呈現每一筆文獻，並不符合文獻探討的精神，應該避免。

表 4.12　文獻探討方式的比較

| 應學習的文獻探討方式<br>以論點架構 | 應避免的文獻探討方式<br>呈現文獻清單 |
|---|---|
| 　　從前人的研究中發現**論點甲**。文獻 A 的結論 A-1 發現……。文獻 C 的結果 C-3 也發現……。 | 我們從**文獻 A** 得知結論 A-1、A-2 與 A-3。 |
| 　　此外，**論點乙**是另一個重要的影響因素。文獻 C 的結果 C-2……。 | 透過**文獻 B** 發現 B-1 與 B-2。 |
| 　　然而，也有研究得到**論點丙**，與論點乙剛好相反。文獻 A 的結論 A-2 發現……。文獻 B 的結果 B-1 也發現……。 | 此外，從**文獻 C** 得知 C-1、C-2 與 C-3。 |

說明：表中文字以不同顏色呈現，是爲了輔助說明文獻探討的方式，並非正常論文呈現方式。

　　在上面表 4.12 左側以論點爲架構的舉例中，我們不難發現：每一個段落的開始（通常是第一句，但當文獻量大的時候，也可能是好幾段中的第一段）都先指出該段落要討論的重點。

　　除此之外，第三段的出現也是值得注意並學習的地方。因爲文獻的查找及運用，不應該只是單一方向或片面的。很多時候，確實也會尋覓並閱讀到多篇文獻在討論相同問題時，呈現了不同立場的證據或結論。此時，以正反辯論的形式交代多篇文獻的差異，是必須，而且重要的。善用這樣的方式，更能夠說明研究問題的價值。

**文獻探討要有結尾**

　　由於文獻探討的作用是承先啓後，對既有的文獻或議題進行歸納總結的工作，因此，必須在文獻探討的最後一、兩段，針對所引用的文獻進行綜合性的討論，並且適時地檢視所得到的發現是否與研究問題相呼應，或是指引出接續的研究架構與研究方法。

　　一旦發現有所欠缺，則需要適時增補、分析更多文獻，或是重新檢視、調整原有的研究問題、研究架構或方法。

　　爲了讓文獻探討的統整與檢視更清楚，建議在文獻探討的結尾使用以下的表述方式（粗體和畫底線只是爲了強調，實際寫作時毋須如此處理），達成文獻探討的目標，並接續到研究方法的部分：

　　**由以上文獻探討可知**，……（歸納時序遞移、主題分類、正反論辯等，發現了關於前人研究的那些限制或缺失）。

　　**因此，本研究將深入探討**，……（打算以何種方法、途徑、工具等，在那些主題項目或問題焦點底下，以期解決或回答什麼問題）。

　　最後，爲了更具體說明文獻探討的方式，下頁節錄簡邦宗（2008）的碩士論文《類比來源與類比目標之領域接近性對科學文章閱讀理解之影響》（國立臺灣師範大學教育心理與輔導研究所，頁 29）爲例，以供參考。

　　心得筆記

論點甲

文獻結論 A-1

文獻結論 C-3

佐證論點甲

文獻結論 D-2

文獻結論 E-1

論點甲的
段落結論

連結到論點乙

二、學習者不會自動運用類比

　　雖然類比被視為能夠幫助學習的強大思考能力，但確有許多研究發現，受試者未必會主動運用所接收的類比訊息於新知識的學習或問題處理上。

　　最著名例子的就是 Gick 和 Holyoak（1980）所進行的實驗，受試者先被提供雷射光治療腫瘤的目標問題，再被提供進攻碉堡的類比來源故事，雖然兩者結構相似，但受試者並不會主動運用類比解決目標問題。在另一個研究中，則是先呈現傳教士與食人族渡河的問題，之後再呈現丈夫與妻子們試圖渡河的問題，結果發現能夠解決前一個問題的人，並不見得可以解決第二個問題（Reed, Ernst, & Banerji, 1974；引自 Reed, 1996）。

　　此外，在 Catrambone 和 Holyoak（1989）的研究中也發現，當類比來源與類比目標未同時呈現在同一篇文章中，那麼受試者所表現出來的遷移（transfer）便會減少或消失。……

　　Caplan 和 Schooler（2001）針對不同年齡的成人所做的研究則發現：二十多歲的成年人，並不會在閱讀類比文章時自動進行類比推論，似乎只有年紀較大的成年人，才會自動進行。

　　由以上可知，當我們把類比材料融入文章之中時，應該注意到讀者是否能夠主動地運用文章中的類比，以協助了解並學習新的知識。克服無法自動運用類比的方法之一，或許就是 Catrambone 和 Holyoak（1989）所建議的提供多個類比來源。Catrambone 和 Holyoak 建議……

# 35 研究題目

## 「全球暖化」是一個好題目嗎？

### 從選擇研究主題到擬訂研究題目

　　要著手做專題研究，常令人很困擾的，就是訂定研究題目，許多人常在這裡卡關許久。前面單元提到研究就是解決問題、是主動學習，但是問題在那裡呢？一向習慣老師叫我們讀什麼，我們就讀什麼，如何轉向主動發現問題，訂出合適的研究題目呢？

**資訊加油站**

關於「擬訂研究題目」的詳細討論，請參見黃春木（2016）。我做專題研究，學會獨立思考！臺北市：商周。頁85-93。

　　比較合理的方式，應該先從自己的「日常生活世界」，例如個人興趣、課堂討論，或是新近的熱門話題來發想、尋找研究主題，可能是「數位學習」、「大數據」、「制服」、「動漫」、「全球暖化」等。

　　研究主題只是研究的大方向，仍缺乏具體明確的內涵。當我們選擇一個研究主題後，就需要查找文獻資料，以便形成明確的問題意識，才有可能進行研究題目的擬訂。

　　例如，選定「數位學習」當研究主題，經過文獻資料查找後，開始對「數位學習的學習成效」有興趣，再經過閱讀文獻，討論、聚焦研究問題後，決定將研究焦點放在「數位學習與傳統學習的學習成效比較」，最後鎖定國中學生作為研究對象後，將研究題目擬定為「國中學生數位學習與傳統學習的學習成效比較」。從研究主題到研究題目的發展歷程，如圖 4.18。

| 隨意發想、找資料 | 形成較具體的主題 | 有意地查找資料 | 修改想法和主題 | 在持續查找資料組織中形成研究焦點 | 擬定研究題目 |

圖 4.18　從選擇研究主題到擬訂研究題目的歷程

 ## 研究題目的擬訂

當研究主題、焦點確定，問題意識逐漸清晰，想要探究的概念或變項也相當具體之後，該如何擬訂題目呢？

首先要了解，研究題目並不是一經擬訂，就完全確定下來，研究題目的擬訂其實是一個持續修正的歷程。初步文獻探討後，可能就擬訂一個研究題目，經過持續的文獻探討、研究設計後可能有所修正，等到完成研究計畫後，經過指導教師或其他人的建議，可能會再修正，甚至有可能到了研究成果產出時才終於確定研究題目。

因此，不必擔心一開始擬訂的題目是不是夠好，隨著研究的進行，這是可以不斷地修正的。

擬訂研究題目有一個基本技巧，先從文獻探討中最重要、出現頻率最高的關鍵字（keywords）開始（參見單元 31），然後在關鍵字前後加上措詞來搭配，例如：「『模擬聯合國』教育價值評析」；或者是兩個關鍵字的串聯呈現，例如：「獨立書店之空間經營與社會互動」。

 ## 好題目的要素

研究題目訂得好不好，攸關讀者的閱讀理解，因此相當重要。一個好的研究題目，通常要符合以下的要素：

### 1. 題目能簡明地呈現研究的主題或焦點

好題目要能讓讀者一看就能清楚研究的主題、焦點或問題意識，不會產生誤會或錯誤期待。例如：「『模擬聯合國』教育價值評析」，清

楚點出要探討教育價值；「獨立書店之空間經營與社會互動」，清楚說明要探究空間經營與社會互動的關係。

### 2. 研究主題或範圍較小，要處理的概念、變項單純且明確

在擬訂研究題目時，最嚴重的問題是範圍過大。一個研究在剛開始發想時，研究主題的範圍難免較廣，但在透過文獻蒐集及探討後，到了擬訂研究題目時，就應該聚焦。例如：「臺灣青少年次文化」，仍屬於研究主題，如果改成「臺灣青少年次文化之研究：以 T 恤設計為例」，要處理的概念就較為明確。

### 3. 個人能力、人格特質，及各種客觀條件，足以勝任研究主題、範圍及方法

受限於個人能力及時間、金錢等因素，中學生在選擇研究題目時須多加思量。例如先前澎湖博奕公投，引發金門、澎湖是否該設置博奕專區的討論，衍生出調查居民對於發展博奕專區的態度，以及分析博奕專區對於離島經濟、社會、環境衝擊等研究主題。除金門、澎湖在地高中生就地利之便，較適合研究這樣的主題，對臺灣本島的高中生而言，考量往返的時間與金錢花費，若要選擇研究這個主題，顯然就不是明智的。

### 4. 自己對於研究主題的熱情

以上所談合適的研究題目，不外乎「合理性」與「可行性」，但是再合適再好的研究題目，如果自己對這個主題完全沒有興趣、熱情，那也是枉然。只有當研究者對研究題目有熱情，才能有強烈動機去探究解答，並熱切地與讀者分享自己有趣的發現。

# 單元 36 註明參考來源

不註明來源，顯得自己比較厲害？

## 文獻引用的重要性

在專題研究及學術寫作歷程中，我們都會蒐集並引用他人的資料，協助我們澄清問題意識、擬定研究方法等。在研究結果討論時，也會藉由他人的研究成果來比對、分析、佐證、評論自己的研究發現。在學術上，這就是「文獻引用」，而引用的形式，可以分為引述（quotation）、引註（citation）。

不管是那一種文獻引用，都必須在文末特別列出參考文獻（reference），將所有引用的文獻都清楚地註明參考來源，這是學術對話、累積學術知識的必要歷程。如果在自己的著作中引用他人研究成果，卻不註明來源，那不是顯得自己比較厲害，而是抄襲、侵犯他人智慧財產權，可能面臨的刑事、民事賠償會很嚴重。

除此之外，未註明來源，也不利他人追溯研究，做進一步的學術對話。

不論是內文的引述、引註，或是文末的參考文獻，在各學術領域都有一定的格式規範，以下依照最為廣泛使用的 APA 格式加以說明。

## 引述

引述，是指直接將他人文章中的文字放到自己的文章中，也可以稱為「直接引用」。引述的格式，通常以 40 個字為界線，40 字以內，可直接在文章內引用，需註明原文出處的頁碼，前後加引號。如果原文已

有引號，需將原單引號改為雙引號。舉例如下：

在學術寫作或專題研究，引用他人的資料，可以協助我們澄清問題意識、擬定研究策略、討論研究結果。「在專題研究中『引用』資料或文獻，做為參證、註釋或評論之用，是一件非常必要的事情。」（黃春木，2016：204）

參考文獻：
黃春木（2016）。**我做專題研究，學會獨立思考！高中生的專題研究方法**。臺北市：商周。

40 字以上，則需要將引述的文字獨立成一個段落，需註明原文出處的頁碼，前後不加引號，但需縮小字體，並往內縮排 2 個字元，前後各空一行，一樣需在文末註明參考來源。舉例如下：

基於以上的體認，所謂「升學主義」的界定，楊國樞、葉啓政（1984：360）認為：

當大家都拚命地為「升學」而升學，而不顧及自己或當事人的性向才能、人格特質、興趣動機、經濟能力，及將來畢業後對社會與個人所可能發揮的作用時，「升學主義」即相應而生。對一個升學主義者而言，固然升學是追求更多及更好的教育機會的合理手段，但是卻罔顧了個人是否適宜升學或應當就讀哪種學系（或學校）的考慮。在此情形下，升學並非是追求適宜教育的一種合理手段，而只是一種盲目的順從及為升學而升學的求同行為，結果乃使升學成為絕對的目的，人們便不再認真追究所以要升學的根本原因了。

參考文獻：
楊國樞、葉啓政（1984）。升學主義下的教育問題。載於楊國樞、葉啓政（編），**臺灣的社會問題**（頁 357-384）。臺北市：巨流。

**引註**

　　引註，是指在文章中引用他人的說法，不直接引述，而是將其概念或觀點改寫，或稱為「間接引用」、「文意引用」，可以不用註明出處頁碼。

　　引註格式常見的寫法有二種，以下舉例說明：

> 1. 於文章當中直接引用作者的姓氏，如：
>    楊國樞（2002）的華人本土心理學研究⋯⋯。
> 2. 直接引用研究的結果或論點，如：
>    現代華人自我實現本質內涵，包括個人和社會取向的自我實現，就是「完全做自己」、「以成就回饋家庭」、「自我安適，兼善天下」三個面向（陸洛、楊國樞，2005）。
>
> 參考文獻：
> 楊國樞（2002）。**華人心理的本土化研究**。臺北市：桂冠。
> 陸洛、楊國樞（2005）。社會取向與個人取向的自我實現觀：概念分析與實徵初探。**本土心理學研究，第 23 期**，第 3-69 頁。

 **參考文獻**

　　參考文獻，是指在文章中所有引述或引註的文獻資料。一般是將這些文獻資訊放在文章的最後，也有部分格式是使用註腳的方式，直接放在文章中引用的那一頁的下方。

　　參考文獻與文獻引用兩者息息相關，研究及寫作中引用過的文獻必須出現在參考文獻中（不曾引用的文獻則不必出現），而且參考文獻與文獻引用兩部分所列出的作者姓氏（名）和年代等資訊，必須完全一致。如果引用英文文獻，在文章中僅寫出作者姓氏，但在參考文獻中則須同時寫出姓氏以及名字的字首，中文的文獻則在內文和參考文獻都需要寫

出全名。

　　將所有參考文獻列出後，中文排列順序是以作者姓名筆畫為依據，從小到大加以排序，且第一行文字凸排 2 個字元。英文則以作者姓氏字母順序排列。

##  常用參考文獻格式

　　APA 把參考文獻分為 12 類，每一類參考文獻的格式寫法都不一樣。以下整理出中學生比較常用的參考文獻格式，詳細的 APA 格式資料，請參閱：林天佑（2000）。APA 格式第六版。取自 http://web.nchu.edu.tw/pweb/users/wtsay/lesson/11680.pdf

表 4.13　常用 APA 參考文獻格式

| 類別 | 格式 | 範例 |
|---|---|---|
| 著作書籍 | 作者（年代）。**書名**。出版地點：出版商。<br>Author, A. A.（Year）. *Book title*. Location: Publisher. | 楊國樞（2002）。**華人心理的本土化研究**。臺北市：桂冠。<br>Shotton, M. A.（1989）. *Computer addition? A study of computer dependency*. London, England: Taylor & Francis. |
| 翻譯書籍 | 譯者（譯）（譯本出版年代）。**書名**（原作者：姓名）。譯本出版地點：譯本出版商。 | 吳美麗（譯）（1998）。**管理其實很 Easy**（原作者：M. H. McCormack）。臺北市：天下文化。 |
| 書籍中的某一章 | 作者（年代）。章名。載於編者（主編），**書名**（頁碼）。出版地點：出版商。<br>Author, A. A.（Year）. Chapter title. In B. B. Author & C. C. Author（Eds.）, *Books title*（pp. xx xx）. Location: Publisher. | 唐先梅（2001）。工作與家庭生活。載於黃迺毓等（主編），**家庭概論**（176-192 頁）。新北市：國立空中大學。<br>Haybron, D. M.（2008）. Philosophy and the science of subjective well-being. In M. Eid & R. J. Larsen（Eds.）, *The science of subjective well being*（pp. 17-43）. New York, NY: Guilford Press. |

(continued)

| | | |
|---|---|---|
| 期刊／雜誌 | 作者（年）。文章名稱。**期刊名稱，卷數（期別）**，頁碼。<br>Author, A. A., Author, B. B., & Author, C. C.（Year）. Title of article. *Title of Periodical, xx*（xx）, xxx-xxx. | 陸洛、楊國樞（2005）。社會取向與個人取向的自我實現觀：概念分析與實徵初探。**本土心理學研究，23**，3~69。<br>Editorial: "What is a disaster" and why does this question matter? [Editorial].（2006）. *Journal of Contingencies and Crisis Management, 14*, 1-2. |
| 學位論文 | 1. 來自資料庫：作者（年）。**論文名稱**（博／碩士論文）。取自資料庫名稱。（檢索碼）<br>Author, A. A.（Year）. *Title of doctoral dissertation or mater's thesis*（Doctoral dissertation or master's thesis）. Retrieved from http://xxx.xxx.xxx<br>2. 紙本論文：作者（年）。**論文名稱**（未出版之博／碩士論文）。校名，學校所在地。 | 王玉麟（2008）。**邁向全球化頂尖大學政策規畫指標建構之研究**（博士論文）。取自臺灣博碩士論文系統。（系統編號097TMTC5212002）<br>Adams, R. J.（1973）. *Building a foundation for evaluation of instruction in higher education and continuing education*（Doctoral dissertation）. Retrieved from http://www.ohiolink.edu/etd<br>柯正峰（1999）。**我國邁向學習社會政策制訂之研究——政策問題形成、政策規畫及政策合法化探討**（未出版之博士論文）。國立臺灣師範大學，臺北市。 |
| 研討會論文 | 依有無主持人而不同：<br>1. 有專題主持人：作者（年月）。**論文名稱**。研討會主持人（主持人），研討會主題。研討會名稱，舉行地點。<br>2. 無專題主持人：作者（年月）。**論文名稱**。研討會名稱發表（張貼）之論文，舉行地點。 | 張芬芬（1995年4月）。**教育實習專業理論模式的探討**。毛連塭（主持人），教師社會化的過程。師資培育專業化研討會，臺北市立師範學院。<br>林天祐（2008年10月）。**透過親師合作提升學生學習效能：轉變中學校親師關係的思維**。「2008臺北親師高峰會」發表之論文，臺北市教師研習中心。 |
| 電子資料庫或網路資料 | 作者（年月）。文章名稱。**雜誌名稱，期別**，頁碼。文章來源網址。<br>Author, A. A.（Year, Month Day）. Title of post [Description of form]. Retrieved from http://xxx.xxx.xxx | 盧蘇偉（2000年2月）。寫在學測放榜後，什麼才是贏？**康健雜誌，128**。取自 http://www.commonhealth.com.tw/<br>Rampersad, T.（2005, June 8）. Re: Traditional knowledge and traditional culture expressions [Online forum comment]. Retrieved from http://www.wipo.int/roller/comments/pisforum/Webblog_theme_eight_how_can_cultural# comments |

# 37 善用圖表

一張圖或表，可以抵過1000字？

## 圖表的威力

一開始，讓我們先來瀏覽下面這張表 4.14 的內容。

表 4.14　106 年度世界各主要國家之我留學生人數統計表

統計截止日期：2017 年 4 月 30 日　　　　　　　　　　　　　　　　單位：人

| 　 | 國別 | 總人數 | 　 | 國別 | 總人數 |
|---|---|---|---|---|---|
| 歐洲 | 英國 | 3,920 | 美洲 | 加拿大 | 3,202 |
| | 法國 | 1,004 | | 美國 | 21,127 |
| | 德國 | 1,755 | | 巴拿馬 | 20 |
| | 波蘭 | 758 | | 小計 | 24,349 |
| | 奧地利 | 456 | 亞洲 | 日本 | 9,642 |
| | 捷克 | 43 | | 韓國 | 242 |
| | 荷蘭 | 400 | | 泰國 | 176 |
| | 比利時 | 120 | | 越南 | 154 |
| | 瑞士 | 307 | | 馬來西亞 | 513 |
| | 義大利 | 250 | | 印尼 | 16 |
| | 西班牙 | 300 | | 印度 | 13 |
| | 土耳其 | 36 | | 以色列 | 19 |
| | 愛爾蘭 | 10 | | 阿拉伯聯合大公國（杜拜） | 21 |
| | 俄羅斯 | 172 | | 約旦 | 20 |
| | 丹麥 | 24 | | 小計 | 10,816 |
| | 芬蘭 | 45 | 大洋洲 | 澳大利亞 | 16,573 |
| | 挪威 | 7 | | 紐西蘭 | 1,820 |
| | 瑞典 | 105 | | 小計 | 18,393 |
| | 小計 | 9,712 | 總計 | | 63,270 |

參考來源：教育部網頁 https://depart.moe.edu.tw/ed2500/News_Content.aspx?n=2D25F01E87D6EE17&sms=4061A6357922F45A&s=FA45FDCEE90C4D2C

在上一頁看到的**表 4.14**，是教育部國際及兩岸教育司公布的〈106年度世界各主要國家之我留學生人數統計表〉，呈現臺灣留學生分布的各個國家，以及所屬的洲別。接下來，要請你嘗試讓**表 4.14**的資訊完全以文字的方式呈現。

在你動筆之前，可能就已經想到了——沒錯，很有可能寫了一堆文字，卻讓讀者愈讀愈模糊、愈混亂。

由此可見，適當地運用圖表，可以輔助我們傳遞一些可以分類、排列或視覺化的資訊，讓讀者在閱讀我們的研究報告時，能夠更輕鬆，也更易於理解其中所要傳達的資訊。

##  基本使用態度與原則

圖表的運用有一些基本法則可以依循，其中也有一部分幾乎算是研究行動中必須遵循的通則。

在運用圖表時，首先一定要謹記無論是圖或表，都是文字的延伸，必須在本文中加以標註、說明。其次，當我們運用圖表後，必須使原本要傳遞的資訊更清楚、方便閱讀理解，而不是更混亂。通常，只要是多筆資料可以被分類或排列的，就可以轉換成表；倘若資料包含時間序列的數字，或適合運用點、線或區塊等方式視覺化呈現，那麼就適合轉換成圖。

為了讓不同的研究人員可以相互理解與溝通，有許多領域的研究報告都要遵循一定的格式，其中，最常見的即是 APA 所制定的格式。在APA 的格式中，關於圖表的部分主要有：

1. 圖表必須有編號與標題。
2. 圖的編號標題要擺在圖的下方，而表的編號標題要擺在表的上方（如**圖 4.19**、**表 4.15**）。
3. 統計表格只畫橫線，不畫直線（如**表 4.15**）。

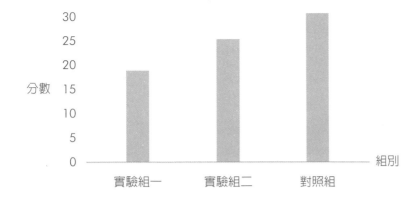

圖 4.19　各組樣本在組別中的平均分數「直條圖」示例

表 4.15　各組樣本在實驗中的平均分數與標準差「表格」示例

|  | 樣本數（人） | 平均數（分數） | 標準差（分數） |
| --- | --- | --- | --- |
| 實驗組一 | 30 | 18.74 | 3.38 |
| 實驗組二 | 30 | 24.48 | 3.34 |
| 對照組 | 30 | 28.52 | 4.52 |

 **簡單好用的幾種圖表**

　　依據不同的資料型態，以及所要強調的資料特性，我們會選擇不同的圖表類型。這裡的標題雖然是圖表，但基於實用考量，主要針對圖的類型及運用加以說明。

　　在說明數字資料時，有可能會訴求幾件事：「次序」、「趨勢」與「組成」。透過直條圖（圖 4.19），可以讓讀者很快地感受到大小與次序；倘若是依照一定的時間順序排列，那麼折線圖（下頁圖 4.20）的使用對於呈現趨勢可以幫上大忙。至於也很常見的圓餅圖（下頁圖 4.21），則能夠讓讀者對於個別在整體中所佔的比例更有感受。

想要輕鬆地製作出簡單的圖表，可以運用 Microsoft Office 中的 Excel 等常用的套裝軟體做到。如果想針對如何適當地運用圖表進一步學習，可以參考 2017 年碁峰資訊所出版，由胡為君翻譯的《資訊圖表的技術——從實例學 Excel 圖表製作術》。

圖 4.20　每月資源回收所得金額「折線圖」示例

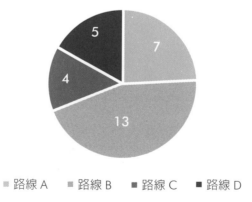

■ 路線 A　■ 路線 B　■ 路線 C　■ 路線 D

圖 4.21　選擇教育旅行各路線之班級數「圓餅圖」示例

**在專題研究中的運用**

進行專題研究的過程中，還常會產出或使用兩種圖表。

為了更清楚地說明整個研究的進行，或資料蒐集的流程，我們常會畫出流程圖（如圖 4.22），並透過原有文字的描述，讓研究流程更容易被理解。

體驗與觀察：問題意識的土壤 ▶ 好奇與思考：問題意識的萌芽 ▶ 分析問題：問題意識的扎根 ▶ 文獻探討：問題意識的茁壯 ▶ 研究脈絡：問題意識的成熟

圖 4.22　形塑問題意識的「流程圖」示列

此外，在研究計畫中，需要說明研究的各個項目以及預定執行的時程，此時，甘梯圖（Gantt Chart，圖 4.23）能夠幫我們清楚地提供這樣的訊息。

| 執行項目 | 2018/1 | 2018/2 | 2018/3 | 2018/4 | 2018/5 | 2018/6 |
|---|---|---|---|---|---|---|
| 文獻蒐集 | | | | | | |
| 文獻探討 | | | | | | |
| 問卷設計 | | | | | | |
| 問卷預試與修訂 | | | | | | |
| 抽樣與邀請參與研究 | | | | | | |
| 正式問卷調查 | | | | | | |
| 問卷結果分析 | | | | | | |
| 撰寫研究成果報告 | | | | | | |

圖 4.23　預定進度「甘梯圖」示例

# 單元 38 擬訂研究計畫

## 幸好只是完成「研究計畫」？

### 完成一份研究計畫很容易嗎？

「喔耶！『只要』完成研究計畫耶！」

「那很簡單，反正又沒要真正進行研究，那我就可以隨意寫寫……」

在學習專題研究的過程中，有同學一聽到只需完成「研究計畫」，或稱為「專題研究構想書」，直覺以為既然沒有要實際進行研究，所以可以隨意寫寫。會有這樣想法的同學，已經誤解了研究計畫的意義。

在單元 7 已介紹過「專題研究計畫」，這屬於研究進行的前半部分（如圖 4.24），包含選定研究主題、確立研究問題、文獻探討、擬定研究設計等。坊間專門升研究所補習班宣傳，指出準備研究所升學的研究計畫至少要花 1 至 3 個月時間準備。中學生既是「學習」完成研究計畫，標準當然可以調降許多，但中學生程度不如大學畢業生，兩相權衡，這似乎仍然不是件容易的事，而是必須認真學習才能完成的事。

### 撰寫研究計畫／研究構想書的步驟

撰寫研究計畫需要花費許多功夫，以下是主要的步驟，可供依循。

1. 選定研究主題或研究題目

要撰寫一份好的研究計畫，首要工作就是要找一個研究題目（參見單元 35）。雖然擬訂研究題目往往是一個持續滾動修改的過程，但大原則是題目愈明確，研究方向及重點就愈清楚。例如：「高中職男女愛情

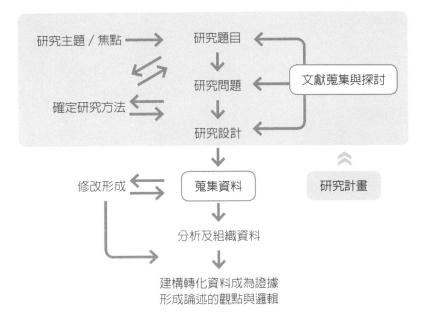

圖 4.24 「研究計畫」在研究歷程中的關係位置

觀差異」就比「青少年愛情」更爲清楚明確。

### 2. 初步文獻蒐集與探討

透過初步的文獻蒐集與閱讀，看看學術界在相關主題上有那些探討與發現，可以幫助澄清研究主題與關注焦點，甚至修正研究題目或研究方向。例如：曾經有學生想探討民眾對 UBike、OBike 共享經濟模式的看法，等到閱讀過文獻後，這才發現原來 UBike、OBike 都不是共享經濟模式，隨即將研究題目與方向都做了修正。

### 3. 澄清並確定研究問題與研究目的

透過閱讀相關文獻，除有助於確認研究主題外，也有助於澄清研究焦點，進一步確定研究問題（待答問題）與研究目的。

### 4. 再次文獻蒐集與探討

在初步文獻探討後，如果研究題目或方向有所修正，務必要針對重新擬訂的題目，再次進行文獻蒐集與探討，然後確立研究架構。

### 5. 研究設計規畫

透過數回合與文獻「對話」之後，依據文獻探討結果澄清或修正研究焦點的歷程，對於研究題目、研究目的或研究問題、研究架構，應該都有更清楚的掌握，這時就可以針對所欲探討的研究問題，選擇適合的研究設計來蒐集研究資料。研究設計應考量研究對象、研究方法、研究工具等。

### 6. 預期研究成果

根據研究問題與研究設計，列出可能的研究成果。切記必須呼應研究目的，而不是憑空列出沒有進行研究也能得到的研究成果，也須仔細檢核研究目的是否都能在預期研究成果中達成。

##  撰寫研究計畫／研究構想書的注意事項

### 1. 研究計畫撰寫的對話與修正歷程

從圖 4.24 中所標示的「研究計畫」，可以看到「文獻蒐集與探討」涵蓋整個研究計畫階段，也就是說，在整個研究計畫撰寫的歷程，必須透過閱讀文獻不斷地澄清、來回修正研究方向與研究焦點。

切記，要特別注意所有連動關係的修正，以避免因疏忽而造成重大誤會，例如修改了研究問題或題目，卻忘了修改研究目的。

### 2. 文獻選擇與研究主題相符

研究計畫階段的文獻探討，目的在於澄清研究問題意識，而非文獻的堆疊。除了明確的主題外，文獻的選擇也相當重要，挑選時可以參考單元 32「文獻哪裡找？」之建議著手，才能明確又有效率。就中學生而言，正式探討的文獻數量至少需要三筆以上，才有機會整理出該研究領域的重點。

### 3. 以圖表呈現研究架構

文獻探討完成之後，接下來的工作，就是在「問題意識」引導下，確立研究問題焦點，以及研究架構。

「研究架構」呈現的是問題焦點、關鍵概念（或變項）可能的相互關係，這是在文獻探討中所覺察的，也是在接下來的研究中將加以分析、探究的。

理想上，最好是運用適當的圖表來說明研究架構，輔以必要的文字解說，協助讀者了解專題研究的重點及方向。

### 4. 研究計畫中設定的研究方法並非都是文獻分析

許多學生會以為「研究計畫」不是要真正進行研究，因此認為此階段所謂「研究方法」，就只是文獻分析。這犯了兩個錯誤，一是誤解「文獻探討」就是「文獻分析」；另一個是誤解研究計畫沒有要完成研究流程，所以只運用「文獻分析」。

其實，在研究計畫中交代「研究方法」，是指明後續在正式研究時需要蒐集及處理研究資料時將採用的方法，文獻分析也是其中一種研究方法，但它要做的工作比文獻探討多，而且大不相同。

這個單元所涉及的相關討論，請參閱單元 7、33、34、43。至於適合中學生練習的專題研究構想書，218 至 222 頁檢附一個寫作範例，包含批閱，可供進一步觀摩。作者陳人豪，是臺北市立建國高級中學的校友，2018 年畢業，這個範例改編自他的高二專題研究作品。

心得筆記

對於研究問題的性質，以及各相關變項之間的關係已有明確的分析說明，是一佳作！

## 遊戲中的內容與衍生品對玩家之吸引力
### —以日本遊戲《艦隊收藏》為例

題目和內容之討論尚未能完全切合，可以再斟酌的調整。

學生：陳人豪

### 一、研究動機

台灣的電子遊戲產業，從最早的街機遊戲，經歷了單機遊戲的風靡、PC 線上遊戲的熱潮、網頁遊戲的多元，到現今手機遊戲的蓬勃發展。網路的普及與應用更激發了許多可能性，無論是在社群論壇討論、多人線上連線、甚至是直播連線，都為電子遊戲增添不少樂趣。

而藉著網路，海外的遊戲也開始被台灣玩家接觸。本研究作為研究對象的艦隊收藏《艦隊これくしょん〜艦これ〜）遊戲，是日本角川遊戲所開發，DMM.com 所營運之網頁遊戲。其特點在於將第二次世界大戰時期，大日本帝國海軍之船艦萌擬人化，融入日系動漫的特色，而透過經營、養成這些船艦角色，並攻略各式戰鬥海域來進行的戰略策劃遊戲。不過，令人驚嘆的是，艦隊收藏的玩家數僅短短三年便突破了 350 萬遊玩人數，玩家的討論也非常熱絡。← 出處？

另外，《艦隊收藏》在日本動畫（Anime）、漫畫（Comic）與遊戲（Game）界（以下簡稱 ACG[1] 文化）中也佔有一席之地，隨著延伸作品的推出，加上 ACG 文化本身的活躍，即便沒有玩過遊戲的人，也有了參與《艦隊收藏》的媒介，使得整個遊戲向外拓展到了更多領域，讓《艦隊收藏》的人氣直線上升。

由於科技的進步，技術性問題已獲得有效的解決與改善，那麼遊戲之間最大的差異性，便開始體現在內容上。由創意所發想的內容，可以帶給玩家最直接的體驗與回饋，這樣創意內容的知識經濟，使得利用遊戲為平台的新興電子遊戲、工作室不斷出現，雖不一定能維持長期營運，卻降低了創作者傳遞內容的門檻。《艦隊收藏》在這樣的趨勢之下，反而能持續吸引玩家的參與，著實令人驚豔。

（綜合上述，）可以發現《艦隊收藏》在網路遊戲時代與 ACG 文化中具有很堅實的代表性。筆者作為玩家之一，對於是什麼樣的內容特質吸引玩家參與、投入這款遊戲感到好奇；又其在 ACG 文化中的衍生作品，對於玩家的參與是否有顯著影響，也希望有進一步探索，因此進行此次專題研究。

### 二、初步文獻探討與發現

文獻探討主要由兩大部分組成，分別是對於遊戲特性、內容的研討，以及關於 ACG 文化、衍生品的敘述。

指

腳註使用合宜

---

[1] ACG 意指 Animation, Comic 與 Game。而隨種類的多樣化，輕小說、Cosplay 等活動的興盛，現今 ACG 多是華人圈用來稱呼日本萌文化圈的用語。日本當地常稱為二次元。

1

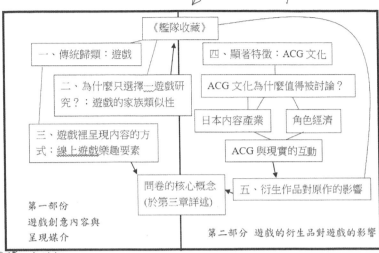

*手寫註記：此圖能統整「文獻探討」的思路及主要內容，甚佳！*

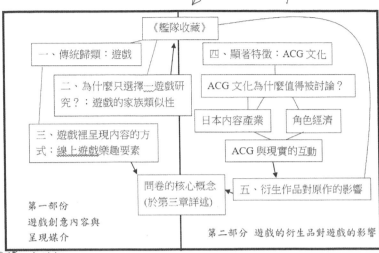

▲圖1　文獻探討架構（資料來源：本研究繪製）

*手寫註記：四個分項之討論　清晰而切要*

### （一）遊戲的家族類似性

*手寫註記：未在「參考文獻」呈現*

　　遊戲的範疇是由「家族類似性」(family resemblance)使其聯合而成的。在家族類似性中，不同遊戲從某一種極端狀況，可以逐漸過渡到另一種極端狀況，而所有不同的遊戲類型，共同構築了被稱為「遊戲」的範疇。（L.Wittgeinstein、陳怡安，2003）

*手寫註記：該文作者有2位*

　　由此可知，遊戲的類型極多，每個遊戲的特性也不同，要找出通用的標準是不容易且模糊的，但遊戲基本的共通性皆為帶給玩家心理上的滿足感。在現代知識經濟的發展中，以往的網路速度、硬體等級已不再擁有決定性的差異，反而需要著重於內容的部分加以分析，故本研究僅採《艦隊收藏》一遊戲，來進行解構。 *（手寫標記：？）*

### （二）線上遊戲 的樂趣要素

　　玩家投入一款遊戲的動機，與其持續參與的過程，都會受到遊戲裡所提供的刺激而有不同，許多研究納入網路外部性、介面、心理等各種因素來反映玩家的行為，而不同的因素也適用於不同的研究方向。本研究主要著重於遊戲直接傳達給玩家的內容，根據張華城（2011）的研究，將遊戲擁有的內容作為直接反映玩家偏好的要素，而分出下列七大類別：

　　侵略與競爭、交友與社群、角色外觀、聲光效果、故事與劇情、虛擬慾望滿足、客製與創作

　　這些要素屬於遊戲中，用於傳達創意內容的媒介，也就是說，玩家能從這七大類別中，直接的體驗遊戲創作者欲傳達的內容。而正如張華城研究中所提到，遊戲的單一性較高的情況下，可能會忽略其特有的要素而缺少描述，故在本研究中，以七類別為基礎，將《艦隊收藏》實際呈現此七類別的內容，轉化為文字敘述而進行問卷編寫。 *（手寫標記：（2011）　？）*

2

（三）ACG 文化內容

1. 日本 ACG 文化內容產業概述

李世暉（2013）在對於內容產業的研究中敘述，內容產業的核心價值在於「內容的生成」，而其發展關鍵在於是否具備國際競爭力的文化創造力。而日本自 1995 年以來，便已確立其「文化立國」的核心方針，對於內容產業的推動更是不遺餘力，在 2010 年提出的「酷日本戰略」的政策措施，由音樂、動漫到影視、出版所構築的內容產業，更形塑日本在國際市場上的競爭優勢。

2. 角色化與角色經濟　　　(2013)

在李世暉的研究中提到，日本正快速邁向「角色化社會」。角色化有兩種涵義，一是將社會上現實的事物予以平面化、簡單化，即具體化的呈現；二是社會成員在與角色符號互動的過程中，自我認同變化的過程，即內部化的呈現。如相原博之（2008）舉例：角色扮演（Cosplay）就是一角色化的身體認同，這樣裝扮成自己喜愛角色人物的樣貌的行為，已成為日本次文化的象徵。

就內容層面而言，當 ACG 文化與內容產業蓬勃發展，角色化的概念便更加在社會中出現，角色也成為行銷的一種方式，如日本熊本熊的角色意象便帶來了觀光效益；台灣的高捷少女也是一例，透過角色來代言運輸，成功達到一定知名度的宣傳。

就消費層面而言，消費者之於角色，是一消費主體對於「過渡性客體」的偏好，這樣情感的投入發展至極端時，會呈現「膠著狀態」，在這樣投入於角色符號的過程中，通常會產生虛實難分的錯覺，而無私的投入象徵角色世界的符號化商品。

這樣的角色經濟，正是構成日本 ACG 文化的核心。

3. ACG 文化的興盛原因

由於 ACG 文化的發展過程，媒體傳播者與接受者之間有了較強的「社會臨場感」，對內強化了參與同人誌與角色扮演等文化參與；對外則與市場、社會及文化有了直接的互動，帶領「御宅族[2]」走入真實與虛擬交錯的空間（李世暉，2013）。這樣的特性使得 ACG 文化不再只局限於創造想像，而是與現實活動有所接觸，讓參與者有更多的機會和慾望能投入整個 ACG 文化的系統中。

而就御宅族對 ACG 文化投入的程度，根據葉晉嘉（2012）的研究，其涉入程度與消費意願有正向的影響，即涉入越深，投入的消費與其意願將會隨之增加。顯示了御宅族在 ACG 文化中，其投入及參與不但是真實存在，且隨不同因素對涉入程度的影響，當進入高度涉入的狀態時，帶來大量消費發展是非常可能的。

總結以上，ACG 文化作為內容產業最具發展潛力的部分，加上角色經濟的蓬勃發展、御宅族的參與，其在文化經濟的地位不容質疑，其名詞也不再只限於動畫、漫畫與遊戲，而是足以代稱整個由 ACG 向外拓展而成的領域。而《艦隊收藏》在 ACG 文化中推出的衍生品，也創造了相當

---

[2] 本文中，「御宅族」所指對象為參與、喜愛 ACG 文化的人，也可以稱做「迷」。而日文中的「おたく」（御宅）除了單指對於 ACG 文化有愛好者外，也指人對某件事特別專精與熱愛，亦稱為狂熱（mania），其意涵與所謂「宅男」、「宅女」是有不同的。

腳註使用合宜

的產值，故本研究中探究《艦隊收藏》在 ACG 文化中的衍生品對於遊戲吸引力的影響，藉以更仔細描述《艦隊收藏》如此受歡迎的原因。

✓（四）衍生品對原作的影響

　　1.《艦隊收藏》在 ACG 文化中的衍生品

　　《艦隊收藏》本身以遊戲為主，隨著玩家的增加，漸漸朝向其他部份發展，依時間資料及筆者本身經歷，將其分為下列五類：電視及電影動畫、漫畫與小說等書冊、模型與海報等實體商品、非商業（同人）創作、角色扮演活動

　　2. 影響遊戲衍生品的行為因素

　　根據王睍（2010）對遊戲衍生品的研究，可分為兩個方向：

（1）社會影響方面：新聞媒體的宣傳、公眾的評論、周邊親友的參與等，這些社會信息的直接感知、間接感知，會大幅影響人接觸遊戲衍生品的意願。

（2）遊戲體驗方面：由於遊戲技術已進入視覺衝擊極強的世代，玩家得以切身的於虛擬空間演繹並實現理想的自我。從遊戲中獲得的情感會延伸到遊戲衍生品上，進而影響接觸衍生品意願（遊戲體驗正向顯著影響使用行為）。

　　從上述資料中可發現，遊戲內部與社會外部的不同刺激，都會影響人接觸衍生品的意願，本研究將此概念轉換重點，以「玩家」的立場去反觀：衍生品是否能增加遊戲對玩家的吸引力（使用行為是否影響遊戲體驗）。

*（一）.（二）.（三）.（四）均有小結論，很好！*

*但是，應在「文獻探討」此節結束前，將這四個小結論再做一個統整而簡單說明，以衝接下節*

**三、研究問題焦點與架構**

*很好！*

　　研究遊戲特性的專題不在少數，但大多著重於技術層面及試圖追求可通用的結論，或是對內容的影響沒有著墨，整體範圍廣但深度較淺；本研究將專注於《艦隊收藏》一個遊戲，試對於此遊戲做出較深度的解構，並討論下列問題：

　　1. 歸納《艦隊收藏》的創意內容類型，並探究哪些內容讓玩家願意投入而參與這款遊戲。

　　2. 討論《艦隊收藏》在 ACG 文化中，以遊戲（Game）為核心，向動畫（Animation）與漫畫（Comic）等其他部分拓展之下，玩家的反應

　　3. 合以上兩點，說明並解釋《艦隊收藏》獲得許多玩家支持的原因。

　　關鍵字：線上遊戲、艦隊收藏、ACG 文化、知識經濟。

*能以圖示來歸納說明，很好！*

*衍生品對原作的影響？*

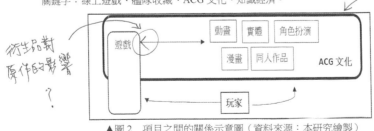

▲圖2　項目之間的關係示意圖（資料來源：本研究繪製）

4

## 四、採用的研究方法與理由

本研究以問卷方式進行，收集量化資料並了解遊戲中哪些元素吸引玩家的投入、參與。問卷的發放，根據其他網路遊戲的研究經驗，皆以網路問卷的形式發放，以求直接且即時的回饋，也符合「線上遊戲」處在網路環境中的情境；且在正式施測前，進行前測，以求問卷之信效度。詳細問卷內容將於後章敘述。

*除打 √ 的五筆文獻之外，其他各筆均未在內文出現，應刪除。*

## 參考文獻

√ 王晛（2010）。**遊戲衍生品使用行為影響因素**。華南理工大學企業管理。

多作者編輯（2016）。**艦隊 Collection**。2016 年 7 月 26 日，取自 https://zh.moegirl.org/zh-tw/%E8%88%B0%E9%98%9FCollection\

√ 李世暉（2013）。**文化經濟與日本內容產業：日本動畫、漫畫與遊戲的煉金術**。台北市，智勝。

涂銘宏（2016）。**ACG 動漫與 2.5 次元文化**。收錄於文化研究季刊．156 期（頁 40-41），台北市。

√ 張華城、黃牧勒（2011.06）。**線上遊戲樂趣因素分析及測量問卷開發之研究**。收錄於數位內容與多媒體應用研討會論文集．2011（頁 196-206），苗栗縣。

陳廷安（2015）。**臺灣電子遊戲產業發展沿革**。建國中學人文社會資優班專題研究論文。

√ 陳怡安（2003）。**線上遊戲的魅力：以重度玩家為例**。嘉義縣，南華大學社會所。

陳威宇（2015）。**遊戲如何吸引玩家──以魔獸世界為例**。建國中學人文社會資優班專題研究論文。

陳美如、王渝薇、范錚強（2016）。**玩線上遊戲是計劃行為嗎？從非計劃型的因素探討**。中華民國資訊管理學報 第二十三卷 第二期（頁 217-246）。

黃冠文（2013）。**線上遊戲玩家忠誠度之影響因素探討：以英雄聯盟為例**。國立東華大學企業管理學系碩士論文，花蓮縣。

楊文廣，柳立偉，李敏聖（2015）。**線上遊戲玩家之休閒效益、生活壓力及涉入程度之現況差異－以英雄聯盟為例**。收錄於休閒事業研究 第十三卷 第三期（頁 65-92）。

√ 葉晉嘉（2012）。**ACG 迷涉入程度與休閒阻礙 對其消費意願之影響**。收錄於高雄師大學報．33 期（頁 81-100），高雄市。

葉博文，楊美維（2013.03）。**同人 ACG 作品推廣方式之初探：以東方 PROJECT 為例**。收錄於文化創意產業論壇暨學術研討會論文集．2013：跨域新契機：人文.環境.科技（頁 577-582），高雄市。

駱少康，李權倫（2012.03）。**玩家動機對於線上遊戲花費與同時使用多款遊戲意願之影響**。收錄於中臺灣產業論壇暨服務創新管理學術研討會論文集．第一屆（頁 55-61），台中市。

謝佩玲（2014）。**影響線上遊戲玩家沈浸與價值共創因素之研究**。收錄於觀光與休閒管理期刊．2014（頁 197-211）。

謝雪晴（2008）。**ACG 文化中動漫與遊戲互動關係研究**。收錄於四川文理學院學報（自然科學）．第 18 卷第 5 期（頁 49-51），四川省。

# 單元 39 實驗法

## 我知道，理化課本教過

## 認識實驗法 （Experimental research）

在國中與高中的自然學科中，我們都有上過實驗課。如果你能聯想到實驗課的一些觀念或名詞，對於這個單元的學習將會大有幫助。然而，得先釐清兩件事：

1. 在自然學科中所學到的「操縱變因」，很多時候也稱為「自變項」，而「應變變因」又可稱為「依變項」，至於「控制變因」則泛指實驗組與對照組之間沒有差異的各種條件。基本上，一旦採用實驗法，則實驗組和對照組的各項條件，在實驗進行之前必須相同，在實驗中只允許差異存在於自變項，如下頁**圖 4.25** 所示。

2. 此處介紹的實驗法，與自然學科所稱的部分實驗並不完全相同。實驗法專指研究設計具備對照組和實驗組（或者有多個實驗組）、自變項及依變項的研究方法，而且研究樣本能夠隨機分派。因此，只單純進行觀察記錄的實驗課程，並不屬於這裡所說的實驗法。

實驗法其實有許多設計的方式與技術，本書只介紹最基本的形式，若有興趣進一步了解，可另行參閱研究設計方面的專書。

## 實驗法的力量

依據前文嘗試釐清的觀念，若一份研究設計能夠嚴格地做到這樣的標準，那麼，實驗法就能夠驗證自變項（操縱變因）與依變項（應變變因）

是否有因果關係存在。這是在眾多的研究方法中，實驗法所具有的獨特地位。

之所以如此，正是因為當實驗組與對照組無論是研究樣本或各方面條件都相同，只差異在自變項時，而依變項的改變又與自變項有關聯，我們才能夠相信是「因為」自變項的差異才造成依變項的「結果」不同，進而宣稱它們之間有因果關係。

**圖 4.25　實驗設計的基本組別與實施程序**

 ## 只有自然科學才能採用實驗法嗎？

只要是「研究設計具備實驗組和對照組、自變項及依變項的研究方法，而且研究樣本能夠隨機分派」，就已經具有實驗法必備的條件了。因此，實驗法並不專屬於自然科學領域喔！例如，心理學也能夠透過實驗法得到嚴謹的研究結果。

然而，人類不是物品，很多時候並無法被隨機分派。例如，我們想了解都會學生和偏鄉學生透過 3C 載具的學習效果，在這個例子裡，自變項是學生的城鄉差異。由於我們無法先找到一群條件完全一樣的學生，並把他們隨機分派到都會或偏鄉，因此，只能分別從都會及偏鄉各找到一群學生參與研究。這種研究樣本無法進行隨機分派，但其他條件都遵

守實驗法的研究，被稱爲「準實驗法」。在社會科學研究中，我們可以
看到許多採用「準實驗法」
來驗證因果關係的例子。相
對於準實驗法，由於實驗法
能夠做到隨機分派樣本，則
被稱爲「眞實驗法」。

資訊加油站

實驗法眞正的挑戰，就是隨機分派！

 ## 對於運用實驗法的提醒

　　無論眞實驗法或準實驗法，都必須包含自變項。值得注意的是，因
爲研究的不同，自變項可能只有一個，也可能有兩個以上。前面所舉的
例子中，城鄉差異（都會學生或偏鄉學生），是一個自變項。倘若我們
也想知道國中生和高中生是否有差異，這時候就有了第二個自變項。兩
個自變項就可能形成最少四組的研究對象：都會高中生、偏鄉高中生、
都會國中生、偏鄉國中生。（如表 4.16 所示）

表 4.16　二個自變項所形成的四組研究對象舉例

| 城鄉差異＼學習階段 | 高中 | 國中 |
|---|---|---|
| 都會 | 都會高中生 | 都會國中生 |
| 偏鄉 | 偏鄉高中生 | 偏鄉國中生 |

　　兩個以上的自變項，可以讓研究者檢驗自變項之間的交互作用，看
看其中一個自變項對依變項的影響，是否會因爲另一個自變項而有不同。
例如：並非高中生透過 3C 載具的學習效果都比國中生好，有可能都會
高中生的學習效果優於都會國中生，但偏鄉的國中生卻優於偏鄉高中生。
　　增加自變項雖然可以幫助我們檢驗交互作用，但設計過多的自變項，
卻不容易解釋研究結果。再加上，對於中學生而言，研究方法的學習正

在起步階段，建議自變項以一個為宜，最多不要超過兩個自變項。

心得筆記

**觀察法** （Observational method） **和一般的觀察有何不同**？

一提到觀察法，我們可能會很快地聯想到查爾斯‧達爾文（Charles Robert Darwin，1809 － 1882）。他透過了大量的觀察與記錄，從中思考而產生了對於物種起源的靈感。

我們平日也都在觀察周遭的人、事與物，但這樣的觀察並不是帶著一個待答的問題而進行，也很少記錄下來，更遑論進一步分析與解釋。相對地，倘若專題研究的研究方法採用了觀察法，那麼，它一定是為了特定的研究問題，針對被選中的對象（樣本），選擇具體要觀察的特定行為，並且還會把觀察所得加以記錄。

觀察法並不專屬於任何一種學科，無論是自然科學，或社會科學，都有可能應用到觀察法。然而，觀察法看似容易進行，但若想妥善運用並適切地回答研究問題，成敗關鍵在於觀察之後的資料記錄與分析。倘若我們的研究進行了一系列的觀察，但卻只是流水帳式地產出了一長串觀察結果清單，這離「回答研究問題」往往還有很長一段路要走。

## 該怎麼進行觀察法

當我們選擇了觀察法，一定是認為觀察法能夠幫助我們回答研究問題。但是，只有這樣還不夠，遠遠地不夠，因為至少還要想清楚以下這兩個問題。

### 1. 關於樣本

我們先試著用一個比較簡單直接的問題來思考，當你的研究要採用觀察法，你要在什麼時間、什麼地點、觀察什麼，或是觀察誰的什麼行為？

這一連串問題其實是在釐清自己將要觀察的樣本是什麼，換句話說，這個問題涉及了「抽樣」的問題。

以社會科學的研究主題為例，你必須指出研究的母群有多大、你想要推論到哪些人的身上，例如：是一般的家長，在速食店的高中生，或是放學後在田間玩耍的小孩。你也要說明如何進行合適的抽樣，需要觀察的樣本數量，以及如何取得樣本，例如：速食店內有多位高中生，你該如何選擇觀察時間、地點、對象，以及你需要觀察他們的什麼行為。

### 2. 關於記錄

對於觀察所得到的資料，該如何記錄下來？我們必須想清楚該記錄哪些重要的資料，以及是否要有特定的記錄格式。

基本上，記錄這件事必須關聯到自己的研究目的與研究問題，也同時關聯到後續的資料分析。試想，一個從未被觀察，或者被觀察到卻沒有紀錄的資料，該如何進行分析呢？若無法分析出所需要的資訊，當然也就無法回答研究問題了。

因此，請務必留意「對於觀察目標的定義必須很清楚」，因為這將影響你會把什麼記錄下來，並加以分析。

 ## 分析與解釋，是另一個關鍵

觀察所得資料的分析解釋，可能很簡單，也可能很複雜。某些時候，

你可以很簡單統計出，一段時間內發生了幾次想要觀察的目標行為，然後回答研究問題。然而，如果你的研究必須記下大量的文字描述，那麼，如何讓這樣的資料產生豐富的意義，並有助於回答研究問題，就要看研究者的分析解釋能力了。就像達爾文所進行的觀察，並沒有立即發現特定結論，而是在累積了大量的觀察紀錄之後，才讓他得以分析歸納，進而做出豐富而有創造力的解釋，清楚且精彩地呈現給世人知道。

對於剛接觸專題研究的中學生來說，運用簡單的記錄與統計來處理觀察到的資料，應該是比較容易做到的。當然，在這樣的情況下，我們選擇的研究問題可能會受到一些限制。這沒有關係，先利用做專題研究的機會，把這個研究方法的基本功練好，讓自己的觀察分析能力更加敏銳，將是受用無窮的。

觀察法其實有許多設計的方式、技術與工具，本書只介紹基本的觀念而已，若有興趣進一步了解，可另行參閱相關的書籍。

心得筆記

# 單元 41 調查法

就是發問卷的意思嗎？

## 認識調查法 （Survey research）

調查法是常用來蒐集意見、態度或行為表現的研究方法。我們耳熟能詳的問卷調查或電話民調，所採用的就是調查法。實際調查到的對象，我們稱為「樣本」，而我們最終想了解的那個群體，則叫做「母群」。

若依樣本的規模來區分，調查法可分為「抽樣調查」和「普查」。當我們從母群中抽取部分樣本進行調查時，稱為「抽樣調查」；若全部母群都是被抽取的樣本時，便是「普查」。普查能獲得最全面性的資料，但若母群數量很大時，普查的成本（包含時間、人力、經費……等）同時會跟著提高，也就變得困難許多。

依據取得資料方式的不同，調查法可大致分為面訪、電訪，以及問卷調查。就本單元的內容而言，會比較偏重於中學生較常聽到，且最有可能採用的「問卷調查」。

**調查法怎麼進行？**

採用調查法會遇到幾項議題：問卷題目設計、樣本的代表性、資料蒐集和處理。我們先來討論前兩項。

1. 問卷題目設計

採用調查法（或其他任何方法），就是為了適切地回答我們的研究問題，因此，問卷的內容必須緊扣研究問題。如果研究問題是想了解「社團參與」，我們就不應該把問卷的焦點放在「課外閱讀」。如果關心的是選擇某個社團的「原因」，那麼，只調查參加社團的「頻率」就偏離了應該關注的焦點。

為了確保問卷的品質，我們應當在問卷題目設計完成之後，進行一定程度的檢閱。其中一種方法是請相關領域的專家或師長協助審閱，另一種方法則是找少量的樣本試答後，詢問答題的心得，甚至進行統計分析，以了解問卷設計是否需要修改，以及如何修改。

簡言之，良好的問卷題目必須能夠讓回答的人充分理解題意，並且精準地回答問題，以利研究者蒐集到有助於解答研究問題的資訊。

2. 樣本的代表性

在調查法設計與實施的過程中，最需要注意的還是「樣本代表性」這個議題。

如果想要調查的對象是高中生，就不能摻雜國中生或成人的樣本。除此之外，就算所蒐集到的樣本都是高中生，仍必須留意這些高中生是否能代表我們真正想研究的母群體。舉例來說，若研究對象是全國的高中生，但樣本都是中部地區的高中生，那麼，調查研究結果可能符合中部地區高中生的特性，而未必能夠推論到全國高中生的身上。

 **蒐集什麼樣的資料？該如何處理？**

調查研究所蒐集到的資料類型，大致可以分為兩類：量化資料、質性

資料。以問卷調查為例，如果樣本必須以數字的形式回答問卷，無論是類別或次數，都可以直接視為量化資料。但若是以簡答等文字的形式回答問卷，我們就會得到質性資料。

針對量化資料與質性資料的處理與分析，各有其適合採用的方法，但毋庸置疑的，無論哪一類資料、採用哪種分析方法，都是為了能夠探求研究者所設定的問題，以獲得解答。

這種精神也展現於一種愈來愈普遍的作法：為了更容易分析或解釋資料，我們可以把調查所得到的質性資料加以分類，將每個類別以數字標示區分，然後進行資料的分類編碼（coding），再以這樣轉換之後所形成的量化資料進行分析。

 ## 對於調查法的重要補充

不少中學生在做專題研究時相當熱中於設計問卷，進行調查研究。但別忘了有句話說：「魔鬼藏在細節裡。」又說：「外行看熱鬧，內行看門道。」調查法的細節與門道，關鍵在於「抽樣誤差」，而「樣本代表性」是很主要的誤差來源。

嚴謹的調查研究在報告研究結果時，一定會說明抽樣方式（包含樣本來源），並且報告這份調查研究的誤差大小。當我們看到一份樣本不具代表性或誤差過大的調查研究報告時，應該對這份研究結果保持較為懷疑的態度。

最後，針對調查法還有一個小小的提醒。我們常看到調查法被當成某項研究中最主要的研究方法，但其實調查法也常能發揮前導研究（pilot study）的功能。倘若我們想要研究某一項特質（例如課外社團時段或社團幹部的領導風格），卻對於那項特質了解有限，透過簡易的調查，或許可以讓我們在正式研究前，甚至在設計研究階段，就對那項特質有更多的了解與掌握，藉以降低正式研究時犯下錯誤的風險，進而提升研究的品質。

# 單元 42 訪談法

就是聊天加上錄音的意思嗎？

 ## 聊天就是訪談嗎？

「訪談」這個詞可以是一般用語，但一定不像聊天一樣平常。優質的訪談可以讓彼此輕鬆愉悅，甚至近乎聊天，但它終究不是日常生活中自然發生的。

研究法中的「訪談」（interview method），是一種正式的「方法」，為了回答研究問題而採用的一種資料蒐集方法或技術。換句話說，訪談的對象、訪談的進行、訪談的問題與內容，以及訪談後的資料處理，都得依循一定的程序或原則，以達到獲得認可的標準。

我們先試著思考一個問題：倘若在一定時間內，相同的人力分別透過問卷調查和訪談蒐集研究資料，哪一種方式可以蒐集得比較多？基本上，這兩種方法都可以蒐集到很多資料，但性質大不相同。從問卷調查得到的「多」，通常是因為樣本的數量，而非豐富深入的問題；相反地，從訪談得到的「多」，則是因為能夠逐一針對每位受訪者（樣本）進行深度的探詢了解。

 ## 採用訪談法的目的

當我們面對不同研究方法的選擇時，就等於在它們各自的優勢與不足之間做決定。採用訪談法，可以進行「深度訪談」，這就是選擇這種研究方法的好理由。透過訪談法，比較有機會深度了解研究參與者（受

訪者）的想法、感受或態度，這一類資料往往無法經由問卷調查、觀察法或實驗法而獲得。

由於「研究方法」是幫我們蒐集資料、解答問題的策略或工具，因此，有愈來愈多的研究並不會侷限於使用一種方法在單一研究中，而是採用兩種以上的方法做驗證，甚至也會結合量化和質性研究這兩種不同取向的方法，以探求解答。

有一種情況是，研究者需要透過訪談，先了解問題的內涵，以便發展出適合的或比較精準有效的問卷。例如，倘若你想探究高中生在學習上出現不同問題的比例，或許可以先訪談幾位高中老師，了解常發生在高中生身上的學習問題有哪些，再據以設計問卷。

另有一種可能的情況是，研究者透過實驗或調查問卷蒐集外在的行為表現等資料後，要進一步深入了解被研究者內在的想法、感受或態度，這時候也可能會從原本的研究樣本中，找出一些特別具有代表性的樣本來進行訪談。

### 高難度挑戰

採用訪談法，存在幾個難度稍高的工作得去面對，如果能夠清楚說明或克服，研究的進行就會比較順利。

首先，再重複提醒，必須想清楚：「訪談法是否有助於回答研究問題？」（這個問題適用於採用任一種研究方法之前的自我檢視）在研究設計階段，我們就必須想清楚「樣本從何而來？」以及「我們所找到的樣本是否具代表性（為什麼要訪談他，而不是訪談別人）？」如果未經

思考亂找一通，很可能所得到的資料難以回答我們的研究問題。對於中學生而言，可能因為訪談對象不容易邀請，所以常犯的錯誤是：只要有人願意，就當成訪談對象，卻忘了評估這個「樣本」（受訪者）是否適合。

其次，由於訪談法會蒐集到大量文字資料（從語音轉換而來），因此，如何處理並分析訪談得到的資料，會是另一個需要先想清楚，並解決的問題。基本上，是否要整理出一字不差的逐字稿，端看你的研究目的而定，大部分中學生所進行的研究通常不需要。即便如此，面對單一訪談對象而取得的文字資料，仍然需要評估適合的分析方式，讓文字「資

表 4.17　訪談準備工作檢核表

| 項次 | 項目內容 | 確認完成 | 備註 |
|---|---|---|---|
| 1 | 確認採用訪談法的理由 | ☐ | |
| 2 | 確認訪談對象 | ☐ | |
| 3 | 撰寫訪談大綱，並確保題目品質 | ☐ | 請專家或相關領域老師審閱 |
| 4 | 撰寫訪談邀請稿 | | |
| 4-1 | 進行自我介紹 | ☐ | 請在指導老師同意後，一併告知對方是在老師指導下進行 |
| 4-2 | 說明研究目的、訪談原因 | ☐ | |
| 4-3 | 提供訪談大綱 | ☐ | |
| 4-4 | 告知預估訪談時間 | ☐ | |
| 4-5 | 告知是否錄音 | ☐ | |
| 5 | 邀請接受訪談（包含約定時間地點） | ☐ | |
| 6 | 準備必要的器材 | ☐ | 記錄用紙、表格、錄音器材等 |
| 7 | 準備感謝卡（或小禮物） | ☐ | 於訪談結束致贈 |
| 8 | 訪談練習，確保流程順暢 | ☐ | |
| 9 | 訪談前再次提醒確認訪談對象 | ☐ | 自己先了解路程，絕不能遲到 |

料」，變成有意義的「資訊」。有些時候，也可能把這些文字所透露出的訊息，經過編碼（coding），轉換成能夠量化分析的數字資料，再透過量化資料的分析技術，針對問題進行探討。

 ## 優質的訪談從良好的準備工作開始

如同一開始就提到的，訪談並不是見面聊天。一個好的訪談，需要研究者在事前做好充分準備，同時必須注意與受訪者互動的禮節，以及保護他們的資料絕不能外流。

### 資訊加油站

關於訪談法，比較詳細的討論，請參見黃春木（2016）。我做專題研究，學會獨立思考！臺北市：商周。頁 241-263。

上頁表 4.17 把基本的準備事項做成了簡易檢核表，提供給需要進行訪談的同學參考使用。

## 心得筆記

# 43 文獻分析法

就是剪貼加上文書編排的意思嗎？

##  認識文獻分析 （Document analysis）

　　Document 的中譯，可以翻譯成「文件」或「文獻」，一般指的是能夠提供資訊、證據，或做為官方紀錄的書寫、印刷或數位形式材料。另一方面，在單元 29 中，曾經分別討論了文本、文件、文獻的差別，其中一個核心概念是「文本或文件要成為『文獻』，大前提必須是『與研究者或使用者相關聯的特定類型、特定主題』下所選用的書寫、印刷或數位形式材料」。換言之，一份書寫、印刷或數位形式的文件，是否成為某個專題研究中所使用的文獻，關鍵在於「與研究者相關聯的特定類型、特定主題」有關聯，且加以選用，即屬於此研究的文獻。

　　文獻分析是一種研究方法，主要是蒐集與研究主題、問題焦點相關聯的公共或私人文件、紀錄、檔案，或者任何書寫、印刷或數位形式的證據，然後加以分析、歸納、評論，以便能系統、客觀、精準地判別和掌握所要研究的議題、現象，促成解答或解決研究問題。

　　這樣的分析主要是針對內容意義或論證、證據的分析、歸

納、評論，但也可能同時將文獻產生的外在社會情境、乃至歷史文化的分析都含括進來。

與文獻分析相關的其他研究方法，還有文本分析（Textual Analysis）、內容分析（Content Analysis）、論述分析（Discourse Analysis），以及史學方法（Historical Method）等，這些方法都會針對文件資料加以解析，但各有其關注的面向和特定的研究方式。不過，各個方法間也有相互交流的現象，有興趣者可以分別加以探究。

##  文獻分析， 是中學生最常誤用的研究方法

絕大部分的中學生在進行專題研究時，其取向（approach）都可以畫歸於文獻分析，但卻經常誤用。最常發生的狀況有兩種：

### 1. 和「文獻探討」混為一談

「文獻探討」（單元 33、34）和文獻分析完全不同。文獻探討並不是研究方法，它只是在研究初期蒐集與自己的研究有關的前人研究成果，加以整理、回顧檢視及論述評估，目的是釐清自己的研究焦點、問題意識，並藉以參照設計出研究的架構或流程等。

為區分起見，下表試以「紙餐盒毒害風險」為題，對比兩者的差異。

### 2. 往往是剪輯、複製、貼上

簡言之，就是抄襲。有些學生根本是直接抓一筆資料複製貼上，但更多學生「心思比較細膩」，花了一點時間找來三、四篇文獻，經過剪輯之後複製、貼上，可能會稍加排版，看起來美觀一些。但這仍是抄襲。

在數位時代要檢核是否抄襲，其實相當容易，甚至已有威力強大的軟體，可以不費吹灰之力，讓抄襲者立刻現形。但必須強調的是，只要是引用而沒有註明出處，即使是很小的一部分，仍會被視為抄襲。抄襲比例愈多，所受的懲罰會愈重，如果是大量的抄襲，那就會觸犯著作權法，必須負上賠償的責任。關於文獻引用的討論，請參考單元 36。

另一方面，如果大量引用，也註明了出處呢？這種行為不會觸犯著

表 4.18　文獻探討及文獻分析所處理文獻的差異比較

| 文獻探討所處理的文獻 | 文獻分析所處理的文獻 |
|---|---|
| 所指文獻，主要是蒐集前人的研究成果，例如：<br>1. 食品包裝材料及容器（food packaging materials and containers）所含壬基苯酚類化合物（nonylphenol compounds）。<br>2. 市售食品容器（Food Container）中重金屬（Heavy metal）問題。<br>3. 使用塑膠袋（Plastic Bags）盛裝熱食，探討塑化劑（plasticizer）問題。<br>4. 民眾對於食品安全（Food Safety）的風險感知（Risk Perception）。<br>依據上述的文獻回顧及分析，發現目前對於食品容器隱藏有毒物質的研究，主要集中於壬基苯酚類化合物、各類重金屬，以及塑化劑等，但關注的以塑膠袋、美耐皿為主，對於紙餐盒的探究卻是有限。但臺灣的紙餐盒消耗量，一年超過 60 億個，值得加以重視。<br>其次，也發現民眾對於食品安全的風險感知仍然有限，而且偏差。<br>透過以上文獻探討，因此確立了研究焦點、問題意識，以及研究方法如下：…… | 在經過文獻探討之後，決定採用「文獻分析」來探究「紙餐盒毒害風險」。經過進一步探究之後，研究中所蒐集、整理，並加以分析和解釋的文獻類別，包括：<br>1. 紙餐盒材質、外表彩色圖案所使用的油墨，以及製程中為了加速乾燥油墨而使用的噴粉，如滑石粉、順丁烯二酸等。這些材料使用工業用原料的情形，以及重金屬含量問題。<br>2. 紙餐盒內層的塑膠淋膜，遇到酸鹼高溫釋出塑化劑的風險。<br>3. 政府對於紙餐盒外表、內層毒物檢驗的標準，以及稽核、處罰機制的現況。<br>4. 針對紙餐盒，環保單位回收的機制及運作情形。<br>5. 提升政府對於食品安全風險管理的有效策略。<br>6. 提升民眾對於食品安全風險感知的有效策略。 |

作權法，但仍是學術上的抄襲，或至少是過度引用。而且，重點在於這樣「完成」的學期報告或小論文，有何學習的意義呢？

 **文獻分析的進行**

　　文獻分析該蒐集什麼樣的文獻類別，主要仰賴研究者對於相關議題的了解是否足夠豐富及廣博，簡單地說，就是「文獻看得夠不夠多」？

　　有了足夠的文獻之後，接下來，就是分類解析、歸納、統整，釐清研究的事件、現象或問題的背景、原因、要素、過程、影響及

其隱含的意義等。換言之，文獻分析包括了閱覽與整理（Reading and Organizing）、分類（Classifying）、描述（Description）及解釋（Interpretation）等步驟，但這四個步驟很可能是來回進行，相互檢核發展的。

此外，採用文獻分析之餘，也可能會和其他研究方法相互搭配，例如訪談、問卷調查等，盡可能讓相關資訊的蒐集更加完整。

下回進行專題研究，若要採用文獻分析，一定要確立一個目標：將豐富的文獻分類，發現其中的曲折、關鍵或多樣可能，然後得出一種新的觀點或方法，足以解決一開始所設定的研究問題。

心得筆記

# 單元 44 文書處理

## 製作一份易於閱讀、能被看懂的研究成果

　　文書處理之所以是專題研究中的重要議題，主要是因為研究過程中會有許多需要與師長、同學或其他人溝通說明的機會。這個過程至少包含了提送研究計畫（研究構想書）、完成學期報告（小論文），以及在不同階段對於專題研究的簡報說明。一份良好的研究相關文件，除了受到研究品質的影響之外，文書處理也扮演了很重要的角色。

　　我們先來閱讀並比較一下圖 4.26 和圖 4.27 這兩段文章。

以下提供幾個找到關鍵字的常用方法給你參考。
1. 運用研究題目或主題。當你訂定了暫時的研究題目，題目通常也就包含了這個研究的重要概念及詞彙，這些就是最合適的關鍵字。
2. 運用已知相關文獻的關鍵字。有些時候，要我們直接想到更多的關鍵字可能並不容易，這時候也可以看一下手邊已找到比較相關的文獻，看看前面的研究者所選用的關鍵字是否也適合自己的研究。

圖 4.26　排版舉例文章一

　　以下提供幾個找到關鍵字的常用方法給你參考。

1. 運用研究題目或主題。當你訂定了暫時的研究題目，題目通常也就包含了這個研究的重要概念及詞彙，這些就是最合適的關鍵字。

2. 運用已知相關文獻的關鍵字。有些時候，要我們直接想到更多的關鍵字可能並不容易，這時候也可以看一下手邊已找到比較相關的文獻，看看前面的研究者所選用的關鍵字是否也適合自己的研究。

圖 4.27　排版舉例文章二

讀完之後，你覺得哪一個圖中文章的呈現方式比較容易閱讀呢？你應該已經察覺這兩篇文章內容完全一樣，唯一的差別只有排版不同而已。比起圖 4.26，圖 4.27 的段落分明，並且採用比較適當的行距，所以讀起來相對舒適，也有助於理解文章內容。

由於已有許多專書介紹文書處理，所以本單元只簡單介紹排版原則，以及段落設定和圖表插入的功能。又考量目前臺灣中學生常用的文書處理軟體以 Microsoft Word 居多，所以以下的舉例說明，將以 Word 的功能為範例。

 ## 排版的基本原則

排版是為了讓內容訊息清楚傳達、易於閱讀理解，這是基本原則。

前面藉由圖 4.25 與圖 4.26 所舉的例子，已經說明了一部分。很顯然地，段落分明與行距適當是很重要的影響因素。此外，字體大小也會影響閱讀的舒適性，由於 Word 預設了 12 號的字體，我們通常不會改變它，所以最容易被忽略的反而是插入的圖片有文字，但字體卻太小或模糊。

關於排版，有個必須謹記的重要原則，就是通篇文章的版面一致性。如果有一篇文章，在同一層次下，有些段落的編號用 1、2、3，有些用 A、B、C，另外也有用甲、乙、丙，這就不符合一致性的標準。

一般來說，以中文發表的文章，不同層級的段落編號大致會有如圖圖 4.28 這樣的層次，但不同的徵稿或發表單位可能會設定自己的格式標準，倘若要投稿發表，或參加競賽，還是要先確認並依循主辦單位的格式標準要求。

```
壹、
  一、
    （一）
      1、
        （1）
          a.
            （a）
```

圖 4.28　段落層次示例

## 設定文章段落的常用方法

　　文章段落的設定，最原始的方法是運用空白鍵和 tab 鍵，一格一格地形成想要的畫面。

　　另一個方法，就是適當地使用【常用】索引標籤內的多層次清單（如圖 4.29）。還有一個方法，就是運用【常用】索引標籤內的樣式設定（如下頁圖 4.30）。

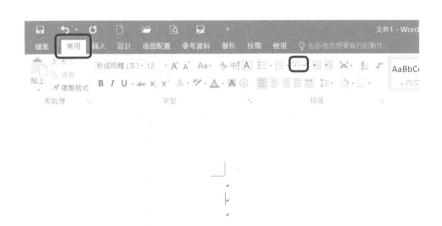

圖 4.29　Word【常用】索引標籤內的多層次清單設定

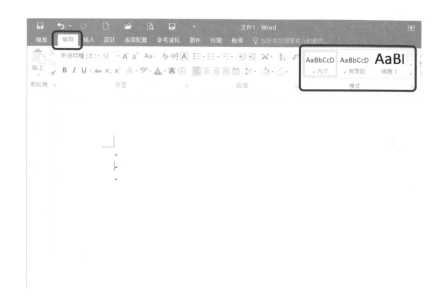

圖 4.30　Word【常用】索引標籤內的樣式設定

 插入圖表的常用方法

　　Word 在上方的【插入】索引標籤中，提供了插入表格或圖片的功能（如下頁圖 4.31）。其中，圖片的來源可以是既有的圖片、自行繪製，也可以選擇運用內建的 SmartArt 圖形。無論是表格或圖片，都可以選擇自己設計或使用搭配的樣式。此外，螢幕擷取畫面是個好用的功能，常能讓你事半功倍。

　　在專題研究的過程中，文書處理與文件排版的重要性雖然不比嚴謹的研究過程來得重要，但良好的文書處理不僅能夠讓研究報告的完成更有效率，也能讓別人更容易閱讀並理解我們的研究，值得花下心力把它做好。

　　文書處理能力的培養並非一蹴可幾，多多少少還涉及美感設計的素養，因此需要在平日多加練習、熟悉，在關鍵時刻才能立刻派上用場。

圖 4.31　Word【插入】索引標籤內的插入表格或圖片

心得筆記

 ## 常見的統計數據

　　什麼是統計？統計很難嗎？我們什麼時候會用到？讓我們先來看看下面這兩個例子。

　　例 1，「班上同學跑 100 公尺，平均需要多少時間？」導師問。

　　　　「我們班跑 100 公尺的平均時間是 12.82 秒。」體育股長回答。

　　例 2，「我們餐廳的原住民風味餐有 A、B、C 三種，你們想點哪一種？」老闆問。

　　　　「我們想點 2 份 A 餐、1 份 B 餐和 4 份 C 餐。」客人點餐。

　　上面的對話中，無論是跑百米的平均時間，或者是風味餐的數量，其實都是統計的結果。換句話說，統計無所不在於我們生活中，也常常是我們了解資料的方法之一。所謂「統計」，就是把所蒐集到的資料加以計算、整理成數據，以找出能夠代表這些資料的主要特徵或有用的資訊。常見的特徵包含數據的「集中」情形及「分散」情況。我們常用的平均數、中位數或眾數等屬於前者，而標準差則是屬於後者。

 ## 描述統計與推論統計

　　依據統計的目的不同，通常會區分出兩種統計類型。我們再以「跑百米的時間」為例。在圖 **4.32** 中，灰色方框代表 A 班，由許多學生所組成。

　　假如 A 班有 50 位學生，我們隨機取得了其中 10 位學生跑百米的時

A 班

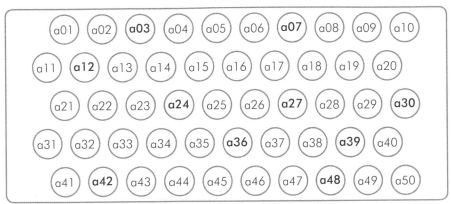

圖 4.32　A 班與所含個體示意圖

間，分別編號為 a03、a07、a12、a24、a27、a30、a36、a39、a42、a48。
如果我們「只想知道這 10 位學生跑百米的時間」，並不在意全班的狀況，
那麼，當算出這 10 位學生跑百米的平均時間是 11.93 秒時，就只是純粹
描述這 10 位學生的狀況。此時的統計不涉及推估，屬於「描述統計」。

　　然而，如果我們想知道的並不只是這 10 位學生跑百米的時間，而是
想知道「全班跑百米的狀況」，那麼，我們就會運用前述隨機取得 10 位
學生跑百米的時間，嘗試「推估」出全班跑百米的可能時間（如圖 4.33），
此時的統計便叫作「推論統計」。但是，請注意：

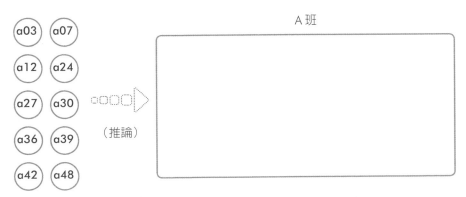

圖 4.33　從「A 班樣本」推論「A 班全體」示意圖

1. 由於推論統計的結果數據是推估出來的，因此會有所謂的推論誤差存在。
2. 專題研究的對象只要是經由「抽樣」而來（亦即無法對研究對象進行普查），所採用的統計方法通常就會涉及「推論統計」的範疇。

 ## 常用的推論統計方法

統計方法的使用，取決於你想要探討的研究問題，以及你所要分析的資料類型。

首先，應注意統計方法與研究問題之間的關係。一般而言，如果有兩筆資料需要進行分析，你想探討的問題有可能是兩者之間的「差異比較」，也可能想看看兩者之間是否具有「相關性」。以「跑百米的時間」為例，如果想探討的是「A、B 兩班學生跑百米的時間是否有差異」，那麼，針對這個研究問題所採用的統計方法，就是要進行「差異比較」，以了解 A 班和 B 班這兩班學生跑百米的時間是否有差異。常用來進行差異比較的推論統計方法，包含了 t 考驗和變異數分析。

然而，如果想探討的是「學生跑百米的時間與身高是否有關係？」，那麼，針對這個研究問題便應該要採用能夠探討「相關性」的統計方法，以了解學生跑百米的時間與身高是否有相關，譬如身高愈高跑得愈快（或愈慢）。最常用來了解兩筆資料之間相關性的推論統計方法，就是相關係數 r。如果想要透過其中一筆資料「預測」另外一筆資料，這個統計分析也會與兩筆資料之間的相關性有關，但這時候就會採用所謂的「迴歸分析」。

務必要留意的是：採用何種統計方法，必須考慮資料類型。例如，上述兩個研究問題所要處理的資料──時間、身高，都是屬於連續變項，所以才會採用上面所提到的這幾種統計分析方法。如果要處理的資料屬於間斷變項（例如：人數或類別），則需要改採卡方考驗為主的其他統計方法。關於連續變項及間斷變項的介紹，請參考單元 28。

## 🌱 推論統計與誤差

　　推論統計總會有誤差存在，因此，我們必須謹慎面對並處理推論誤差的議題。幸好，在統計學者的努力之下，我們對於推論誤差的處理已有一致的作法——在進行統計考驗之前，先宣稱你「願意忍受多大的犯錯可能」，也就是「得到的研究結果是錯誤的機會不能超過多少」。必須強調的是：在統計考驗的過程中，可能的犯錯類型有兩種，這兩種犯錯類型的可能性，會呈現一消一長的狀態，並且以「第一類型錯誤」（type I error）最被重視。

　　關於第一類型錯誤，如果你願意忍受的犯錯可能性愈小，代表誤差必須愈小、愈精準，但也會因此而讓研究假設的成立變得更困難，也會同時提高另一種犯錯類型的可能性。因此，必須針對可接受的犯錯可能性給予合宜的設定—不能太寬鬆，也不能太嚴格。若以 1 代表 100% 的可能性，可接受的犯錯可能性通常會設為小於 .05 或 .01，若更嚴格設定則為小於 .001。

> ### 資訊加油站
>
> 在學術研究中，會緊接在統計考驗結果的後面，報告犯第一類型錯誤的可能性，並以 $p$ 值表示。

　　另一方面，預測數值也必須考慮到誤差。如果希望預測誤差變小，預測值的範圍就必須變得更大（因為這樣更容易命中真實的數值）。相反地，如果嘗試預測得「明確（預測值的範圍小）」，就必須忍受較大的預測誤差。

　　統計本身就是一門學問，是處理量化資料不可或缺的工具，也是理解問題、解決問題的重要能力。對於中學生的專題研究而言，「統計」可能出現在閱讀的文獻中，也可能基於自己的研究需要而必須使用，但請不必太過恐懼，或一味耍酷，不明就裡地濫用統計。

　　透過單元28量化資料以及本單元的內容，我們希望提供關於「統計」應該先要理解與掌握的基本概念，日後能夠依據自己專題研究的需要，更有效率地找到並學習適合的統計方法。

## 最後一哩路 ： 結果討論與結論

當一個研究即將完成，是最美好、最令人期待的時候，也是責任最重的時候。這時候，我們一定要停下來確認一件事——預期透過這個研究解答的問題，是否已經找到了答案？問題與答案之間，是否有邏輯關係的存在？

一個研究在完成資料分析之後，並不代表這個研究已經完成。分析完的資料只是提供了一些資訊，這些資訊必須再回到問題意識及研究問題的脈絡中加以定位及詮釋。例如，在量化研究中，當我們經由統計得出實驗組的表現優於對照組，還必須進一步回到研究設計的脈絡中，找

到這個實驗證據所代表的意義，看看是什麼自變項影響了研究對象，而這樣的結果又回答了什麼問題。

進行研究結果的討論及全文的結論時，有一個必須達成的目標：藉由研究結果回答研究問題。在這個「從研究結果連結到研究問題」的討論中，有一個絕妙的方法可以讓結果討論與結論更出色，那就是把先前「文獻探

討」的歸納分析成果拉過來比較評論，由此得以和前人的研究成果形成對話的脈絡，檢視自己的研究結果是呼應文獻探討的結果，或是出乎文獻探討所預測的結果之外。請務必記得，文獻探討是為了這個研究而寫，請別在研究完成時卻忘了它。

此外，全文最後的結論，扮演畫龍點睛的重要角色。結論時，除了說明研究成果之外，還應該說明這個研究的限制與不足，並提出對於未來研究方向上的建議，以提供其他研究者參考。

##  完稿是一個總複習的歷程

當你完成了整個專題研究，一定會需要把它完整且清楚地寫出來，這就是完稿要達到的目標。在這本書的各單元裡，已經陸續介紹了專題研究的重要環節，包含緒論的動機、掌握問題意識、形成問題、文獻探討中的論述與論證、研究方法、資料分析以及結果討論等。而在完稿階段，最重要的任務就是把這一連串的內容從頭到尾檢視一次，並且讓彼此環環相扣。

由於大多數的中學生都是專題研究的初學者，所以在專注完成各個局部內容的同時，很容易忽略了整體性。舉例來說，文獻探討寫得洋洋灑灑，其中卻有一半是與研究問題沒有關聯的內容，等於所探討的文獻無關緊要、可有可無，這是常見的錯誤。又或者研究結果討論的內容孑然孤立，既沒有邏輯地運用研究過程中所蒐集分析的資料，又完全忽略了應該回扣文獻探討成果，於是整個結論只有自言自語。

其實，當你在撰寫研究計畫的時候，就已經在為完稿這一刻鋪路了。而在論文撰寫的過程中，你也必須反覆地確認所寫的內容是否前後一脈相承、相互呼應。

**強化完稿的主要策略**

簡要來說，強化完稿的主要策略可分成微觀、巨觀兩面向探討。

1. 微觀、局部的部分——字、句與段落的正確清晰

這部分包含檢核、訂正錯字，並且讓每一個句子的意思清晰，易於理解。需要特別說明的是，中文的文法可以容許省略主詞（或受詞），但如果省略的情況大量出現在強調邏輯與批判思考的論文中，很容易導致所要傳達的意思不明確。例如：「因為很有意義，所以做得很開心。」這句話的完整原文可能是「因為大家覺得很有意義，所以大家做得很開心。」或者，「因為大家覺得很有意義，所以我做得很開心。」

對此，國內的閱讀心理學家蘇宜芬認為，解決之道在於「讓句子的主詞明確，就能夠讓句子容易被閱讀而理解」。換句話說，在強調邏輯與脈絡的文章中，當句子的主詞轉換了，作者就應該把新的主詞清楚地寫出來，以幫助讀者理解，避免混淆。

2. 巨觀、整體的部分——各章節段落的銜接連貫

這部分著重在論文的論述邏輯，以及前後一致，讓通篇讀來有整體感，不致無法連貫，甚至前後矛盾。

以下檢核表，提供初學研究者在完稿時自我檢視提醒：

表 4.19　完稿檢核表

| 檢核重點 | 是 | 否 |
|---|---|---|
| 1. 所提出的研究目的與問題，能與研究題目有密切關聯 | ☐ | ☐ |
| 2. 文獻探討與研究問題、研究架構及研究方法有關聯 | ☐ | ☐ |
| 3. 研究設計能助於回答研究問題 | ☐ | ☐ |
| 4. 所採用的資料蒐集、分析方法，能夠幫助研究者找答案 | ☐ | ☐ |
| 5. 研究結果討論能回應一開始的研究問題 | ☐ | ☐ |
| 6. 研究結果討論能將文獻探討的內容相互比較及評論 | ☐ | ☐ |
| 7. 結論內容統合並延續了以上各部分的成果 | ☐ | ☐ |
| 8. 摘要內容包含了研究目的、研究方法、主要論點和證據、研究結果等 | ☐ | ☐ |

## 格式檢核

　　小論文或類似的論述文本，都會被要求符合特定的學術格式（如APA），因此，檢核「格式」是完稿工作中一個不能忽略的項目，相關討論已在許多單元處理（例如單元 33、34、36、37 等），在此不贅述，僅提醒一個常見的錯誤：文獻探討引用了某個參考來源，但在論文最後面的參考文獻中卻查不到。避免此錯誤的唯一方法，就是將全文（特別是文獻探討）所引用的參考資料，一一核對，逐筆確認已在參考文獻清單中提供了完整而清楚的出處。

## 心得筆記

# 單元 47 成果發表

## 有power又有point

 **把自己的研究講清楚**

進行專題研究的目的可能有很多，但至少包含了為自己的研究問題找答案，並且與別人交流、分享。有趣的是，在試圖把自己的發現清楚地講給別人聽時，我們對於自己研究的理解常會有更進一步的體會。

因此，研究完成後，安排發表的機會，並尋求與其他人展開溝通和討論，是相當寶貴的經驗。除了呈現書面成果之外，以口語形式進行發表，也是常見的方式。本單元將著重說明專題研究的口語簡報，下一單元則介紹如何辦理發表會。

 **口語發表的基本要素**

口語發表有幾項基本要素，如果掌握好，就能夠發揮預期的表達、溝通功能。其中，最重要的是「內容」。如果我們的目標是把專題研究的內容傳達給別人，自己卻對於內容無法充分了解，在此情況下，口語發表一定是結結巴巴，甚至不知所云。

然而，內容要包含什麼，通常還得考量其他因素，其中之一是「對象」。專題研究簡報的對象可能有一般同學（或群眾）、對於研究主題有興趣的同學和師長，甚至專家學者等。我們必須推估聽眾（尤其是背景不同的聽眾）對於議題熟悉的程度，適當調整簡報的內容以及使用的詞彙，維護不同聽眾（同學、家長、老師等）對於簡報內容理解的權益。

此外，考量聽眾未必能完全吸收並理解我們要傳遞的諸多訊息，因此，針對重點加以提示是必要的。常用的方法除了運用簡報軟體之外，在介紹重點或比較不易理解的內容時，適時地停頓、重複強調，有助於集中聽眾的注意力。

另一項會影響簡報內容的因素是「時間」。雖然我們的研究可能經過不眠不休、嘔心瀝血才完成，但請不要懷疑，多數情況下也許只有 10 分鐘左右的時間（甚至更短）進行發表，我們必須想盡辦法在這短短的時間內，把自己的研究講清楚。

不過，中學生在進行簡報時，常會出現一個嚴重的瑕疵，就是「趕進度」，5 分鐘不到就講完了。或許你希望時間愈短愈好，這樣可以盡快免除站在台上的壓力，但必須提醒，請務必記得我們要的是「清晰、有焦點和效能的簡報」！

基於以上這些因素的考量，建議在上台前，應針對自己的簡報多幾次練習，以相同的時間，模擬或想像類似的場景，反覆練習直到能在限定的時間內清楚說明重點內容為止。所謂「台上十分鐘，台下十年功」，指的就是這個意思。

 ## 善用簡報軟體

還記得我們在介紹單元 44 文書處理時曾提到的原則嗎？如果我們運用 Microsoft PowerPoint 來製作簡報，包含排版或段落的設定，以及圖表插入等，這些方法與原則都與文書處理的操作相同。唯一要注意的是：由於簡報檔是輔助你的口語簡報內容，所以，簡報檔不同於一般的書面文件，必須特別留意以下幾點：

1. **只呈現重要的訊息**：不是當成講稿，更不能完全剪貼書面報告。每一頁的字數不可過多，也不能太密集。

2. **字體要夠大**：所謂大小，要視場地座位而定，必須讓最後一排聽眾也能看清楚。

**3. 強調重點**：可以將字體採用不同字型、顏色，運用內建動畫，或其他視覺強調的技法。但切記，不要放入無關的文字或圖片（例如可愛但無關的插圖），以免吸引聽眾的注意力，干擾了重要訊息的傳遞。

如果希望致力於提升簡報製作的功力，網路上其實有許多相當好的線上教學影片（譬如「簡報藝術烘焙坊」），大家可以好好鑽研。

 ## 在有限時間內講清楚

任何口語表達都很重視「講清楚」，但不同於一般演說，專題研究從研究題目、問題意識、研究問題、文獻探討、研究方法，直到研究結果與討論等，有著一連串的歷程與脈絡，等著報告人說清楚講明白。

然而，簡報並不是書面報告，再加上時間限制，我們必須從原本詳實豐富的書面報告中，摘錄重點呈現於口語簡報。簡報檔的頁數，也是成敗的關鍵，建議以簡報時間為準，製作約 1.2 到 1.5 倍的簡報檔即可。

以下以 10 分鐘為例，提供時間分配的建議：

表 4.20　簡報項目與時間分配

| 簡報項目 | 簡報目的 | 時間分配建議 | 簡報頁數 |
|---|---|---|---|
| 研究題目、研究動機 | 引起聽眾興趣或注意 | 1 | 2 |
| 問題意識、研究問題、研究目的 | 說明研究的基礎與價值 | 1.5 | 2 |
| 主要文獻及文獻探討的重要結論 | | 1.5 | 2 |
| 研究方法 | 說明研究如何進行、資料如何取得和分析 | 1.5 | 2 |
| 研究結果與討論（呼應研究目的與問題意識） | 說明研究的發現與貢獻 | 3 | 5 |
| 結論 | | 1 | 1 |
| 致謝 | 向指導老師、重要幫助者致謝。感謝觀眾聆聽 | 0.5 | 1 |

任何一位有經驗的專題研究簡報者都十分清楚，要在有限時間內呈現「清晰、有焦點和效能的簡報」，永遠都是一件很具挑戰性的工作。因此，我們得時時檢視「想要表達的重點是什麼」，然後在上台前「多練習幾次」。

## 心得筆記

# 48 成果發表會

「研討會」是最好的形式嗎？

## 多樣化的成發

首先，複習幾個英文單字：

presentation、show、exhibition、seminar。

這幾個字都跟「發表」有關，但舉辦的形式和難度大不相同。

多年來，在中學校園裡，歷經努力的學習及實作之後，可能是一個班級、社團，甚至是整個年級或全校，當參與專題研究的學生產出了成果，都會選擇舉辦「成果發表」，簡稱「成發」。一般而言，指的就是 presentation（或者 Wrap-up presentation、The end of the year performance、The end of semester performance）。不過，有些「成發」調性比較輕鬆、活潑，過程中甚至還穿插一些不同形式的表演來串場、炒熱氣氛，「秀」（show）的味道很濃厚。

當然，可能是一開始的設定，也可能是件數太多，「成發」是以布展的型態來執行，將學習成果以海報、實物陳設、影像紀錄等方式呈現，輔以專人解說或導覽，這就偏向了 exhibition（展覽）。

至於 seminar（研討會），算是較為嚴肅的，往往帶有學術的屬性（academic），通常包含了「論文報告」、「評論」兩個基本程序，如果件數相當多、型態更正式，甚至還得經過審核程序，決定提交的論文是否可以發表。

此外，評論方式可能是同學互評、校內老師講評。比較講究的「成發」，也可能邀請校外學者專家評論，這一來，通常也意味著最遲在

成發前三週到一個月，就得先完成論文的提交和內部檢視、指導老師（advisor、tutor）審核，寄交給評論人，以便有較充足的時間進行審閱。

 ## 成發的意義

無論哪一種形式的「成發」，似乎都帶有不小的壓力。因此，我們不禁反思，都已經辛苦了一個學期，甚至一年，好不容易提交成果，爲何還要惹這樣的麻煩呢？

回答這個問題的最簡單答案，應該是：「成發」是一種分享，也往往意味著一種階段性的結束。而且，絕大部分的情況，我們之所以能夠順利完成及展現成果，過程中總是受惠於一些人的協助、支持，因此成發也經常帶有感謝、感恩的意味。

不過，往深一層來思考，「成發」其實具有重要的學習價值。舉辦成發可以讓我們磨練口語表達、做簡報、團隊工作等能力，以及練習面對群眾發言的膽量和技巧，甚至也能實地發展美工、空間設計的能力。

 ## 溝通的誠意

成發不是自嗨、自戀，要讓成發達到效果，整個流程及內容必須設法讓觀眾、來賓能夠理解、享受，因此如何站在觀眾、來賓的角度來舉辦成發、完美呈現學習成果，必須具有十足「溝通的誠意」。

所謂「溝通的誠意」，簡單講就是要想盡辦法讓觀眾或來賓能夠容易地融進成發過程中，很享受地欣賞我們所認眞分享的成果。要達成溝通的誠意，以下是必須注意的重點，包括：

**1. 確立成發形式**：口語報告、研討及評論、論文或摘要、海報、圖像（繪畫、照片）、工藝製作、戲劇或音樂演奏等。

**2. 規畫成發流程**：時間控管、主持人或串場人、開場或背景說明、成發者的時間、觀眾或來賓發言規則、問答交流時間等。

3. 完備輔助要件：彩排、事先的宣傳或文宣、PowerPoint、背景音樂、音響及麥克風、流程海報、導覽、摘要、動線引導、廁所標示、會場平面圖等。

此外，指導老師或評論人的「指導性回饋」以及期勉，應該也是「溝通的誠意」最精彩的一部分。針對中學生的學習成果，指導老師、評論人多會採用「鼓勵、引導」、而非「批評、責備」方式來陳述學生需要改進的部分。因為，與其說「成發」是一個階段的結束，倒不如說是值得祝福和鼓勵的新階段開始！

 ## 成發流程表

「成發」形式很多，表 4.20 是一個基本的流程表。

如果加上了評論時間和評論人，甚至開場時安排了專題演講（keynote speech），屬性就偏向了「研討會」。如果各個報告、發表之間穿插表演、自製影片來串場，甚至省略提問交流時段，就有可能變成一場「秀」。如果在會場外安排海報，並將中場休息時間拉長，甚至不惜成本地備有茶點，這就是誠意十足的「展覽」了。

什麼是最好的形式，沒有標準答案，就看我們想要學習什麼、分享什麼！

表 4.21　成果發表會流程表

| 活動時間 | | 流程 | 主持人 |
|---|---|---|---|
| 08:50-09:00 | | 來賓報到入座 | |
| 09:00-09:10 | | 開場介紹 | |
| 09:10-11:25 | **組別** | **報告主題** | |
| 09:10-09:25 | 第一組 | | |
| 09:25-09:35 | | 提問交流 | |
| 09:35-09:50 | 第二組 | | |
| 09:50-10:00 | | 提問交流 | |
| 10:00-10:10 | | 中場休息 | |
| 10:10-10:25 | 第三組 | | |
| 10:25-10:35 | | 提問交流 | |
| 10:35-10:50 | 第四組 | | |
| 10:50-11:00 | | 提問交流 | |
| 11:00-11:15 | 第五組 | | |
| 11:15-11:25 | | 提問交流 | |
| 11:25-12:00 | | **綜合討論** | |
| 12:00 | | 散會 | |

心得筆記

第 5 部　**灌溉**

指導老師的 21 堂必修課

# 單元 49 一般中學生能做專題研究嗎？

幹嘛找這個麻煩？

 ### 死了不少腦細胞

每年到了學生發表專題研究成果的時刻，除了學生有完成任務的成就與喜悅外，指導老師們也常會有種鬆一口氣的感嘆。的確，帶學生從零開始發現題目、查找文獻、安排研究設計、蒐集數據、整理結果、撰寫報告、成果發表等，眞是一大工程。一輪下來，學生絞盡腦汁完成專題報告，老師們也爲著盯學生完成工作、提供改進建議、修改一大疊未成熟的專題成果等，死了不少腦細胞。

好不容易送走一批學生，換來一小段休息的時刻，等到下一批學生報到、開始新的輪迴時，壓力又來了。唉！幹嘛要找這個麻煩呢？

 ### 零碎的學習單vs.完整的專題探索

身爲教師的我們知道，藉由完成專題研究的過程，可讓學生的學習更爲完整。運用資料庫來查找相關文獻、擬訂研究計畫、選擇研究方法、蒐集各種資料、整理報告等，可以訓練邏輯推理能力，亦可藉由報告的完成與分享，培養口語表達與論證寫作的能力，這些都是其他學習活動難以達成的目標。再者，藉由完成專題研究所產生的成就感，遠非將其拆解爲一份份學習單所能觸發的！

好啦，我們該如何在提升學習價值的理想與心力負擔的現實之間取得平衡？若想在中學課程中加入專題研究的訓練，又該如何有效地引導呢？

在被許多現實的難處困住之前，似乎得先反思教育初衷：我們想教給學生的是什麼？「具備以科學方法來解決問題的能力」，應該是當今多數教師心中所浮現的答案。「專題研究」的訓練從來都只是一個過程，我們真正所期望的，就是透過「專題研究」，磨練學生嚴謹思辨和探究的能力。培養學生具備這種能帶著走的能力，才是我們不負初衷的目標。

##  希望學生帶著解決問題的能力畢業

訓練中學生進行專題研究，老師們一定要放棄以碩博士學位論文來類比的心態。對大多數學生而言，他們真正要學習的不是模仿書寫長篇大論的專題作品，而是學習從日常生活中發現問題，排除人云亦云、恣意論斷的習慣，實地體驗和實作解決問題的整個過程。

圖 5.1、圖 5.2 是兩種科學實證、邏輯論證的模式，無論哪一種，都

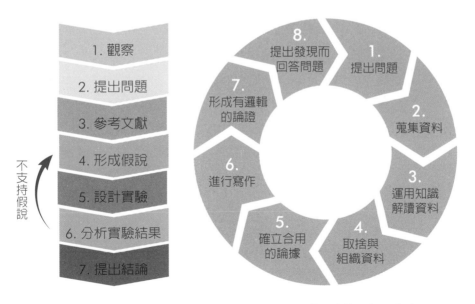

圖 5.1　專題研究的基本模式

資料來源：http://slidesplayer.com/slide/11522508/

圖 5.2　專題研究的八個歷程步驟

資料來源：《我做專題研究，學會獨立思考！》（黃春木，2016）

展現出認眞探究問題，並對於自己的探究保持一種謙虛、反思的態度。具備這種能力及態度，不應該是資優班學生的專利，而是所有學生的基本權利。中學生具備這種能力及態度，眞正的目的是要學習、應用於解決生活中大大小小的問題。

舉個例子來說明。臺北市在 2015 年 8 月頒訂〈臺北市政府禁用一次性及美耐皿餐具執行要點〉，規範國中以下學校禁止販售瓶裝水，高中職以下學校全面禁用紙餐盒及美耐皿餐具。遵循此執行要點，北市中學校園買到不到瓶裝水，卻依然可以買到其他瓶裝飲料。如此一來，此項措施眞的有助於減少保特瓶的使用，而達到垃圾減量的目的嗎？爲探討這樣的議題，兩位高一學生規畫了一項小規模的專題研究，其探究歷程如表 5.1。

表 5.1　專題研究規畫簡明記錄表

| 觀察現象 | 合作社裡販賣了各式各樣的商品中，唯獨缺少了瓶裝水。 |
|---|---|
| 發現問題（問題意識） | 北市政府之瓶裝水禁賣政策，是否能達成「環境保護」的實質成效？ |
| 文獻探討 | 〈臺北市政府禁用一次性及美耐皿餐具執行要點〉，及相關文獻 |
| 提出研究問題 | 1. 禁賣瓶裝水是否會減少保特瓶的銷售量？<br>2. 禁賣瓶裝水是否會減少全校垃圾總量？<br>3. 禁賣瓶裝水對老師及學生的影響爲何？ |
| 研究方法<br><br>☐ 實驗<br>☐ 觀察<br>■ 調查<br>■ 訪談<br>☐ 文獻分析<br>☐ _____ | 1. 訪談合作社及衛生組之相關業務負責人：<br>　• 蒐集保特瓶商品之販賣情形，及全校垃圾量之變動狀況。<br>　• 了解相關業務負責人對於此項政策實施成果與影響之看法。<br>2. 學生問卷：<br>　設計開放式問卷，了解老師及學生們對於此政策實施之看法。 |

展開這樣一次專題研究，不需要具有太多高深的專業知識、昂貴的器材，也不需要精細的實驗或統計能力，卻能從發現問題開始抽絲剝繭，培養解決問題的能力，也藉由口頭與書面的報告過程，培養表達的能力。

透過這樣的練習歷程，大有助於培養學生具備帶著走的能力。

專題研究可大可小、可深可淺，只要我們把「專題研究」拿來作為培養核心能力的工具，訓練學生閱讀、批判思考、論證寫作的能力，人人都能夠、也應該進行這樣的學習！

心得筆記

# 50 專題研究只有一種模式嗎？

讓核心能力與多元學習成為焦點

 **對話與合作始自差異**

「數理科學領域與人文社會科學領域的老師要一起合作帶專題研究？這應該很難上課吧！」

「專題寫作與表達？這應該是國文老師要教的吧！我怎麼可能會教寫作？」

在一個重視跨領域整合，共同研發校訂必修課程，指導學生進行專題研究與寫作的教師專業學習社群中，來自社群內外的疑慮幾乎都集中於此。而在社群運作的過程中，跨學科領域的對話也曾讓成員們遭遇窘境，面對什麼是專題研究、如何指導學生進行專題研究等課題，不同學科背景的老師想法其實有很多不同。

因為有這麼明顯的差異，所以才需要對話、增進彼此了解，以便尋求合作。

 **自然科學領域與人文社會科學領域專題研究的差異**

對出身於自然科學領域的老師而言，他們所認知的專題研究歷程通常是：選定主題後，藉由文獻探討初步了解研究問題的背景，便著手擬定假設，根據假設進行研究設計，然後就開始漫長的實驗、蒐集結果、分析數據、彙整發現與結果討論等。研究成果的好壞，決定於實驗數據的可靠性與突破性，一張清楚的圖、表就可以說明很多事實，並不需要

太多文字解釋，只需清楚地點出研究的發現，呈現出突破性的亮點即可。在這樣的研究歷程中，如何根據研究問題進行實驗設計是很重要的，而著手撰寫研究論文常是很後端的工作，寫作的重點主要放在能夠有邏輯地解釋數據所能證明的事情。因此，自然科學領域的論文內容總是言簡意賅的，配合著圖表分析，以數十頁篇幅便能達到清楚解釋研究結果的目的。

　　人文社會科學領域的老師們對於專題研究的想像和要求，則與前述大不相同。雖然同樣重視邏輯性，但他們十分看重文獻探討與分析的歷程：根據前人想法，提出不同的觀點或疑問，或是整理多筆不同來源的文獻，運用歸納、演繹等邏輯思考，找出其中的共通性或差異性，進而形成想要解決的問題焦點。問題意識的形成是人文社會專題發展的核心，根據問題意識繼續發展出研究方法，可能選用訪談、問卷、觀察、文獻分析，或準實驗等，設法適切地釐清各個概念或相關聯變項間的關係，進而提出對於研究問題的可能解釋。撰寫論文時，為了清晰解釋每一個環節，從頭到尾的文字、圖表說明或統計分析不可少，因此篇幅頗大。

 ## 多元的專題研究

　　除了自然、人文社會科學領域外，數學、音樂、美術等學科所產出的論文型態亦不盡相同，例如：數學領域的論文可能會以公式的建立或算式推演作為研究的精華，運用紙筆，或藉由電腦的輔助，產出主要的成果，再藉由文字說明，解釋其發現的重要性，便可產出論文。而音樂、美術類型的研究，除了作品賞析或理論探究外，音樂會的演出、畫展的展出等成果發表，亦是可能的呈現方式，完整地寫出企畫書，包含策展動機、理念、曲目或展出作品的安排、曲目剖析或作品介紹等，亦可呈現出構思、創意與努力的歷程。

　　除此之外，行動方案也是另一種專題成果展示的方式。行動方案是由美國公民教育中心（Center for Civic Education）所發展出來的公民

教育模式，用以培養公民具備參與公共事務的能力。提出行動方案的過程主要包含四個步驟：1. 確認要討論的公共政策問題為何（choose a problem）、2. 針對問題進行研究（conduct research）、3. 確認解決方式（identify solutions）、4. 提出行動方案（present an action plan）。簡單來說，發展行動方案可讓學生從發現周遭環境的公共議題出發，了解此議題的可能問題為何，進而發展出具體可行的行動，以期達到改變周遭環境的契機。藉由這樣的發展過程，學生可習得發現問題、探究問題、解決問題等能力，亦可達成專題研究課程的學習目標。

 ## 基本能力與多元學習

由上可知，學生可能採行的專題研究可以有許多不同的樣態、模式。

在中學階段，有著各種不同領域的老師群運用協同教學的過程，讓學生了解不同學科各是如何思考問題、進行研究的，進而選擇自己喜歡的研究主題，甚至不必然為單一固定的學科範疇所局限，發展出屬於自己的研究成果，這真是一種很難得的學習。

當然，撇開各個學科領域的種種差異，大家還是有許多共通的部分，例如：講求論證（argument）及證據（evidence），一樣把批判思考、論證寫作、解決問題等當作專題研究的核心能力。對大多數的中學生而言，有機會去關注真實世界脈絡中的問題，接觸不同學科的跨領域討論，回歸核心能力的發展，這樣的學習，遠比熟練某一學科研究的風格及方法要來得重要許多。

另一方面值得強調的是，跨領域對話與合作的目的，不是要讓大家最後都一樣，而是在多元互動中激發更多的創意及洞察。為此，有一句話我們應該牢記在心：

Excellence through Diversity!

# 51 學科背景重要嗎？

這個題目我不懂，去找別人！

 **跨領域研究的案例**

「老師，我們想做肌電圖的研究，探討癱瘓患者的肌肉生理，並試著由電位刺激的角度來探討治療的可能性！」曾經，有兩個剛進資優班的高一生，興致勃勃地提出這個構想。

「好呀，這個想法不錯喔！你們要不要先讀讀人體生理學的書，了解肌電圖的基本概念，我們再來討論該如何進行實驗。」建議了他們文獻探討的方向，結束了第一次的討論。

「老師，我們想自製一臺肌電圖儀，來測定動物肌肉的電位變化。」

「咦？這個我不懂耶，可能沒辦法提供你們建議，要不要去請教生活科技或資訊科的老師呢？」

「我們已經問過資訊老師，也上網查了一些資料，覺得應該是可以克服的！」

就這樣，兩個學生開始了一年多的研究。

這兩個學生一個熱愛生物，一個喜歡資訊科學，因著對於電生理領域的共同興趣，決定彼此合作，展開這個跨領域的研究。雖然到最後仍因許多無法克服的瓶頸，沒能在科展等競賽中嶄露頭角，但畢業之後，兩人都進入自己理想的科系，繼續追求遠大的願景。

這樣的案例，在教學現場並不獨特。例如，有生物、化學的組合，研究抗體與光纖的應用；有物理、生物的組合，研究幹細胞的黏滯性；有結合生物與家政，研發基改作物的跨領域教材；有體育和數學結合，

建立推估棒球投手戰力的數學模式；有地理和歷史結合，探索晚清從淡水到福州第一條海底電信纜線的架設；有物理和公民的結合，研究核能安全的科技與社會爭議。

在許多時候，其實是老師和家長在限制學生們的想像與創意，學生的跨領域探究潛力鮮少獲得重視與有效指導。

 ## 當代不可避免的趨勢

我們期待學生能夠結合所學，運用多元的角度來思考問題，這已是現代社會中不可避免的趨勢。在學術界，學科與學科間的交流日益普及；在實務界，我們放眼看過去的生產及消費活動，根本不可能由某一專業搞定。跨領域研究和工作的推動，早已是科技進步、社會及經濟發展的基本模式。

跨領域發展有其重要性，但在中學的教學現場，要老師們自己跨越熟悉的學科範圍，踏入未知的領域，倒是令人卻步。在這樣的困境下，跨領域社群的發展，應該是種可行的解決方式。在108課程綱要的規畫中，大幅降低了部定領域學習課程比重，多出來的時間，用來實施校訂課程，如校訂必修、多元選修、或彈性學習課程等，這樣的改變，便是希望學生的學習能夠更有彈性，有機會接觸到跨領域的整合性課題，進而展開高層次認知活動（應用、分析、評鑑、創造）的自主學習。

 ## 如何發展跨領域的課程？

要發展跨領域的課程，啟動學生的跨領域探究，有幾種不同的合作模式可供參考：

### 模式一：協同教學

由至少兩位不同學科背景（或分別具有質性研究、量化研究背景）的老師共同設計一套統整課程，然後分配不同單元上課。在引導學生發

展專題研究時，學生們可根據自己的需求，諮詢不同學科背景的老師，嘗試從不同的角度來看待問題、解決問題。如果要降低老師們教學及指導的壓力，可以引導學生在老師們較爲擅長的知識範疇中找研究問題，但鼓勵他們做跨領域的探究。

### 模式二：跨科備課

在實施課程前，先由不同科目的老師們共同備課，發展出一套跨科整合的教材，這些老師將會各自入班，但都使用同一套教材來上課。此種教學模式對於學生而言較具統整性，但通常適合學科知識涉入不深的課程。

### 模式三：跨科諮詢

在進行專題研究的過程中，若是需要跨領域才能解決的問題，老師亦可推薦學生諮詢其他領域的教師或學者專家，利用跨科諮詢的方式，跨越學科領域的界限。

無論何種模式，只要是跨出熟悉的學科範圍，對老師們還是會有壓力。但若能改變一下心態，將自己的角色由教學者轉換爲「共學者」，與共備的社群伙伴、學生一起合作發現問題、解決問題，這將會是進行跨領域教學、帶領專題研究最有趣的地方。

學科背景重要嗎？確實重要，但這應該是探究的起點，而不是圍困思考的高牆。

心得筆記

**52 老師一定要比學生行嗎？**

再厲害的選手也需要教練

 **教練， 金牌選手的操盤手**

在奧運比賽中，選手們費盡心力，衝撞自己體能的極限，創造出屬於自己、也屬於體壇成就的高峰，這些輝煌的紀錄，來自選手們的努力，更需要教練於幕後的支持。培訓選手的教練，一定比選手們更有實力嗎？並不見得！那麼，實力較弱的教練憑什麼能給選手幫助？厲害的選手還需要教練的指導嗎？

運動選手該專注的，在於調整體能、技巧達到顛峰，但在比賽中要獲得勝利，除了體能和技巧外，還得評估場地的狀況、天候影響、對手實力、器材、戰術，以及選手本身的心態等，要能進行如此全盤的考慮，教練比選手有更多的歷練心得和實戰經驗，無論平時練習或參與高強度賽事，教練都必須隨時了解選手、整合多樣資源，給予適度的指導、評估、打氣、支持。因此，即便金牌選手，還是需要有一至多位有經驗的教練，才可能呈現出最完美的表現。

**專題研究指導老師的角色**

進行專題研究的過程亦然，俗話說：「師父領進門，修行在個人。」學生在老師的引導下，尋找方向、進行文獻探討、確認題目、訂定研究架構、確認研究方法、開始進行研究。在這樣的過程中，學生專注於自己的專題內容，而老師則需要面對不同個人或小組的需求，解決他們分

別提出的問題。一段時間後，學生們對於專題內容的熟悉程度逐漸超越老師，所提出的問題愈來愈深入，甚至跨越單一學科的範圍，這會讓習慣於固定教材內容的老師們失去安全感（或權威感），懷疑自己是否有能力繼續提供學生所需的協助。對於帶專題研究的老師而言，這會是一種壓力來源。這樣的歷程，只要帶過專題研究的老師們應該都曾經歷過。該如何做為一位好的舵手，帶領學生航向知識的海洋呢？以下有幾個面向，可以提供參考。

## 一、設定努力的目標

對於某些學生而言，參加小論文、科展等校外競賽為其目標，老師可以協助這類學生，為他們分析各種比賽的時程、特色等，建立較充分的心理準備。而對於多數學生而言，進行專題研究只是完成老師交付的任務時，老師亦可設定在同一班級內，或聯合數個班級進行成果發表，為學生創造努力的目標。

## 二、訂定專題研究的時程

有了目標，接下來就是要有計畫地完成。此時，老師可協助學生訂定合宜的研究時程，何時該和老師討論研究主題、該完成研究計畫、可用哪些時間進行研究、何時得寫出研究報告等。藉由每一個檢核點，了解學生執行進度，並提供其必要的協助或建議。

## 三、引導學生尋求資源

在研究過程中，遇到問題在所難免，我們可以教學生如何查詢資料，從前人的研究中找出可能的解決方法。或是陪著學生去諮詢專家，由專家的角度找出研究的盲點。藉由討論的過程，老師可以了解學生的困境，引導練習如何解決問題，並且提供學生心理上的支持，這些都對學生大有助益。

## 四、釐清論述的邏輯性

如何將專題研究的結果寫成小論文或研究報告，是一大學問。寫學術性文章與寫作文其實很不相同，作文是個人的創作，而學術性報告則著重於論述，需要有證據、有論點、有邏輯，這是學生很不熟悉的表達

方式。老師們可以從文獻探討開始，逐步教導學生如何進行摘要、引述，以及分析評論前人的研究結果，進而能夠分析、解釋自己的研究成果，並將之有邏輯地寫成文字。這些思考和寫作的能力，都需要一再地琢磨。

五、表達能力的訓練

大部分老師會以「成果發表」作為專題研究課程的結束，成果發表可培養學生口語表達的能力，是專題研究過程中重要的一環。成果發表與即席演講不同，即席演講考驗的是學生的機智反應，可在短時間構思出表達的內容，此種能力不是每個學生都能夠訓練的。成果發表則不然，可藉由較長時間的構思，有邏輯地寫下自己想講的內容，再經由反覆練習，以提升表達的效果。面對這樣的訓練，大多數學生應該都能勝任，經過多次的練習，學生的口語表達能力大都能顯著提升。

許多剛開始帶專題研究的老師，都亦曾不止一次懷疑自己是否能夠勝任這個重要的教學任務。但在一次又一次地與學生「交手」的過程中，老師們將會發現：學生和老師一樣，對於知識都心存好奇。在「教學相長」的過程中，誰快、誰慢？誰比較行？其實並不重要！陪伴學生成長、欣賞學生的發現，才是一幅最該駐足欣賞的畫面！

圖 5.3　專題研究指導老師的角色

# 單元 53 如何檢測學生的研究潛力？

所有的學生都有做研究的潛力

## 🌧 什麼是 「做研究」？

「做研究」不是教授、研究生的專利，也不意味著一定要寫出「學位論文」（thesis、dissertation），或者「學術期刊論文」（academic journal paper）。「做研究」的成果發表有很多種形式，除了正式的論文之外，還包括不同難易度的文章（essay、a short piece of writing on a particular subject），也可能是成果海報、工作報告或行動方案報告，甚至是任何形式的視覺藝術或表演藝術作品等。

英文 research 的原意，指的是「反覆、仔細、徹底地搜查」，目的不外乎是要回答問題，或者解決問題。只要我們根據某個很好奇或充滿疑惑的主題（可能是一種現象、行為、事件、理論、價值或理念等），展開相關資料的蒐集、檢視分析，然後提出自己的發現、解釋、校正修改，或實際應用的見解，就是「做研究」。

無論一般中學生，或者教授、研究生，這個「做研究」的過程都是一樣的，基本要求就是「有一個好奇或疑惑的主題」、「蒐集及分析相關文獻、資料」、

「提出自己的見解」。差別在於，教授、研究生必須基於所屬學科的典範（paradigm）來提問研究問題，嚴格講究應有的文獻探討、研究設計，和資料蒐集、分析與解釋的方法等。中學生做研究，主要是練習將「過程」試跑一遍，展現認真思考和探索的行動，這就達到基本要求了。

對每一個人來說，我們在日常生活中都具有好奇、疑惑，嘗試回答或解決問題的經驗，譬如「想要買手機、搭配相關資費方案」、「希望就讀某個學校科系、排出志願序」，或者「根據多種氣象預報資料判斷是否按計畫登山」等，只要能夠有步驟、有系統地蒐集相關資料來了解、解決問題，就是「做研究」了。這種能力，只要心智能力正常，其實人人都具備。

##  構成研究潛力的關鍵在哪裡？

除非就讀資優班，或者有學校、家長的刻意引導，臺灣的中小學生當中，具備自主學習、探究思考經驗的人並不太多，但他們絕大多數是具備研究潛力的。

如何提出一個具有問題意識的問題，如何蒐集及分析文獻，如何凝聚問題的焦點，如何發展出研究架構和計畫，如何有系統地蒐集或檢測相關資料而進行分析及解釋，以及如何完成一個有論述和結論的文章等，這些都屬於做研究過程中比較細部的要求。學生還沒有做研究的經驗，相關能力顯然短缺，如何評估學生可以準備開始了呢？

為了具體呈現「可以準備開始」，右頁表5.2列出一些條件。基本上，就是回歸一個人的常態，只要具有理智和情感，能夠知覺與理解人事物，就都具有做研究的可能。

##  檢測是為了引導和激勵

表5.2檢測的用意不是篩選、汰除，而是評估，以及為了接下來的

表 5.2　「做研究」條件的評估

| 面向 | 具體條件 | 佳 班上前 15% | 中上 班上前 30% | 普通 表現平平 | 平均以下 |
|---|---|---|---|---|---|
| 基本技巧 | 口語表達 | | | | |
| | 寫作 | | | | |
| | 電腦文書處理 | | | | |
| 人格特質 | 謙虛 | | | | |
| | 好奇 | | | | |
| | 專注 | | | | |
| | 忍受麻煩、不怕挫折 | | | | |
| | 關懷他人，或社會 | | | | |
| 待人接物 | 善與他人互動 | | | | |
| | 樂於承擔公共事務 | | | | |
| | 從資訊中發現關聯或機會 | | | | |

引導和激勵做準備——這就是屬於老師的「可以準備開始」！

　　具體而言，上述表格是在做一種「與其他學生比較」的評估，目的是擬定引導和激勵個別學生的計畫。等到研究開始之後，從過程和結果來看，老師要進行的應是「根據自己的教學經驗與課程目標所設定的學習成就水準」，來比對評估學生的表現，做標準參照的評量。

　　中學生做研究，只是一個學習的過程、媒介或手段，真正的目標是引導和激勵學生能夠閱讀、思考和寫作，並且是以有邏輯的論述和具體的證據來展現自己的閱讀和思考成果。除此之外，我們當然也會期待在做研究的過程中，學生有機會將上述表格裡的品格或能力加以磨練、充實。這應該都屬於 21 世紀人才的基本素養（literacy）。擁有這些基本素養，學生才具有真正的生存本事與競爭力。

　　不是為了做研究而做研究，而是為了培育基本素養而做研究，這是《我做專題研究，學會獨立思考！》（商周，2016）書名訂定的初衷，也是本書的基本信念。

# 單元 54 合理的學習目標是什麼？
## 從「閱讀理解」、「批判思考」、「論證寫作」中發掘

### 🌧 必修課，或選修課？

要指導學生練習做專題研究、寫小論文，說得果斷一些，必須先放棄一切與學位論文相關的想像。永遠記得我們的學生在國小、國中階段，絕大多數人幾乎不曾有系統的自主學習、獨立探索的經驗。在這樣的情況底下，無論指標性高中（例如臺北市建國高中）或社區高中的學生，大家做研究或寫小論文、閱讀理解或批判思考、論證寫作的「實力」是差別不大的。

決定日後形成差別的關鍵，在於學校是否將「練習做專題研究」列為課程，將「閱讀理解、批判思考、論證寫作」畫歸本校學生必須習得的核心能力？誰先這樣安排和落實，誰就能開啟學生學習的動能、提升其學習的成效。

目前全臺灣各地高中將「專題研究」之類課程列為「校訂必修」的比例不小，甚至部分國中也注意到這類課程的價值而逐步推動。

・校訂專題 研究課程 ・部定探究 實作課程 ・各學科研 究法課程 ・彈性學習 實作課程 ・專題寫作 ・科展實作

圖 5.4 「專題研究」簡明課程地圖

另外，也有一些學校採取較爲保守的作法，將這一類課程列爲選修。但有一些學校則更加積極，在「校訂必修」之後，又規畫一些選修課程，作爲學生修習的進階，甚至還引導和支持學生利用「彈性學習時間」，展開自主學習，完成專題論文。

因此，在不同的必、選修課程設計中，學習目標自然就得做出合理的區隔，如圖 5.4。

 ## 一學期， 或一學年 （含） 以上？

以目前已經設計「專題研究」之類課程的學校來看，多數規畫 2 學分（必修或選修），少數則規畫 1 學分或 4 學分的必修。當然，多數資優班或科學班是以 3 到 4 學期設計，總學分數甚至可能多達 10 學分以上。

不同期限的學習歷程，相對應的學習任務與產出也就不同，以下簡要地加以整理。

表 5.3　不同期限的專題研究學習任務設定

| 學習期限 | 學分數 | 學習任務與產出 | 備註 |
| --- | --- | --- | --- |
| 1 學期 | 1~2 學分 必修或選修 | 專題研究計畫 | 若擔心引發疑慮，可改稱「專題研究構想書」。根據多年指導經驗，不建議完成小論文，參見單元 7。 |
| 1 學年或 2 學期 | 2+2 學分 全必修，或必修搭配選修 | 專題研究計畫 ＋ 小論文 | 關於小論文、論文之區分，請參見單元 5。 |
| 1 學年以上 | 至少 6 學分 全必修，或必修搭配選修 | 專題研究計畫 ＋ 論文 | |

**培養三大核心能力才是目標**

「專題研究」這類課程的學習任務，主要是「專題研究計畫」、「小論文或論文」，但是我們該如何檢核、評量這些學習任務及產出呢？關鍵的評核向度，應優先落實在「閱讀理解」、「批判思考」、「論證寫作」三大核心能力。**表 5.4** 簡要地呈現「閱讀理解」、「論證寫作」檢核及評量的重點。學生在閱讀文獻時，可以運用此表來檢核該文獻的品質及掌握重要的內容；在進行論證寫作時，則可以運用此表來自評，確保寫作的品質。教師則可以將此表設計成檢核表，讓學生填寫，呈現其閱讀文獻的掌握程度，藉以評核學生在「閱讀理解」上的表現。這樣的檢核表，也可以轉變為教師用來檢核學生「論證寫作」上的表現。

表 5.4　閱讀理解和論證寫作的檢核／評量重點

| 項次 | 檢核／評量重點 |
| --- | --- |
| 1 | 議題的背景性或歷史性資訊充分 |
| 2 | 主旨大意明確 |
| 3 | 論述架構明確 |
| 4 | 結論（或建議）明確 |
| 5 | 每一個論點都明確，足以支持結論 |
| 6 | 引用合適的數據、理論、例子，或其他研究發現具有證據力，足以支持論點 |
| 7 | 前後的論點有呼應，呈現明確的推論思路 |
| 8 | 分析評論反對或不同立場的觀點，且保持客觀 |
| 9 | 擴大或延伸相關討論的範圍、意義 |
| 10 | 清楚指出各種可能性或不確定性 |
| 11 | 作者能反思與自己、社會、時代的相關議題 |
| 12 | 沒有和評論主旨不相干、累贅的內容 |
| 13 | 著重分析，描述的部分簡短，而且必要 |
| 14 | 善用信號字，引導讀者沿推論思路前進 |
| 15 | 論點與結論的呈現，能讓讀者一目了然 |
| 16 | 用字遣詞沒有太絕對、武斷 |
| 17 | 引用的各類資料，都有註明出處 |

至於「批判思考」，**表 5.5** 是相關的檢核表，可供參考。

表 5.5　批判思考的檢核／評量重點

| 項次 | 檢核／評量重點 |
|---|---|
| 1 | 不是被動地等別人給答案，而是主動覺察問題、追根究底找答案 |
| 2 | 不懈地追問及思考，勇於挑戰權威和成見，不隨意驟下結論 |
| 3 | 致力於發展更為精確、深刻的論述 |
| 4 | 省思、檢核自己的動機或成見、知識基礎和論述邏輯 |
| 5 | 保持開放的態度，樂於接受更具說服力的論述或證據 |
| 6 | 妥適地掌握作者關切的議題 |
| 7 | 審慎地評估作者的假設、結論、論點或理由、推論思路、採用的證據等 |
| 8 | 換位思考，評估作者所處的時空脈絡、知識背景等 |
| 9 | 採取不同的角度來思考問題 |
| 10 | 探索及發掘與議題相關的新觀點或概念 |
| 11 | 在討論對話中，能夠聆聽與掌握對方的觀點、感受、主要假設等 |
| 12 | 對於爭議性問題，能盡力了解其來龍去脈 |
| 13 | 經常性地檢核手邊資訊、採用觀點的可靠性和說服力 |
| 14 | 在複雜的情境或問題中，可以保持理性及清晰的思考 |
| 15 | 在做決定前，會先將問題界定清楚，並設法找出發生的原因 |
| 16 | 在做決定前，會設法掌握最完整的資訊；資訊或證據不足，不做決定 |
| 17 | 在做決定前，會將情境影響因素考量進來 |
| 18 | 在做決定前，會推估各種方案的合理性和可行性、可能的影響等 |

　　教師可以依據學習任務的輕重，將**表 5.4** 和 **5.5** 做出調整修改，設定合理的學習目標與檢核重點，妥適漸進地培養三大核心能力，這才是做專題研究的真正目的。

　　最後，下頁提供一份針對單筆文本（文獻）閱讀理解與批判思考的評量規準（rubrics），這是專題研究或論證寫作的基礎，無論我們設定的學生學習任務或成果產出是什麼，這是基本、共通的要求。

### 表 5.6 單一文本閱讀理解和批判思考評量規準

| | 提取資訊<br>掌握文本資訊、<br>核心內涵或問題意識 | 統整解釋<br>分析解釋文本中的論述，及支持性的理由 | 省思評鑑<br>表達自己的想法 |
|---|---|---|---|
| 5 | 能掌握文本中正反或多元的資訊、概念或變項之間的關係等，釐清或強調立場／題旨／結論 | 能同步處理正反、多元的觀點或細節，並建立具有邏輯、足以反應結論意旨的解釋 | 能進行正反或多元觀點的比對、評估分析，超越文本原來架構，從更大的脈絡呈現邏輯一致的討論 |
| 4 | 能掌握文本中主要的支持性資訊，敘明立場／題旨／結論 | 能充分掌握文本中支持結論的主要理由或證據，加以統整性的說明與解釋 | 能運用文本之外的其他資訊或觀點，評估文本中的結論或理由，有條理地申論、建立自己的立場 |
| 3 | 能進一步以自己的文句改寫，但敘述無法明確或完整地呈現結論或核心內涵 | 能局部掌握文本中足以支持結論的理由，進行切合文本題旨及論述的解釋 | 能清楚地針對文本中的結論，充分陳述自己支持或不支持的分析 |
| 2 | 僅能簡要地辨明及敘寫，但參雜零碎、錯誤或不相干的訊息<br>僅能直接擷取文本中的語句，但對於文本資訊的掌握是正確的 | 能運用一些背景性、事實性的資訊，進行與文本中論述相關的分析及解釋 | 能引用自身經驗或文本中的資訊來支持自己的立場，但說服力不足，或與文本的關聯不足 |
| 1 | 無法正確掌握題旨，或僅能掌握片面的資訊 | 能零碎、片面地針對立場／題旨／結論，進行有限分析與解釋 | 僅能片斷地提出單一觀點，且未能呈現省思探究的焦點 |
| 0 | 不知所云<br>空白，無表現 | 不知所云<br>空白，無表現 | 不知所云<br>空白，無表現 |

\* 在多筆文本的閱讀理解中，須依據學生「穩定、一致」的表現，綜合判定其分項級分；否則，可能得斟酌做出比較保守的推估。此外，學生的表現雖高於下一級分（如 4 級分），卻無法確實達到更上一級分（5 級分），仍評以下一級分（4 級分）。
\* 如果選文不理想，在「提取資訊」、「統整解釋」項次中，學生的理解與分析評論可能無法做出「5 級分」的表現。

# 單元 55 如何指導學生閱讀？

不要驚訝，多數學生不會閱讀！

##  閱讀教學是各科教師的任務

指導學生閱讀，套用一句俗話來說，就是教學生釣魚，而不只是給他魚吃。「給他魚吃」的作法是直接提供書本中的內容，告訴學生答案就是這樣。「教學生釣魚」則是提供閱讀理解的鷹架及策略，逐步訓練學生成為一名主動的閱讀者。

短時間來看，直接告訴學生特定的內容似乎比較有效率，然而那樣做無法確定學生是否真正提升了理解能力。一旦閱讀的文本轉換了之後，閱讀理解的能力未必能夠有效遷移。無論是為了想要達成理解的閱讀，還是要培養學生成為終身的學習者，都必須教導學生如何閱讀。

談閱讀策略之前，有一項常見的教學迷思必須先打破。這項迷思認為，閱讀教學只是語文領域教師的專長與職責。其實並非如此。如果大家同意書面文本的閱讀是學習的基本工具，也意識到不同類型的文本需要不同的閱讀策略，那麼閱讀教學就不該只是特定學科教師的任務，而是期待每一位教師都能融入到自己的學科領域當中。

閱讀融入學科教學，才能大幅地提升學生的學習效能，更不用說進行專題研究時，學生面臨的文獻類型原本就可能是各式各樣的，單單依靠國文課或者英文課的訓練，未必能有效指導學生專題閱讀。

**學習閱讀， 就是學習思考， 學習如何學習**

　　從認知的角度來說，閱讀是一種「訊息解碼」的過程，透過符號的吸收、轉譯，同時根據不同的文本脈絡與實際情境，產生意義，建構起一套理解文本的模式。

　　我們所理解的文本，最常見的是書面語言的各種表現形式。擴大來說，也可以是自身的生命以及整個外在世界。儘管本書的立場只就書面文本來談，仍必須強調閱讀理解與心智認知的重大關聯。只有認識這點，才不會只將閱讀策略當作一般的工具與方法，而能夠理解到「學習閱讀」其實就是「學習思考」，同時「學習如何學習」。

　　閱讀理解與認知歷程的關係，可以簡單地用下列圖式說明：

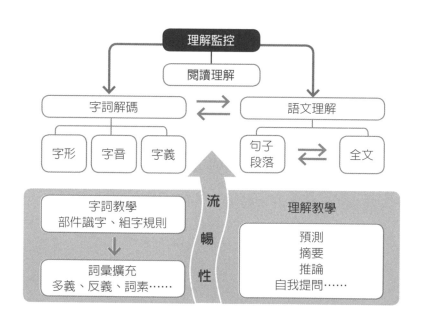

**圖 5.5　從認知的觀點看閱讀理解**

參考來源：教育部國教署「課文本位閱讀理解策略」工作小組

**閱讀提問 : 原則與策略**

　　訓練學生閱讀能力，最有效的方式是透過提問，讓學生建構出閱讀文本的模式，一旦熟練了之後，學生也能夠成為能夠與文本對話的主動閱讀者。提問的向度與類型很多，基本的問題請參考單元12「閱讀理解」。

　　在過往的中學教學情境中，「提問」是很容易被忽略的環節。然而要提升學生的理解能力，問答是必要的訓練。問答教學的原則，建議把握以下幾項：（一）將重要的理解內容轉換成問題；（二）問題涵蓋不同的認知層次；（三）要求學生藉由口說或者書寫表現出自己的想法；（四）善於融入各種閱讀策略，轉換成問題。

表 5.7　閱讀策略

| | 閱讀策略 | 內涵以及對應的學習表現 |
|---|---|---|
| 1 | 略讀瀏覽 | 迅速檢視文本，從標題、作者或者開頭、結尾的段落中認識文本的性質、主要討論的問題、作者的基本觀點。 |
| 2 | 摘要 | 綜合全文的內容與脈絡，掌握文本的主要內容，透過口說或者書寫表達出來。 |
| 3 | 推論 | 根據自身的先備知識以及文本中已知的內容，對於文本中沒有明白寫出的內容進行合乎邏輯的推論。 |
| 4 | 因果關係 | 理解不同的句子、段落或者事件、項目之間的因果關係。 |
| 5 | 程序關係 | 記憶或理解文本中重要概念、事件或者步驟的程序先後。 |
| 6 | 圖表分析 | 結合文字內容，說明圖表的意義以及和文字段落的關係。或者是運用圖表的形式，系統性的整合文字訊息。 |
| 7 | 找出論證 | 分析出文本中的論點，以及所運用的論據與論證邏輯。 |
| 8 | 關鍵詞 | 辨識文本中的關鍵詞，正確理解它的內涵與用法。 |
| 9 | 信號字 | 正確辨讀行文中表示各種邏輯關係以及語意範圍、層次的詞語或者短句，並且能說明個別在文章中的作用。 |
| 10 | 評價判斷 | 表明對於文本某項觀點的同意／不同意，或者喜歡／不喜歡，並且能加以舉證說明。 |
| 11 | 經驗連結 | 針對文本中的特定描述，連結自身經驗，表達看法。 |
| 12 | 理解監控 | 反思並且評估自己對於文本的理解程度或者學習狀況，說出來或者寫下來。 |

以上提供一些基本而關鍵的閱讀策略，並且稍加說明。必須補充在前的是，閱讀活動實際進行的時候，往往是多種策略並用，也會因為文本對象差異而各有側重，因此，如何針對不同的文本內容、學生背景與教學情境設計出理想的閱讀提問，就有賴教師經驗與專業判斷了。

 ## 搭建閱讀鷹架， 進行學習遷移

如果閱讀文本的篇幅較長，擔心學生不容易馬上掌握，則可以針對單一或者幾個特定段落，設計提問。每道問題對應著不同的閱讀指標，而閱讀指標描述了希望培養學生的閱讀能力。如此，可以替學生搭建起閱讀理解的鷹架。導讀完一篇範文之後，進一步再挑選其他文章，根據相同的檢測指標，設計提問，如此則可以進行閱讀遷移。

以〈喝咖啡，聊咖啡因的是非〉一文為例，閱讀理解檢測指標與提問示例，可以參考表 5.8 所示。當然，檢測指標不是硬性規定的，可以根據教師預設的教學目標而調整。

**資訊加油站**

龐中培（2009 年 11 月）。喝咖啡，聊咖啡因的是非。科學人，93。取自科學人雜誌 http://lib.wordpedia.com/index.php?md=sa_index&cl=index&at=read&docsn=2009114196&readtype=ch

## 心得筆記

表 5.8　閱讀理解檢測指標與提問示例

| 閱讀理解檢測指標 | 提問示例 |
|---|---|
| 1　能辨別文章性質屬於文學或者非文學。 | 瀏覽整篇文章，分辨這篇文章的性質，屬於：<br>☐ 文學　　　　　☐ 非文學 |
| 2　能指出文章內容主要屬於哪個學術領域。 | 瀏覽文章內容，你認為這篇文章談論的主題與寫作的內容，最接近哪個學術領域？<br>☐ 程式設計　　　☐ 神經科學<br>☐ 企業管理　　　☐ 醫學治療<br>☐ 組織領導　　　☐ 文化藝術<br>☐ 科技新知　　　☐ 哲學思想<br>☐ 飲食健康 |
| 3　能從文章的導論中分辨關鍵詞，並且說明關鍵詞之間的關係。 | 〔00〕－〔05〕是這篇文章的導言。閱讀完之後，如果要你從中挑出三個可供檢索相關資料的「關鍵詞」，你會挑出那三個詞語？他們的關聯為何？ |
| 4　能從導論中歸納出文章希望討論的核心問題。 | 從〔01〕－〔05〕推測，這篇文章所探討的核心問題，最可能是：<br>☐ A. 提神飲料對日常工作的重要<br>☐ B. 沖泡咖啡與茶如何避免苦澀<br>☐ C. 咖啡與茶成為全球流行性飲料的多種原因<br>☐ D. 咖啡因對人體的作用<br>☐ E. 咖啡因對動植物的影響<br>☐ F. 咖啡因的化學結構與合成法 |
| 5　能分析文章的脈絡，說明文章的問題意識如何產生。 | 分析文章〔01〕－〔05〕的行文脈絡。說出作者如何鋪陳他的問題意識與討論主題。 |
| 6　能綜合多個段落，找出主旨句，並且根據前後文，解釋那句話的意涵。 | 〔06〕－〔08〕三個段落的主要論點是哪一句話？請劃線標記出來，並且根據前後文的訊息，解釋那句話的意思，分析作者如何進行論證。 |
| 7　能分別文章中引述的意見與作者的意見，並且說明作者引述文獻的用意。 | 段落〔08〕引述了哈佛大學醫學院的一項研究，請問：<br>① 作者引述那筆文獻的用意是什麼？<br>② 你覺得段落中哪些是作者間接引用（摘要）文獻的內容，而哪些是作者自己推論而出的意見？ |
| 8　能綜合多個段落，理解文章如何透過定義、描述、說明、比較等手法，釐清重要概念。 | 段落〔09〕－〔11〕，作者在討論「咖啡上癮」。綜合文章內容，回答：<br>① 描述「咖啡上癮」的現象。<br>② 根據文章內容，說明「咖啡上癮」的神經機制。<br>③ 比較咖啡上癮與一般的藥物上癮，有哪些主要的不同之處？ |

(continued)

| | | |
|---|---|---|
| 9 | 能辨識段落中的訊號字，並且說明每個訊號字的功用。 | 分析段落〔11〕的寫作表現，說明以下訊號字在文章中的作用：<br>① 相較於……<br>② ……例如……<br>③ 相當於……<br>④ ……以…… |
| 10 | 能掌握段落主旨，並且以視覺化的方式呈現段落內容。 | 段落〔12〕－〔13〕的主要論點是什麼？你能用圖示（將訊息視覺化）的方式呈現這兩段的內容嗎？ |
| 11 | 能分析段落中的論點與論據。 | 根據段落〔14〕，分析作者的論點和論據，完成下表：<br><br>論點：<br><br><br>論據（一）<br>論據（二） |
| 12 | 能解釋文章內容與圖表的關聯。 | 右邊的表格跟文章內容有什麼關係？作者提供這個表格的用意是什麼？ |
| 13 | 能找出全文的主旨句，並且用自己的話表述出來。 | 段落〔15〕，作者申明了整篇文章的主旨，找出那句話，並且練習換句話說，用自己的話表述出來。 |
| 14 | 能評論特定的觀點，並且提出理由加以解釋。 | 承上題，你同意或者不同意這個觀點？為什麼？ |
| 15 | 能評估自己對於文章內容的理解程度，並且設想出進一步的學習方式。 | 文章中是否有那些觀點或者內容，令你感到疑惑或質疑？為了確認那些觀念或者知識，你可以怎麼做？ |
| 16 | 能反思文章內容與個人經驗，並且以個人經驗為例說明文章內容。 | 文章的內容跟你有什麼關係？你能在生活經驗中找出例子加以說明文章的內容嗎？ |
| 17 | 能藉由閱讀反思自我，獲得成長。 | 文章中對你啟發最大的是哪一點？為什麼？ |
| 18 | 能撰寫摘要，呈現出對文章的整體理解。 | 請針對本文寫作 200 字以內的摘要。 |

# 56 如何指導學生討論？

如果學生能討論，我也不想「一言堂」啊！

### 討論，令教師又期待又怕受傷害

本書單元 16 經談過「討論」的重要性與基本原則。然而，很多滿腔熱血的教師，躍躍欲試，討論課的成效卻不盡如人意，時常面臨秩序失控、學生漫不經心、發言離題、場面冷清⋯⋯類似情況降低了課堂教學品質，不僅弄得教師身心疲憊，就連希望認真上課的學生對討論課的評價也不如預期。

其實，就如同烹飪、駕駛或者任何一門技術，「討論」的教學也是需要時間學習的。

以下分別從三個面向切入，介紹一些實用的課堂討論技巧。希望在了解這些基本原則之後，熟能生巧，能夠應付變動的教學情境，發揮討論教學的價值。

### 營造開放的課堂對話氣氛

訓練學生「會討論」的前提，是讓他們先「願意討論」。最重要的原則是老師要營造開放的課堂氣氛，讓每個發言者有安全感，不會因為自己「亂說話」或者「說錯話」而受到責備，進一步願意主動發言。建議應把握的原則如下：

1. 專注聆聽學生說話，不要打斷他。
2. 透過眼神、動作或者言語，給予學生正向的回饋。

營造開放的課堂氣氛，教師可以這麼說：

1. 「這真有趣，你願意再說的詳細一點嗎？」
2. 「我覺得這個想法很好，大家再仔細聽一遍好嗎？」
3. 「這個意見太有趣了！」
   「哇！這個想法很有創意！」
4. 「我期待讓你的想法被大家聽見。」
5. 「你願意分享自己的觀點嗎？」
6. 「你們覺得……好不好？」
   「關於……，我想聽聽大家的想法。」
7. 「沒關係，這個問題很複雜，你再想一想有沒有更好的解釋。」
8. 「這是我的想法，提供給你們參考。你們不必急著接受。」
9. 「關於上面談到的部分，有沒有疑惑或者不同意的地方呢？」
10. 「你問得很好！我剛才可能沒說清楚。我的意思是……」

3. 用期待或者徵求的口吻，取代命令與責備。
4. 表達好奇與期待，希望學生提供更多的細節。
5. 在可能的範圍內與學生協商課堂規定。
6. 不必急著要求學生接受自己的看法。
7. 面帶輕鬆的微笑，問學生是不是有疑問或者不同的想法。
8. 受到學生提問時，承認自己沒說清楚，再加以釐清。
9. 給予少發言或者缺乏自信的同學表現的機會，然後肯定他。
10. 善用語調，表現出溫和、好奇、誠懇、親切、期許、幽默等正向態度。

 ## 如何讓討論更深入與聚焦？

上一小節談的是營造開放氣氛的策略，這裡要進一步談談如何讓討論的內容能夠深入與聚焦。換句話說，就是如何讓討論更有意義。建議應把握的原則如下：

1. 複述發言的內容。教師可以自己做，或者請其他同學複述之前同學的發言。
2. 要求學生澄清詞語的定義或者內涵。

3. 學生表達意見之後，要求他說明理由或者舉出例子。

4. 學生提出評價後，要求他說明判準或者前提。

5. 由教師或者其他同學舉出不同的看法，進行比較、分析。

6. 教師引導同學找出不同意見的共識或者爭議點。

7. 學生離題或者誤解的時候，給予更多的線索，幫助他回到討論主軸。

8. 引導學生思考反對的一方可能會提出什麼質問。

9. 教師要針對大家討論的內容進行歸納和統整，再引出預定要強調的概念。

10. 引導學生思考教師提出來的問題有什麼意義，強化後設認知能力。

**資訊加油站**

讓討論更能深入與聚焦，教師可以這麼說：

1. 「你剛才是說……嗎？」
2. 「某某，你可以複述一遍剛剛同學說的意見嗎？」
3. 「嗯，不過你能先界定或者解釋一下你說的○○是什麼意思嗎？」
4. 「你能舉個例子進一步說明嗎？」
5. 「你做出這個好壞／高下的判斷，背後所持的標準是什麼呢？」
6. 「你這個意見要能成立，需要有什麼前提嗎？」
7. 「這兩個意見表面上不一樣，但是有彼此同意的部分嗎？」
8. 「想像如果有人不同意這個觀點，他可能會怎麼說？」
9. 「從大家的討論中，是不是可以發現什麼結論呢？」
10. 「你們覺得老師為什麼要問這個問題呢？這個問題為什麼重要？」

以上原則與技巧，看起來洋洋灑灑，如果希望運用一種更精簡的方式來引導學生進入較高品質的討論，廣受企業界和教育界推崇的 ORID 焦點討論法，是很好的選擇。以下檢附一份學習單格式，**圖 5.6** 則扼要說明基本的架構，可供參考。

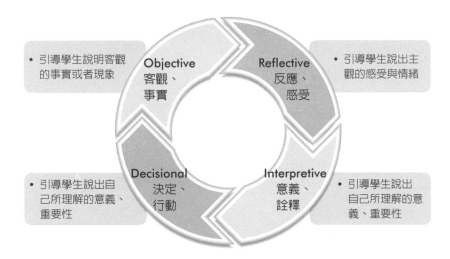

圖 5.6　ORID 焦點討論法的應用

ORID 焦點討論法筆記重點

1. Objective：有哪些共同的事實性資訊？有哪些個別、重要的事實性資訊？
2. Reflective：有哪些感受？很感動、很無聊，或者其他的感受？
3. Interpretive：參與的人們各自想要傳達什麼訊息，或實踐什麼理想？我有何發現或領悟？最有意義的應該是什麼？
4. Decisional：有什麼是需要改變的？你會採取什麼不同的行動？可能的解答或解決方案在哪裡？

 引導學生分組討論

在進行討論時，往往需要分組（參見單元 59）。課堂的討論可以是專題研究小組的討論，也可以是另外的隨機分組討論。如果要安排學生進行分組討論，建議應把握的原則與策略如下：

1. 確認這個題目需要、而且值得小組討論。通常小組討論的題目比

較有挑戰性，比較能夠接受多元的觀點與詮釋，也可能比較需要不同的想法激盪與經驗交流。

關於小組討論，世界咖啡館（The World Café）是一種很好運用的形式，詳細的概念與技巧，請參見：高子梅譯（2014）。世界咖啡館：用對話找答案、體驗集體創造力，一本帶動組織學習與個人成長的修練書（Juanita Brown & David Isaacs 著）。臺北市：臉譜。

**資訊加油站**

2. 討論前明確說明討論的主題與進行方式。建議運用黑板或者投影螢幕等輔助工具，提供完整的文字描述，以幫助學生了解討論的目的。

3. 討論問題的設計，可以包含不同的知識層級，有封閉式的問題，也有開放性的問題；有訊息檢索的問題，也有促進理解的思辨問題。

4. 限定討論時間。可以使用電子計時器，或會議響鈴，提醒學生時間。

5. 明確的小組分工，讓大家都有事做。通常會有一名組長，主持討論，負責讓每一位組員都有貢獻；一位負責計時，提醒大家討論的進度與效率；一位負責記錄，將大家的討論內容整理成文字大綱。

6. 提供紙本學習單，讓學生記錄討論的內容。具體問題引導，學生不容易討論失焦，教師最後收集學習單，作為學生課堂表現參考。

7. 安排記錄與發表的實作任務。運用白報紙或者吸鐵白板等教學工具，讓學生將想法寫下來，然後上台發表。這樣的實作任務能激發學生參與的活力。

**資訊加油站**

分組討論的時候，教師可以做的事：
1. 隨機走動，觀察到有成員脫離討論狀況的時候，走到他的小組旁邊。
2. 聽完一段討論之後，適時邀請參與度比較低的同學發表意見。
3. 詢問小組討論的狀況，有沒有不了解，或者遇到什麼困難。
4. 如果小組討論遇到困難，給他們更多提示和線索。
5. 如果小組討論順利，給他們更有挑戰性的問題。
6. 討論時間結束前，走巡一輪，確認討論進度，提醒時間。

# 57 如何指導學生專題寫作？

## 什麼？原來不是起、承、轉、合！

### 寫作是跨學科學習的重要策略

　　小論文／專題寫作的性質與文學創作不同。大體來說，文學創作強調的是想像力、原創性，重視個人的情感如何藉由詞藻、篇章表現出來。相對地，專題寫作要求清晰地陳述自己的見解，合理地運用證據來說服讀者同意自己的論點。透過專題寫作，學生可以表現出分析、應用、綜合、論證等較高層次的學習成就。這樣的寫作能力有助於各學科的學習，當然，各學科的教師也足以勝任此種寫作的指導者。

> **資訊加油站**
>
> 關於寫作教學作為跨學科學習的方法，請參考曾多聞（2018）。美國讀寫教育改革教我們的六件事。新北市：字畝文化。
> 特別是第三章「閱讀與寫作，其實是學習的工具」，以及第四章「數理老師，也要捲起袖子教讀寫」。

　　就專題寫作的論述特質而言，儘管題材所涉及的知識領域有別，格式也不盡相同，寫作的基本原則卻是有跡可循的。教師在指導學生寫作的時候，不妨從以下基本的評估要項檢核學生的表現。這些表現也可以視為基本的寫作策略：

1. 確立文章的主旨，建立個人風格，激發讀者的興趣。
2. 發展一條有脈絡的思路，得出清晰、有知識的判斷。
3. 創造、組織一個符合特定讀者需求、價值觀與興趣的結構，並有效地、令人信服地安排細節、原因、例證。

4. 吸納適當的訊息和觀點。

5. 刪除無關的訊息和觀點。

6. 預測並提出讀者所關心
   的內容，及他們可能產
   生的相反看法。

**資訊加油站**

這些寫作策略修改自美國學科能力表現標準。參考董蓓菲（2007）。全景搜索：美國語文課程、教材、教法、評價。上海：華東師範大學出版社。頁184。

7. 運用詳細的資料、援引
   適當的文獻、事例來支持觀點。

8. 用諸如定義、描述、闡釋、事實例證等一系列寫作技巧來闡述和
   說服讀者。

9. 使文章的結尾有意義。

 ## 提供寫作評量規準或者評量標準

　　評量規準（rubrics）是實作評量的重要工具，也是評量寫作的好幫手。教師可以針對期待學生的寫作表現，設計評量規準，引導學生進行寫作與修改。關於評量規準的說明與設計方式，請參考單元54、66。

　　比設定評量規準更簡便而同樣實用的方式，是提供學生寫作標準（standards）。寫作標準當然無法將寫作表現量化，但還是具有提示重點、指引策略的作用。此外，寫作標準也可以設計成檢核表（check list）的形式，讓學生進行自我評估與學習監控。

　　無論寫作標準或檢核表，應該在課程進行前就提出，向學生說明，期待學生完成。更理想的教學方式是附上實際的範例作品。這樣的話，學生才容易掌握寫作的要求與方向。

　　以下就檢核表、摘要寫作修改提供示例，以供參考：

表 5.9　小論文 / 專題寫作檢核表

| 檢核向度 / 學習內容與表現 | 檢核等級 / 表現程度 |
|---|---|
| 1. 切合寫作題目的範圍與要求 | □沒做到 □初階 □中階 □高階 |
| 2. 陳述探究的問題與論點 | □沒做到 □初階 □中階 □高階 |
| 3. 定義文章的關鍵詞 | □沒做到 □初階 □中階 □高階 |
| 4. 摘要相關的文獻 | □沒做到 □初階 □中階 □高階 |
| 5. 說明文章論點與相關理論、術語的關係 | □沒做到 □初階 □中階 □高階 |
| 6. 運用不同來源的證據，適當支持論點 | □沒做到 □初階 □中階 □高階 |
| 7. 評估不同立場的理由與證據 | □沒做到 □初階 □中階 □高階 |
| 8. 分辨不同理由與證據的可信度 | □沒做到 □初階 □中階 □高階 |
| 9. 區別引用的文獻與自己的意見 | □沒做到 □初階 □中階 □高階 |
| 10. 依照格式要求，直接或者間接引用參考文獻 | □沒做到 □初階 □中階 □高階 |
| 11. 運用圖、表以澄清觀念與意見 | □沒做到 □初階 □中階 □高階 |
| 12. 理解且應用該領域的重要詞彙、概念或理論，使討論有深度 | □沒做到 □初階 □中階 □高階 |
| 13. 設想讀者對於主題或內容可能的好奇、質疑，並加以澄清 | □沒做到 □初階 □中階 □高階 |
| 14. 透過比較、對照的手法突出文章重點 | □沒做到 □初階 □中階 □高階 |
| 15. 鋪敘出有意義的結構與脈絡 | □沒做到 □初階 □中階 □高階 |
| 16. 總結文章，形成有意義的結論 | □沒做到 □初階 □中階 □高階 |
| 17. 善用主旨句、引導語以及各種信號字，使文意清晰 | □沒做到 □初階 □中階 □高階 |
| 18. 段落分明，遣詞造句通順，標點符號運用正確 | □沒做到 □初階 □中階 □高階 |
| 19. 依照格式要求，在文章最後列出參考文獻 | □沒做到 □初階 □中階 □高階 |

表 5.10　摘要寫作修改示例

範例一：
文章取自〈喝咖啡聊咖啡因的是非〉，收錄於《科學人》雜誌，2009 年 11 月號

| 修改前 | 修改後 | 修改說明 |
|---|---|---|
| 咖啡及茶已經是全球流行的飲料，有許多原因，一、因殖民而傳播到各地，二、可乾燥保存，三、可產生不同的氣息，可依不同偏好調整。但主要還是因為都含有咖啡因。咖啡因可阻礙線　與受體的組合，使人能延後睡眠時間，不過，也會使神經元活動的引響放大，但不會真的上癮。咖啡因對於身體代謝也有影響。它會產生一連串的反應，進而使 cAMP 的濃度不易下降，也因此，咖啡因也可使血液供應提升，有助於身體活動，故會使人想吃些點心。除此之外，也可以和藥物混用，以提升藥物的效果，所以很多藥都含有咖啡因。相較其他精神刺激物，咖啡因為咖啡因會溶於水中且容易取得及較溫和，故成為最廣泛的東西。所以，要提振精神，最方便快速的，還是喝杯茶或是咖啡比較好。 | 1. 人們透過攝取咖啡因提神，是咖啡等飲料在全球流行的主因。<br>2. 本文以神經科學角度解釋咖啡因對人體的作用。<br>3. 文中引述哈佛大學之研究，<br>4. 說明咖啡因能提神的原因在於阻礙腺　與受體的結合。<br>5. 此外，文章也指出咖啡上癮的原理是腦中線　受體數量增加，使神經元對線　變化更敏銳，習慣攝取咖啡因者若是中斷攝取，就會精神不濟。<br>6. 除了提神之外，文章也附帶提到咖啡因對於身體代謝有影響，也能提升藥物效果。<br>7. 由於咖啡因飲料便宜、普遍、刺激溫和，因而成為人類使用最為廣泛的精神刺激物。 | 1. 提出文章主要討論的問題。<br><br>2. 指出文章的性質、切入點與主要內容。<br><br>3. 指出論述的根據。<br><br>4. 回答文章的主要問題。<br><br><br>5. 對主要問題的另外一項說明。<br><br><br><br><br><br>6. 區別與主題有關的次要訊息。<br><br><br>7. 提出結論。 |

（continued）

範例二：
文章取自〈躍動的青春期大腦〉，收錄於《科學人》雜誌，2015 年 07 月號

| 修改前 | 修改後 | 修改說明 |
|---|---|---|
| 青春期大腦很有特色。科學研究幫助我們了解大腦運作。掌管情緒與感覺的部分較早成熟，掌管情境假設與社會認知的部分較晚成熟。青少年容易衝動、冒險，但充滿發展彈性。大人應該根據這點來引導青少年，並且讓青少年有機會塑造一個更好的自己。 | 1. 這篇文章主要在討論青春期大腦的特色。<br>2. 文章從神經科學的角度切入，引述了相關的科學研究，<br>3. 說明青春期大腦掌管情緒與感覺的部分較早成熟，掌管情境假設與社會認知的部分較晚成熟。這是為什麼青少年容易衝動、冒險的原因。<br>4. 然而，這樣的大腦特色也讓青少年充滿著發展彈性，能根據環境改變自己的行為。<br>5. 作者最後指出，青春期是人發展的重要階段，了解青春期大腦的特質，有助於引導青少年健康地成長與發展。 | 1. 指出全文的核心問題。<br>2. 指出文章的性質、切入點、論述途徑。<br>3. 說明文章的主要內容。<br><br>4. 對於核心問題的回答。特別提到「發展彈性」這個關鍵詞，並解釋。<br>5. 指出這項問題的重要性；或者暗示了作者的寫作動機。 |

說明：「修改後」一欄中的標號、分段，是為了解說起見所做的編排，實際上無須標號與分段。

心得筆記

# 單元 58 如何指導學生口語表達？

囝仔人，有耳，也有嘴

## 替學生搭建好表達力的鷹架

隨著商業模式改變、自媒體普及、傳播滲入日常生活等時代潮流，口語表達日益受到重視。從前臺灣的諺語說「囝仔人，有耳無嘴」，現在的教學則是要讓學生「有耳」（懂得聽）也「有嘴」（懂得說）。

本書單元 47 已經介紹過專題口語發表的要項，這個單元則從實務的角度，提供教與學的一些策略。

首先，該讓學生知道「口語表達」要學什麼。以建國中學簡報課程的評量規準為例，期待學生能夠綜合表現「內容」、「組織」、「PPT 應用」以及「表達能力」四個向度的能力，具體的表現與層級說明參見下頁表 5.11。

在運用上，教師可以直接告訴學生評量表現的向度與層級，也可以與學生「共創」規準。譬如說，讓學生觀看網路上優質的短講視頻，要學生在觀看之後，針對「一場好的演說表達要具備那些條件」發表看法。這樣的策略更容易邀請學生融入課堂。

此外，教師應根據課程的需求與目標，訂定不同的評量規準，譬如單元 54 提供的閱讀理解與批判思考評量標準。關於如何設計評量規準，請參考單元 66。

> ### 資訊加油站
>
> 關於聽與說的討論，推薦參考：吳茳譯（2018）。如何聽，如何說。（Mortimer J. Adler 著）。臺北市：木馬。

表 5.11　建國中學簡報評量規準

| 層級說明<br>評量向度 | 【簡報】能力的評量層級與文字說明 | | | |
|---|---|---|---|---|
| | 4. 達人 | 3. 老手 | 2. 學徒 | 1. 生手 |
| A. 內容<br>關於內容的熟悉度與素材選擇，能否助於了解主題 | 深入了解報告內容；能選擇貼切的素材或例子；讓聽眾深入認識主題。 | 熟悉報告內容；能選擇相關的素材或例子；有助於聽眾更加認識主題。 | 稍有涉獵內容；素材或例子有些不符聽眾程度；能讓聽眾稍微了解主題。 | 對報告內容陌生；選材與舉例不當；對聽眾了解主題幾乎沒有幫助。 |
| B. 組織<br>關於報告內容的組織與邏輯性 | 內容的分類與層次分明；承接與轉折明確，富邏輯性。 | 按照順序呈現重要內容；有留意承接與轉折處的邏輯性。 | 局部的內容尚稱清晰；調換內容次序後則更富組織邏輯。 | 呈現了基本內容；組織結構紊亂，幾乎沒有邏輯性。 |
| C.PPT 應用<br>關於 PPT 的重點呈現，視覺美感，及輔助說明的功能 | 能突出內容重點；編排精美富創意；加深聽眾對主題內容的認識與興趣。 | 能呈現報告重點；視覺美觀清晰，閱讀無礙；能達成輔助說明的功能。 | 平實呈現報告大綱；用字、配色偶會造成閱讀障礙；還算與口頭內容結合。 | 完全沒有使用PPT；版面閱讀困難；呈現內容與報告主題幾乎無關。 |
| D. 表達能力<br>關於口語表達的基本要素與演說技巧 | 口條流暢；用詞精準；咬字清晰；聲調富抑揚頓挫；善用手勢與眼神接觸吸引注意力。 | 表達堪稱流暢；用詞清楚；咬字正確；聲調有抑揚頓挫；自然表現手勢與眼神接觸。 | 表達偶有停頓或重複；用詞偶有失當；咬字不夠清晰；聲調略平板；偶爾有手勢與眼神接觸。 | 語言紊亂；語焉不詳；咬字不清；聲調毫無變化；眼神不看聽眾。 |

 **吸引聽眾，才是有效的表達**

　　這裡談的「口語表達」，與國語文競賽訓練的「演說」、「朗讀」等項目內涵不盡相同。後者重視國語文基本能力的展現，前者則著重於語言的傳播與應用。好的口語表達，能夠吸引聽眾，並且將訊息植入聽眾的內心，產生影響。爲了達到這樣的傳播目的，除了表達內容「言之有物」是重要條件之外，以下幾項關鍵原則，也是指導學生的時候可以著重的：

圖 5.7　理想的口語表達

1. 了解聽眾：真正有效的溝通，不只依賴講者單方面展現過人的魅力與口才，首要之務是了解聽眾。聽眾想知道什麼？為什麼聽眾需要知道這些？聽眾具備那些先備的理解條件？聽眾會被怎樣的內容與表達方式打動？這些都是應該放在心上的問題。

2. 目標明確：了解聽眾的同時，要精心思考說話的目的。是為了行銷某件產品？宣傳某項理念？獲得評量高分？還是……，有清楚的說話目標，才能安排適當的內容與策略。

3. 說故事：在表達中適當地穿插個人故事，可以吸引聽眾注意，更有效地將想要傳達的訊息留印在聽者心中。從論述的角度看，個人經驗與情感缺乏證據效力，但從傳播的角度來看，卻很能增強說服力。

> **資訊加油站**
>
> 關於如何進行短講表達，推薦參考：
> 1. 李芳齡譯（2016）。TED TALKS 說話的力量（Chris Anderson 著）。臺北市：大塊文化。
> 2. 徐昊譯（2016）。Google 必修的圖表簡報術（Cole Nussbaumer Knaflic 著）。臺北市：商業週刊。

4. **客觀事實**：透過新聞報導、數據、研究成果、現象照片等事實性、具體性較高的文獻，可以很有效地加強聽眾的印象。爲了引起聽眾關注，或者爭取聽眾信任，呈現事實是很好的策略。

5. **訊息視覺化**：同樣的訊息內容，用口語說明、用文字表述，或者用視覺圖像呈現，傳播的效果大不相同。如果表達的目的不只是「將意見從自己口中說出來」，而是「將意見植入聽眾的心中」，則運用圖、表、照片、視頻等視覺媒介，是很必要的傳播策略。

6. **強調重點**：聽講與閱讀不同，閱讀可以反覆觀看，並且由讀者調整閱讀速度；現場聽講則無法要求講者「倒帶重播」或者「慢動作播放」。貼心的講者會透過種種方式強調重點，協助聽者辨識。比如說：提供清晰的演講脈絡、重述關鍵概念、用語音強調重點、透過文字強調重點等。

7. **非語言訊息**：透過舉止儀態、穿著打扮、肢體語言、眼神互動、聲情表現等非語言內容的訊息，強化聽眾的整體印象。

### 心得筆記

# 59 要讓學生分組進行嗎？

善待學生或善待自己？

## 分組的角力戰

「老師，○○○很混耶，都沒在做，都是我們在做！」

「老師，我們幾個找不出共同的時間來做實驗，該怎麼辦！」

要讓學生分組進行專題研究嗎？這個問題常是老師與學生的角力戰。要一人一組，或多人分組？要自行編組，或隨機分組？這都需要認真考慮。

## 一人一組或多人一組？

俗話說「三個和尚沒水喝」，這句話用在專題研究的分組上，可以說是，也可說不是。

一人一組，每個人對自己的研究負責，完成成果報告時所獲得的成就感最大，而老師們也可以清楚地看到每個人努力的程度。此種模式對於學生的學習而言最為完整，只不過，若是指導的學生人數太多，老師們需要兼顧每個學生的研究進度，這將會是莫大的負擔。舉例來說，一班四十位學生，就得指導四十個專題。對於任一位老師而言，這都是天方夜譚吧！除了老師的負擔大，對學生而言壓力也不少，做研究時少了合作的對象，容易讓人感到孤單；遇到困難時，少了討論的對象，也會讓人感到挫折。這些都是進行個別研究時所需考慮的挑戰。

多人一組，老師的負擔不會這麼重，學生也能夠彼此分工合作，互

相討論，創造出屬於每個小組的默契，這對於很需要同儕的青少年而言，會是一段很美好的學習歷程。但在分組研究的同時，各組組員的分工不均，認真的學生一肩扛起專題研究的重擔，而投機者躲在其他同學的保護傘下，共享他人努力的成果，這樣的現象並不罕見，老師若沒有認真看待、及時處理，常會引發公平性的爭議。

考量以上兩者的優缺點，二或三人一組，似乎是較為恰當的組合。如果能善用十二年國教的行政資源，兩位老師以「協同教學」型態上課，均核算授課時數，那就更理想了。學生二或三人一組，彼此不易占人便宜，也比較沒有偷懶的藉口，透過彼此間的溝通討論，比較能夠得到共識，也有助於培養學生與他人合作的能力。

 **自行編組或隨機分組**？

分組的方式有很多，可由抽籤決定組員、可依座號順序分組、可由學生自由選擇組員、或是根據想做的主題方向來分組，都是可行的方式。不過，分組的結果常會影響著後續工作的執行，這對於專題研究這門較需要長時間抗戰的課程而言，十分地重要。

### 1. 抽籤規定分組

抽籤決定是種較隨機的方式，可讓學生跨出舒適圈，嘗試與不熟悉的人合作，培養與他人共事的能力，但因組員彼此間的熟悉程度較低，磨合期會較長。而且，若是在選修班中形成跨班的組合，常會發生找不出共同討論時間的麻煩，導致研究時程的延宕。

### 2. 依座號順序分組

依座號順序分組，是種相當省事的作法。有利於老師對學生的掌握，

登錄成績時也很方便。對於學生而言，許多課程也常會採取這樣的分組方式進行，同組組員間有一定的熟悉程度。只不過，進行專題研究與其他課程不同，其他課程多只是短時間的共事，合也好、不合也罷，下課後便可結束這短暫的關係。然而進行專題研究卻是一段長時間的合作關係，遇到有默契的伙伴能夠擦出很棒的火花，若非如此，則需要很辛苦的磨合。

### 3. 學生自行分組

讓學生自行分組，通常會是最受歡迎的方式之一，學生可以選擇他所熟悉、有默契的組員，可大幅減少磨合所需要的時間。只不過，對於一些較為內向的學生而言，在分組的過程常會遭致冷落，因此特別需要老師加以輔導與鼓勵，激發他們產生進行研究的動力。

### 4. 依興趣分組

依興趣分組，也是一種可行的方式，學生對於有興趣的主題，通常會有較大的探究動力，這是其優點。但如何在分組之前便已產生研究主題或方向呢？這可以由老師事先選定主題，或讓全班共同討論，擬定幾個可供選擇的主題，或是設定一個研究方向，大家各自在底下找主題，都是可行的作法。

 ## 學生的輔導及評量

中學生很看重同儕的互動，因此無論以何種方式進行專題研究，老師適時地輔導各組學生，提升其團隊合作的動力，是十分重要的工作。此外，對於某些特殊的個案，是否容許其不與同學共事，自行獨力完成專題研究，亦考驗著老師的智慧。

至於小組工作的評量，除了共同成績之外，若要防杜搭便車現象、甄別各自的努力程度，可以在期末時，請全班學生以 15 分鐘，具名、個別填寫以下問卷：

1. 請敘寫，並簡要說明你們小組在此一專題研究中所聚焦的問題意識。
2. 小組題目的產生過程為何？最後得以定案的關鍵因素為何？回顧

這個查找文獻、討論、擬定題目的過程，你有何心得？

3. 截至目前為止，成員中哪些人（可包括自己）的貢獻度最大？其各自的主要貢獻為何？

綜而言之，無論是輔導或評量，其目的均為了引導學生往團隊合作的目標而努力。若為了評量，打壞了學生團隊合作的關係，絕非老師們樂見的結果。如何拿捏這些方法的運用方式，考量著老師們的智慧。

心得筆記

# 單元 60 如何選取文本與設計問題？

先畫出靶心，才知道箭要往哪裡射出去

 選取文本的原則

運動健身時，教練會根據希望增進的體能向度，或者希望鍛鍊的肌肉區塊，給予不同的引導。比如說，訓練彈跳力與訓練肌耐力的方式不同，而訓練核心肌群與訓練大腿肌的方式也不相同。

閱讀也是這樣。為了達成不同的閱讀目的，應當採用不同的閱讀文本以及閱讀策略。如果選擇詩歌、戲劇、小說等等虛構文學作為文本，說要訓練學生理解論述與學術閱讀的能力，就好像爬到樹上卻說要抓魚一樣。為了訓練學生批判性閱讀以及學術性閱讀的能力，建議所選擇的文本符合以下條件。為了達到教學目標，必要的時候教師不妨加以改寫，讓文本更符合學生程度及教學所需。

1. **論述明確**：為了方便學生辨讀論述，以及摘要內容，所選文章的論述必須很明確，包含清晰的論點以及支持的理由。

2. **多元立場**：除了片面立場的論述之外，所選文章最好能夠包含不同立場的意見，以及作者的討論述評。如此更能刺激學生的批判性思考。

3. **層次明確**：文章中能夠明確分辨他人的意見（摘要）與作者自己的意見（評論）。如果是研究性質的論述，就要將探究的問題、對象、方法、結論等層次清楚地呈現。

4. **資料可信**：礙於篇幅或者內容難度，所選的文章不必然是學術論文，然而也要考量到內容資料的可信程度。

5. **行文簡潔**：提供中學生閱讀的論說性或者學術性文章，應該要避

免艱澀的學術語言。此外，文章中段落的意旨最好明確，而句子最好也有清楚的指導語以及信號字。

6. **篇幅適中**：如果是初學訓練，太長的文章容易讓學生疲乏，閱讀也容易失焦，不如選擇篇幅精簡或者稍加節錄過的文章，使學習重點得以聚焦。如果要增加閱讀難度，或者訓練進階的理解能力，可以選擇篇幅更長的文章。

專題研究的過程中，會閱讀到的不同性質的文獻，需要應用不同的閱讀策略，以下分別以新聞報導、期刊文章、學術論文摘要為例，搭配不同的引導設計，透過問答討論方法，讓學生更能專注於閱讀理解和批判思考能力的練習。

 ## 問題設計舉例 （一） ： 新聞報導

下列文章，改編寫自新聞報導。為了便於教學，教師可以將每個句子編號，使提問與回答都更容易聚焦。隨後附上學習單，以供引導討論。

> ### 講不停！捷運多語廣播引討論
>
> ❶ 捷運車廂多語廣播引發討論，部分民眾建議，為拚觀光，台北捷運應捨閩南語、客語，追加日語、韓語廣播。
>
> ❷ 北捷回應，依〈大眾運輸工具播音語言平等保障法〉規定，必須提供國語、閩南語、客家語及英語四種播音語言。
>
> ❸ 不過，有學者認為，台灣一大堆立法，除了講究政治正確外，似乎沒有什麼事好做了，那客家話也有不同的腔，不同腔應該要公平播放。
>
> ❹ 代表新住民的立委在立法院則提案，因新住民、外籍移工人數增加，同時又要吸引東南亞旅客觀光，應視情況在大眾運輸工具特定路段增加東南亞語播音，直接在台灣就做好親善外交，而且播放東南亞語，也有助於國民對於多元文化的理解與尊重。

❺ 面對各方意見，其實最好的做法應該是進行旅客分析，像大站、轉運站有很多觀光客，可視情況增加國際語言如日語，要用數據分析，不是再用統一規定，不能一次堆五六種語言。

❻ 此外，可以在紙本資訊、應用程式上加強，例如增加各種語言的地圖、路網圖、導覽等。

❼ 來台灣的觀光客多半有手機，也可以開發如韓語、泰語、越南語等語言的訂票系統、路網圖等，不要理所當然覺得別人就該看懂英文，盡量讓各國觀光客覺得台灣是友善的環境，他們才願意介紹更多家鄉的人來台灣旅遊。

參考來源：捷運多語廣播引討論 張景森譏立法只講政治正確，聯合晚報，2016-10-08。原文網址 http://udn.com/news/story/7314/2011086

閱讀理解與分析思考：

1. 這篇文章主要討論的問題焦點最接近：
   □多語廣播如何有效促進多元文化 □應用數據分析以擬定觀光政策
   □捷運多語廣播與推廣觀光的關係 □語言平等與發展觀光孰輕孰重

2. 文中指出，民眾建議台北捷運應捨棄閩語、客語，追加日語、韓語廣播，理由是什麼？

3. 承上題，針對那樣的意見，文章中分別提供了那些不同方面的的觀點？說出三項。

4. 根據❹，代表新住民的立委在立法院提案，提案的內容與所持的理由分別是什麼？

5. 針對捷運多語廣播的爭議，作者提出的觀點是什麼？

6. 承上題，你對於作者的觀點有怎樣的評論？說出你的理由與依據。

7. 除了語音廣播之外，作者認為要營造台灣成為對於外國觀光客友善的環境，還可以怎麼做？他的論據是什麼？

8. 綜合整篇文章的內容，針對討論的焦點發表你的看法，並且試著佐證說明。

### 問題設計舉例 （二）：期刊文章

有些雜誌期刊上的文章，雖然不是學術論文，但十分講究論證與資料的可信性，行文結構也很清晰，適合選作批判性閱讀與寫作的教材。

以《科學人》雜誌 173 期〈人之將死，其言也善〉一文（2016 年 7 月號，參見 http://sa.ylib.com/MagArticle.aspx?Unit=columns&id=3337）為例，可以設計這樣的讀寫提問學習單：

1. 這篇文章的核心問題是什麼？換言之，文章的焦點在回答什麼問題？

   _____

2. 這篇文章的問題意識，起源於對《心理學前線》研究的質疑。根據提示完成下表：

| 問題的提出：《心理學前線》研究結果摘要 |
| --- |
| |

| 對於上述研究數據的兩種解釋 | |
| --- | --- |
| 恐懼管理理論 | 情緒優先理論 |
| 論點 | 論點 |
| 論點 | 論點 |
| 作者的觀點是支持：□恐懼管理理論　□情緒優先理論 | |
| 根據文章內容，分別寫出作者用來支持己方觀點的兩項論證 | |
| 論證一（批評對方的主張） | 論證二（支持己方的主張） |
| | |

3. 你認同作者的觀點嗎？為什麼？

   _____

**問題設計舉例 （三）： 學術論文摘要**

論文之前的摘要（abstract）扼要描述了研究背景、研究目的、研究問題、研究方法、研究結論，與研究的關鍵詞等等。理想的情況底下，閱讀完一篇論文的摘要，就可以判斷出那篇論文對自己的研究可能有怎樣的幫助。

專題研究的過程中，尤其在文獻探討階段，學生可能得參考學術期刊上的論文，所以有必要教導學生如何閱讀。透過這樣的訓練，學生不僅能更深入了解自己研究的議題，也能實際接觸到學術寫作的風格與規範。

練習的時候，教師可以先提供論文摘要寫作的格式（請參考表5.12），以及一篇挑選的論文摘要，要求學生運用格式內容所列出來的項目，檢視那篇論文摘要，並且設計閱讀理解提問。

表 5.12　論文摘要寫作的內容格式

| 研究背景 | A. 背景資訊，主題所屬領域。<br>B. 研究缺口，研究利基，研究途徑 |
|---|---|
| 研究目的 | C. 研究目的，研究問題 |
| 研究方法 | D. 研究方法，實驗設計 |
| 研究成果 | E. 概述研究成果，討論 |
| 結論 | F. 總結成果，未來發展<br>G. 應用領域，政策建議 |

參考來源：蔡柏盈（2014）。從字句到結構：學術論文寫作指引。臺北市：臺大出版中心。頁58-59。

學術論文摘要

> （ㄅ）由於特殊的地理位置與歷史背景，台灣在日據時代曾經是遠東第一大的咖啡加工廠，但隨著在日本人的撤退而沒落。

（ㄆ）而近幾年在地方文化產業的推廣以及永續旅遊潮流的推波助瀾下，許多在地咖啡業者紛紛推出咖啡節活動，吸引消費者前來遊玩，刺激在地咖啡的銷售。

（ㄇ）本研究以花蓮瑞穗的咖啡為例，以在地飲食供應鏈之探討為架構；

（ㄈ）透過對咖啡農與相關業者的訪談來了解其問題與機會。

（ㄉ）研究結果建議降低咖啡豆價格以吸引組織顧客的合作及消費者的嚐鮮；

（ㄊ）另外可以透過跨產業的套裝行程推廣及結合在地特色農特產品來提高瑞穗的咖啡的能見度與知名度。

（ㄋ）公部門或合作社可以扮演好推動的角色，透過相關講習及評鑑活動的舉辦提升咖啡農的生產技術及建立咖啡品質標準，以建立瑞穗咖啡的在地特色。

參考來源：林希軒、陳怡婷（2013）。花蓮瑞穗咖啡的現在與未來-台灣在地咖啡案例之探討。觀光旅遊研究學刊，8（11），頁 145～160。取自華藝線上圖書館，http://www.airitilibrary.com/Publication/alDetailedMesh?docid=19936362-201306-201307170032-201307170032-21-37

依據所附的論文摘要，可以設計如下的學習單：

1. 分析本篇摘要每句話，各屬於**表 5.12** 中的哪項內容。

| ㄅ→ | ㄆ→ | ㄇ→ | ㄈ→ |
|---|---|---|---|
| ㄉ→ | ㄊ→ | ㄋ→ | |

2. 如果依照所提供的摘要寫作標準（單元 22），這篇摘要有沒有可以修改或增補的地方？

3. 這篇論文的「關鍵詞」是：在地咖啡、花蓮瑞穗、在地飲食、在地組織顧客、永續經營。請說明這些「關鍵詞」與論文題目、論文摘要的關係。

# 61 要給學生題目嗎？

## 找題目是很重要的學習！

 **讓學生找題目， 老師得很勇敢**

進行專題研究可培養學生多元的探究能力，例如：準確地提出問題、釐清研究主題及確認研究題目、合理地設計解決問題的方式、有計畫地進行研究、嚴謹地分析結果、有邏輯地以書面與口頭表達自己的想法等。其中，「找題目」是進行專題研究的起點，卻也是學生所面臨的第一道關卡。

「老師，我們可以研究環境對植物生長的影響嗎？」

「你想要研究哪些環境條件，對何種植物的生長？」

「那……就探討光線、酸鹼度、電磁波對綠豆生長的影響好了。」

「你們上網查一下文獻資料，就會發現這方面的研究有做過的人很多喔！」

對於中學生而言，「找題目」最大的困難點在於他們的生活經驗有限，知識背景也有限，腦中搜尋的範圍往往只是之前讀過的課本、做過的實驗，偏偏這些可能的主題通常來自於前人已累積多時的豐富成果，再重複同樣的研究，意義並不大。

在這樣的狀態下，光是釐清研究主題、確認前人做過哪些研究、修訂或更換主題……直到確定題目，來來回回可以進行好一段時間，有些學生甚至花上五、六個月，讓人為他感到焦慮呢！

學生設定的主題五花八門，則是老師的「惡夢」。每個同學有興趣的主題不同，先不說各自涉及不同學科領域，即使同一學科領域，老師

也不可能都有把握指導，想到這裡，應該都會頭皮發麻吧，不知該如何帶領這批學生？

為了減少這樣的困擾，有些老師乾脆直接設定主題，以師傅帶徒弟的模式，帶著學生完成專題研究的過程，甚至只是依照老師的創意做出東西來。這樣的模式雖然省事，甚至還可能在科展等競賽中獲得不錯的成績，但卻少了讓學生發現問題、思考自己想做什麼研究的機會，牴觸了讓學生從專題研究過程中培養多元探究能力的初衷，相當可惜。

##  收與放之間的平衡

到底要不要讓學生找題目？或者，老師該介入到何種程度呢？這得先考量學生的屬性、可投入的時間、能掌握的資源等，再來設定要給學生練習探究的分量及標準。

如果帶領的是資優班之類的特殊班級，學生素質較高、可運用的時間較充裕（通常是一至二年），且有多科老師可共同指導，此時便可依據學生有興趣的領域先進行分組，再放手讓他們在相關領域中自行發想主題、探索問題，然後透過討論的過程，協助學生判斷各種主題的合理性、評估可能的發展方向，最後能確認研究題目。這是培養學生獲得完整的解決問題能力的關鍵步驟。

另一個幾乎完全不同的情況，是由單科教師於一個學期所教授的多元選修課程中，讓學生進行專題研究。如果這是一個專題研究的進階課程，另當別論，否則，設定給學生的任務就應該有所限制。老師選擇一個本身熟悉的知識領域和研究主題，例如食品安全、基改作物、水資源、公平貿易等，讓學生從中發想可能探索的題目。對學生而言，這樣的限縮可節省找題目過程中所可能耗費的龐大時間，將心力用在練習有計畫地進行研究、嚴謹地分析結果、有邏輯地以書面與口頭表達自己的想法等階段。對老師而言，在熟悉的知識領域或議題中，確實較能夠提供學生必要的協助。

然而，若只是想利用數週的時間，帶學生練習閱讀學術性文本、進行初步的文獻探討、凝聚問題意識、揣摩論證寫作、製作圖表傳達概念架構等，此時設定具體題目（如：校園中垃圾桶配置的經濟模式、運動對人體生理反應的影響……等），直接提供相關文獻，讓學生在有限的時間內來實作和體會，其實也非常有意義。

##  感興趣， 或者有趣

無論以何種方式來引導「找題目」這件事情，最好是要能兼顧學生本身的興趣。

學生自己發展主題，最能符合研究者本身的需求；若由老師設定，優先要考量這個主題是否「有趣」，是否能夠引起學生的共鳴？不過，有趣的主題不是指表面看來好玩，或休閒娛樂的話題，例如電玩、手遊、漫畫等，而是指適合研究者知識背景、足以引發其探究的樂趣，或具有深刻意義、和生活有關聯的爭議課題等，譬如由 Viralane.com 所策展的「41 個最具力量的社會議題廣告」等精彩內容（http://www.viralane.com/），或是由亞洲社企創新獎所發展的「亞洲最迫切社會議題」（https://www.socialinnovationaward.asia/2016/chi/atsn.html），臺大開放式課程「科技及其人文社會議題」（http://ocw.aca.ntu.edu.tw/ntu-ocw/ocw/cou/099S118），「泛科學」網站等，都能夠提供很不錯的探究材料。

當學生對於題目感興趣時，才能夠燃起研究的熱忱，才會想要深入地探究；遇到困難時，也才有動力去面對及解決。唯有引導學生願意完整地走完專題研究這條不容易的路程，他們才可能真正學到本事，達到發展解決問題能力的終點目標。

# 單元 62 研究歷程最關鍵的階段是什麼？

不用懷疑，就是確認問題意識！

 **如何釐清及確認問題意識？**

學生絞盡腦汁選好主題，甚至題目也確定了，就可以開始進行研究了嗎？等等，老師還得再做一道工夫，檢視學生是否真的知道他要研究的到底是什麼？換言之，要與學生一起確認此一專題研究的問題意識（problematic）是什麼？在單元 21，已經指出問題意識包含兩個部分：研究問題的性質（nature of the problem），和研究問題的呈現（appearance of the problem）。以下舉個例子，說明如何釐清問題意識。

在專題研究課堂上，老師指定「基因改造作物」做為研究主題，有一組學生經過討論之後，將題目定為「黃豆 GMF 與非 GMF 差別之探究」。老師運用下表，請學生寫下了他們的問題意識。

| 釐清及確認問題意識 | 在知識或價值上，這如何是一個問題（problem）？<br><br>隨著農業科技進步，市面上出現多樣化的基因改造食物（Genetically Modified Foods，簡稱 GMF），雖然目前的研究並未證實 GMF 是否會對人體產生負面的影響，但對一般民眾而言仍存在著疑慮。 | 這個亟待解答或解決的問題，包含了什麼樣的關鍵概念，或變項？<br><br>希望能夠藉由實驗，找出分辨 GMF 和非 GMF 的差別，以利消費者的選擇。 |

學生如此交代，顯然他們的問題意識還不清楚。於是老師追問了幾個問題：

1. 針對 GMF，民眾的疑慮或最在意的，到底是什麼？

   學生回答，他們在初步的文獻探討中發現主要有三個疑慮：GMO（Genetically Modified Organism）會破壞生態，傷及益蟲或產生超級野草。以這種原料製成的食物容易致癌，比較不營養。

2. 老師接著追問，如果只能選一個來做為研究的題目，哪一個疑慮是你們最關切的？

   學生回答，應該是第二個，關於致癌的疑慮。

3. 老師接著追問，選擇用實驗方法來證實 GMF 是否致癌，你們有看過哪一種 GMF 會致癌的相關文獻討論嗎？你們評估過哪一種實驗設計用來研究這樣的致癌風險，最具有合理性和可行性？

   學生無法回答……

4. 學生轉換話題，提到在蒐集的文獻中有兩筆是針對 GMF 及非GMF 黃豆在最主要的三種營養素異黃酮、卵磷脂和大豆蛋白上的比較，觀點不一樣，是否可以改成探討「比較不營養」？

5. 老師回答，當然可以考慮，接著追問，這可以做實驗嗎？

   學生回答，要再評估一下是否可行？是否三種營養素都可以做出GMF 及非 GMF 的比較？

6. 老師接著追問，如果可以做實驗來探討是否 GMF 比較不營養，表格中左欄和右欄的說明該如何做調整？

   幾位學生經過討論，將表格中的文字做了改寫：

| 釐清及確認問題意識 | 在知識或價值上，這如何是一個問題（problem）？<br><br>隨著農業科技進步，市面上出現多樣化的基因改造食物（Genetically Modified Foods，簡稱 GMF），雖然目前的研究並未證實 GMF 是否會對人體產生負面的影響，但對一般民眾而言仍存在著疑慮，「比較不營養」是很常見的一個疑慮。 | 這個亟待解答或解決的問題，包含了什麼樣的關鍵概念，或變項？<br><br>藉由實驗，分析比較 GMF 和非 GMF 黃豆在異黃酮、卵磷脂和大豆蛋白三種營養素的含量上，是否存在著差異。 |
|---|---|---|

7. 老師接著追問，如果實驗很難做，三個月完成不了，怎麼辦？

   幾位學生經過討論，認爲如果眞的無法做實驗，那可能就會蒐集更多的正反雙方立場的文獻加以分析比較。

 ## 確認問題意識， 研究才正式開始

要形成一個好研究，關鍵就在於「問題意識」的釐清與聚焦。有了清晰的問題意識之後，才有可能訂出合理可行的研究題目，以及研究架構。如果我們單只是觀察研究題目，在有限的字數中，通常難以得知爲什麼這個問題值得重視？這個問題的背景與脈絡是什麼？這項研究採取怎麼樣特殊的研究視角與方法？

清晰的問題意識，才有助於凸顯以上這些研究的要項，所以研究者一定要搞清楚自己的問題意識是什麼。換個角度說，如果我們讀不懂人家的小論文，或者專題研究作品，很有可能就是作者欠缺問題意識所造成。沒有問題意識的作品，很難讀懂！

學生做研究、寫小論文，如果他們在一開始的問題意識是清晰的，而且是有多筆文獻支持，是從多筆文獻彙整後經過自己的理解而擬定出問題意識，這已是一個很重要的學習成果。

任何有價值的研究，都該是以想要解決問題的焦點做爲探究起點。許多學生在還沒有確認問題意識前，就急著進行研究的規畫，結果是東拼西湊，還夾帶著憑空想像，這種樣子產生的研究架構常缺乏邏輯性、往往也不可行。如果老師在此沒有嚴格把關，隨意放行，後續的研究其實是浪費時間的，而完成的作品，恐怕沒人能讀懂。

所以，在中學生做專題研究的時間有限，以及著眼於練習閱讀理解、批判思考等基本能力的前提下，先幫學生釐清與聚焦「問題意識」，應該可視爲指導老師的最優先工作。

**63 只寫研究計畫可以嗎？**

為山九仞，功虧一簣？

### 如何訂定專題研究之課程目標？

　　研究計畫是發展研究的藍圖，在進行正式研究之前，需要先寫出研究計畫，藉由文獻蒐集與探討的過程，確認所要研究的主題為何？找出此研究的問題焦點，並訂定研究題目後，還需明確提出想要研究的問題為何？同時構思可採用的研究方法，安排研究設計，進而提出藉由此研究可能產生什麼結果等，才會開始進行研究。

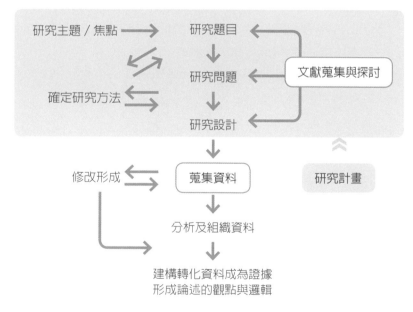

圖 5.8　「研究計畫」在專題研究歷程中的位置

對多數學校、學生而言，如果可以分配的課程時間有限，只讓學生練習完成專題研究計畫（或構想書）是否可行？只有研究計畫，沒有展開實際的研究歷程，豈不是如同畫了藍圖，卻沒能蓋出可供遮風避雨的房屋？這豈不是為山九仞、功虧一簣呀？

　　的確，發展出研究計畫，卻沒能實行，是可惜的。但在有限的教學時數中（如一學期 18 週），我們該如何抉擇？要讓學生從零開始，只需產出研究計畫？或直接給定主題，讓他們完成小論文？還是冒著一直找不到題目的風險，放手讓學生試？任務不同，會衍生出不同的課程設計，提供給學生的教材和評量重點也會有所差異。該如何來取捨呢？

##  完成研究計畫所能培養的能力有哪些？

　　讓我們先重新反思「專題研究」課程的初始目的，我們期待學生能從專題研究的過程中，學到哪些能力？答案應該是「閱讀理解、批判思考、論證寫作」等能力的培養。在完成研究計畫的過程中，是否能夠獲得這些能力呢？下頁**表 5.13** 簡要地列舉出完成研究計畫所需的各項工作內容，以及相對應可培養的能力，以供參考。

　　藉由此表可知，在確立研究主題的過程中，學生可藉由觀察身邊的現象，或是在觀看新聞、閱讀書報雜誌的過程中，獲得研究的靈感，這段過程所能培養的能力包括敏銳的觀察力、以及可由閱讀文獻資料的過程中，擷取隱藏於其中的關鍵問題之能力，這是閱讀理解能力的培養。

　　找出研究焦點、訂定題目的過程中，學生需能比對文獻資料，了解研究主題的前因後果，進而釐清問題的脈絡，此一階段學生需具備文獻蒐集、閱讀理解、批判思考、論證寫作等能力才能完成。

　　在考量研究方法的階段，學生需了解質性研究與量化研究之差別，以及了解藉由不同研究方法分別可以解決何種類型的問題，進而選取適合的研究方法來進行研究。在進入研究前，學生還需規畫出研究設計的細節，例如：要探討的自變項（操作變因）有哪些？如何取得依變項（應

表 5.13　研究計畫之完成與其對應培養的能力

| 完成歷程 | 主要工作內容 | 對應培養的能力 |
|---|---|---|
| 確立研究主題 | 從現象觀察或閱讀文獻的過程中，找出想要探究的主題 | 閱讀理解 |
| 找出研究焦點 | 從文獻分析的過程中，了解研究主題的前因後果 | 文獻蒐集、閱讀理解、批判思考 |
| 訂定研究題目 | 根據問題意識，訂定合適的研究題目 | 批判思考、論證寫作 |
| 提出研究問題 | 依據研究題目，指出一至數個前人研究的缺漏或偏誤、需要透過此次探究過程來解決的問題 | 批判思考、論證寫作 |
| 選定研究方法 | 根據研究問題，選定用以解決問題的適當方法 | 批判思考、論證寫作 |
| 規畫研究設計 | 選定研究變項，或主要概念，確立研究架構，規畫後續實作、分析、檢核的流程 | 批判思考、論證寫作 |

變變因）來進行分析？如何進行取樣？需要設定哪些研究工具（如問卷、實驗方法等），並提出藉由研究過程可能獲得的結果（預期結果或假設）為何？完成以上過程後，學生還需要將這些想法文字化，寫入研究計畫中，作為後續進行研究的藍圖。

　　由上可知，完成研究計畫，代表研究者已經確立了研究方向、釐清問題焦點、規畫了研究架構、也知道將如何進行研究。也就是說到此為止，研究者已經準備好，可以開始進行研究了！

　　就在這樣的過程中，閱讀理解、批判思考、論證寫作等能力都練習到了。

 ## 只寫研究計畫也已經足夠

　　研究計畫是專題研究的第一個成果，是進行專題研究的基礎。藉由構想如何完成研究計畫的過程，可讓學生確認自己想做什麼？要證明什麼？該如何來證明等。這是進行研究的過程中最重要，也最燒腦的階段。

一份好的研究計畫，能夠清晰呈現進行此一專題研究的合理性和可行性。反之，研究計畫毫無章法、論述或證據掛一漏萬，代表研究者缺乏邏輯思考、難以進行論證分析。

因此，在時間不足，或只要想培養學生獨立思考能力的前提下，與其讓他們草率完成，甚至是不知所云的學期報告，不如好好地進行探究，寫出一份有問題意識、有邏輯、具有執行潛力的研究計畫。至於如何完成這個研究、寫出小論文，老師可以鼓勵學生利用相關課程或在彈性學習時間搞定。

## 心得筆記

# 單元 64 該要求學位論文的規格嗎？

其實，小論文就夠了！

現在的中學老師大多具備碩士或博士學位，回想求學階段時，學位論文可說是用命拚出來了，花了二至十年的青春時光，夜以繼日地埋首於堆積如山的文獻資料中、奔波於田野研究現場，或進住實驗室，與永遠作不完的實驗奮戰。這過程是辛苦的，也因此在披掛碩、博士袍、取得學位的那一刻，常會流下感動的淚水，哇！終於畢業了。

每當回憶這段研究的過程時，心中的酸甜苦辣便會不自覺地湧上心頭，若要再一次進到研究室，重新開始另一次研究，可能需要莫大的勇氣。現在，竟然跑出一個要指導學生練習做專題研究的任務，這豈不是又跟「研究」糾纏不清了嗎？

其實，老師們不必把指導專題研究看得太嚴肅、太專業，這不是要讓學生寫學位論文，而只是想引導學生藉由專題研究的過程，增進閱讀理解、批判思考、論證寫作的基本能力。如果在中學階段一再地限縮學生發展上述基本能力的機會，他們將很難有機會可以進行獨立思考、自主學習，這是十分可惜的。

該如何突破指導學生的種種限制呢？

首先，請考慮讓學生完成三至五頁的「研究計畫／專題研究構想書」（參考單元 7、38、63）即可。

其次，如果學生整體的平均程度較好，或者配置的課程學分數、時數較多，或者準備實施差異化教學，這才考慮指導學生完成大約 3,000 至 4,000 字的小論文。（請參見單元 5）

顧名思義，小論文是一篇具體而微的研究論文，體例上包含：研究

題目、研究動機、研究目的、研究方法、研究架構、研究結果與討論、以及列出數篇參考文獻等（詳見下表），學生只要練習以精鍊的文字，有邏輯地論述其其思考及發現就可以了，研究方法及研究架構兩項要求的門檻不會太高。

表 5.14　小論文的內容

| 項目 | | 內容說明 |
|---|---|---|
| | 題目 | 研究題目不宜太大，否則極可能失焦，導致無法展開研究。建議從生活周遭找尋可供研究的小議題，深入探討即可。對於主要是培養思考及探究能力的中學生而言，這是比較合宜的選擇。 |
| 前言 | 研究動機 | 簡述選擇研究題目的動機，可由日常生活中的觀察出發，或由閱讀文獻資料時所產生的疑惑入手。「有感覺／有溫度」的動機往往能成為研究的動力，也能夠引發讀者的閱讀興趣。 |
| | 研究目的 | 簡述藉由專題研究想要解決什麼問題？以及期待能夠達到什麼目的？研究目的應與研究結果、結論互相呼應。但若在研究過程中，發現研究方向、結果與預設的研究目的不盡相符時，應回頭檢視及修改研究目的，並思考後續如何在相關資料證據支持的基礎上，讓研究目的、研究內容與結論緊密關聯，邏輯一致。 |
| | 研究方法 | 簡述想要透過什麼概念架構、運用何種研究方法來進行資料的蒐集。一般常見的研究方法包括：文獻文析法、問卷調查法、訪談法、觀察法、實驗法等；應依據研究目的，選擇適合的研究方法來進行專題研究。 |
| | 研究架構 | 將主要的概念，或者關聯的變項以心智圖或其他圖式來呈現，這是值得嘗試、練習的技巧。 |
| | 正文 | 　　正文內容應包括：文獻探討、運用選定的研究方法所蒐集資料的彙整分析結果與發現，並且針對此研究結果與發現加以討論。<br>　　小論文應以「論證」型式呈現，用字遣詞需能夠清晰流暢、言簡意賅，避免使用贅字、錯別字、口語化文字等。<br>　　小論文與國文作文常練習的論說文有所不同，論說文通常只需要從作者的觀察思辨著手，而小論文需要引用多筆文獻來立論，也常需要運用選定的研究方法來蒐集資料加以分析。<br>　　在撰寫正文時，應留意論述的層次，可藉由文字的排版，突顯出此一層次，例如：每往下一個階層時，內縮一個字元，可讓排面的層次更為清晰。只不過，所分的層次亦不宜太多，一般分到第四階層即可。 |

(continued)

| | 一、○○○○<br>　(一)　○○○○<br>　1、○○○○<br>　　(1)　○○○○<br>　　　　若需放置圖或表時，除了標註圖或表的標題外，亦應讓圖、表與內文互相 參照。<br>　　　　此外，若於內容上需引用相關資料進行彙整、分析、辯證等，應仔細註明引用資料的出處。 |
|---|---|
| 結論 | 　　　　結論的內容，主要是根據研究結果和發現而進行的說明、解釋或闡述，並且點出未來值得進一步研究的方向等。可適度採用條列方式陳述，使讀者更容易閱讀。<br>　　　　在撰寫結論時，應注意結論與研究目的、正文間的關聯，以期達到互相呼應的效果。 |
| 引註資料 | 　　　　小論文的基本要求是至少參考三篇資料，且應避免引用正確性有待商榷的網路論壇、問答或聊天網站的內容。關於維基百科資料，請引用、查找其所附的文獻資料或參考資料，不建議直接引用維基百科的內容文字。<br>　　　　引註資料的列舉方式，可參考美國心理學會提出的 APA 格式（詳見附錄）。 |

資料來源：修改自中學生網站，http://www.shs.edu.tw/doc_download/ 小論文寫作範例說明 .pdf

　　根據以上所列可以得知，小論文的規模雖然不大，但仍能有系統地培養學生具備基本的研究能力。如果能夠設法讓較多的學生有機會透過研究的過程完成小論文，這應該會是中學生涯最具意義的學習之一，也將會讓學生們在升讀大學之後受用無窮。

心得筆記

**不教而殺謂之虐**

「下週要進行期末報告，請同學們準備五分鐘的口頭報告！」

「什麼？要報告什麼？」

有不少老師希望學生能具備思辨及探索的能力，因此在一開學時便交代學生要寫學期報告，同時說明了主題及字數要求，並簡要地講解寫作的規範，提醒絕對不能抄襲。

之後十幾週時間，老師依循著國家課程綱要上課，辛勤傳授教科書的知識，補充一堆講義，經歷過兩次定期考，然後接近了學期末。在預定報告的前一週，老師提醒學生下週要上台報告時，結果卻得到上述的回應。可想而知，隔週的報告情況慘不忍睹，一大堆學生根本是直接從網路上隨手抓取資料，最混的是直接一筆資料複製貼上。比較「費工」的，是拿三筆資料東拼西湊，組成一份前後邏輯不通的報告。至於簡報的投影片，就連格式、字體大小都無法顧及，加上結結巴巴的口語表達，可能連他自己都不知道在說什麼。

學生的漫不經心，固然自己要檢討，但老師也該反省，是否盡到了教導的責任？是否教過學生該如何蒐集和運用資料？該如何製作報告媒材，以及進行口頭報告時得注意哪些事項？

老師們或許認為寫報告、上台發表，是學生本來就該會的事，想當年，老師的老師也沒教過這些，還不都是靠自己逐漸摸索，在錯誤中學習得來。現在學生手上有這麼多工具，找資料多方便，怎麼表現反而比

以前還糟呢？

　　其實，老師們應該忘了，十幾、二十年前應該沒有今天這種軟硬體條件，就是一個人拿著稿子直接上台報告而已。至於資料檢索，其實與資料分析是兩碼子事，後者難多了。加上數位時代下的學生閱讀長篇章的能力和耐性確實大不如前，各種令人分心、沉迷的資訊又暴增。如果老師們體認應該讓學生具備思辨及探索的能力，那麼務實地提供過程中的引導和支持是必要的。

 ## 有效的教學歷程

　　究竟「做研究、寫學期報告或小論文」這項學習任務是否需要教？又該如何教呢？

　　與其他學科知識的學習不同，「做研究、寫學期報告或小論文」的學習，誠如在本書「寫作緣起」所言，或是各個篇章的討論，無論最完整的或者較簡化的要求，其實都涉及不少的觀念、知識與技能。身為老師，自己當年或許不教而能、不學而能，但是眼前的學生，素質未必人人整齊，動機未必人人明確，態度未必人人積極，提供必要的教導及個別的協助，才能讓學生有機會學習如何思辨及探索，而具備這樣的能力，應該是每一位學生的基本權利。這也是本書寫作的初衷，希望讓教、學過程都能夠更加勝任愉快！

　　有效的教學歷程包含教學與評量兩個部分，最終的書面及口頭報告呈現，屬於總結性評量。總結性評量的標準已經是「終點」，這樣的標準應該要拆成幾個重要的部分，排定先後順序，合理地配置於專題研究的過程中，設定為形成性評量，發揮即時檢核、診斷的功能，然後透過教學、個別指導活動協助學生及早發現錯誤、修正錯誤，一步步引導他們循序漸進，抵達終點。有了這樣「以終為始」的設計與實行，學生在期末通過總結性評量，乃至表現優異的機會便可大增。

## 如何檢核學生的進度？

透過形成性評量，發揮即時檢核、診斷的功能，也就意味著老師應該依照自己的課程綱要和教學重點，在學期中設置至少三個檢核點。

至於檢核的方式有很多，包括進行紙筆測驗、繳交書面或口頭報告等，甚至與學生的面談或討論，也能達到檢核學生執行進度的目的。

1. **紙筆測驗**：在專題研究的過程中，進行紙筆測驗的機會比較少，但應該還是需要，主要運用於檢核學生是否具備一些基本觀念和技巧，例如APA格式、摘要、圖表製作與判讀、問題意識的凝聚等。在進行紙筆測驗時，老師可提供至少兩則短篇文本當作素材，讓學生實作，試著完成上述四個考題。這四個考題都屬於閱讀理解、批判思考、論證寫作等基本能力的必備基礎，學生如果未能通過評量，老師後續得提供協助，否則學生很難繼續進行下去。

2. **書面或口頭報告**：書面報告、口頭報告是主要的學習成果展現，老師可利用一至多次期中報告作為過程中的檢核點。期中檢核時，老師的回饋十分重要，可讓學生知道自己的想法或呈現方法有什麼不足，才好進行後續的修正。此外，也可以透過與同學間的觀摩，對彼此產生激勵的效果。

3. **面談或討論**：最及時的檢核方式，應是老師與學生間定期的面談。尤其期中檢核之後，距離期末大約只剩下六至八週，若能在每週上課時撥出時間討論，或每隔兩週於課後討論一次，相當能夠產生激勵和鞭策的效果。對於學生而言，與老師的討論是有壓力的，這樣的壓力將促使他們在討論前，需要花時間來產出進度，這自然有助於完成期末報告。

總而言之，進行專題研究是一段師生共同成長的歷程，學生們有他該學、該作的工作，而老師們的支持、鼓勵與回饋則像是一座燈塔，指引著迷失於專題研究過程的學生，讓他們找出解決問題的方向，重回航道，抵達期望中的目的地。

# 66 如何設計評量規準？

工欲善其事，必先利其器！

 **評量規準呈現學習內容與學習表現**

　　十二年國民教育課程綱要強調「素養導向」，包括課程設計、教學與評量，都必須同步調整，唯有如此，才能為國民教育願景奠下共同的基礎。

　　評估「素養導向」的要項之一，就是適切地結合學習內容與學習表現。根據《十二年國民基本教育領域課程綱要核心素養發展手冊》（國家教育研究院，2015），關於學習內容與學習表現的界定，整理如下表：

表 5.15　學習內容與學習表現

| 學習內容 | 能涵蓋該領域／科目之重要事實、概念、原理原則、技能、態度與後設認知等知識。 |
| --- | --- |
| 學習表現 | 強調以學習者為中心的概念，學習表現重視認知歷程、情意與技能之學習展現，代表該領域／科目的非具體內容向度，應能具體展現或呼應該領域／科目核心素養。 |

　　依照這樣的界定，學習內容不應該侷限在「學習材料」，學習表現也不應該被誤解為最終的「學習成就」。素養導向的教學，其實就是結合學習內容與學習表現的教學。同樣地，素養導向的評量，也必須同時考量到學習內容與學習表現兩重向度。

　　儘管專題研究課程未必屬於某一學科領域，但就內涵來說，依然還是強調學習內容與學習表現的結合。最顯著的一點，就是專題研究要求學生進行閱讀理解、批判思考、論證寫作，以及討論、發表等，這些課

程要素要能充分發揮，並且有效評估學生的學習成就，都必須依賴適當的眞實性評量（authentic assessment）工具。

因此，評量規準（rubrics）成爲不可或缺的評量工具。主要因爲評量規準不只給學生一個分數或者等級，同時還能強調重要的學習內涵，加以分級描述，提供教師作爲評分的依據與參考。也因此，評量規準可以支援多種不同表現的教學活動，譬如說寫作、口說表達、辯論、戲劇表演、模擬法庭、論文發表會……等。

此外，這樣的評量工具，也有助於教師向他人說明某項教學活動的內涵，以及學生的學習品質。

 ## 評量本身就是學習過程

一份理想的評量規準不只提供教師作爲評量工具，它同時是學生的學習工具，因爲它替學生將學習內容與學習表現搭建起鷹架，作爲自我評估、後設學習的參照指標。就學生來說，這樣的評量不只可以檢測學習成就（assessment for learning），評量本身就是學習過程（assessment as learning）。

從結構上來看，評量規準可以分成整體性的評量規準，以及分析性的評量規準。整體性的評量規準將所有的評分要素整體陳述，優點是方便評分者綜合運用，缺點是無法具體呈現特定的學習者需要改善的個別項目。大學入學考試的國語文寫作能力測驗，列出了「試題等第能力說明」，就是使用整體性的評量規準。

**資訊加油站**

參見大學入學考試中心（2016）。學科能力測驗國文考科考試說明。取自大學入學考試中心網頁 http://www.ceec.edu.tw/

表 5.16　國語文寫作能力測驗各題等第能力說明

| | 知性的統整判斷能力 | 情意的感受抒發能力 |
|---|---|---|
| A | 能精確掌握題旨，善用各種材料加以拓展發揮，思考深刻，論述明確，結構嚴謹，文辭暢達。 | 能精確掌握題旨，發揮想像，構思巧妙，體悟深刻，結構完整，情辭動人。 |
| B | 大致能掌握題旨，取用相關材料加以論述，內容平實，結構平穩，文辭平順。 | 大致能掌握題旨，略能發揮想像、抒發情感，結構尚稱完整，文辭平順。 |
| C | 敘寫不盡符合題旨，材料運用未盡允當，缺乏己見，結構鬆散，文辭欠通順。 | 敘寫不盡符合題旨，情意浮泛，結構鬆散，文辭欠通順。 |
| 0 | 空白卷，或文不對題，或僅抄錄題幹。 | 空白卷，或文不對題，或僅抄錄題幹。 |

##  如何發展評量規準

　　訂定整體性的評量規準，只需要根據不同的評分層級列出整體性的評分說明。相對而言，發展出分析性的評量規準要費更大的功夫，也需要對於評量的內涵（包括學習內容與學習表現）有更細膩的分析與描述。

　　下頁的表 5.17，就用單元 58 的表 5.11「簡報評量規準」為例，來說明評量規準的發展步驟。

**資訊加油站**

關於評量規準的說明和編製，可參考陳佩正（譯）（2002）。成為更好的老師（原作者：G. U. Martin-Kniep）。臺北：遠流。特別是第 5 章「運用評分指標支持學習」。

心得筆記

表 5.17　評量規準發展步驟

| 步驟 | 說明 | 舉例 |
|---|---|---|
| 步驟一<br><br>預擬評量的<br>內涵 | 根據曾經看過的實際表現，列出這項活動該有的內容與表現。也可以是列出期待學生最後學到的內容與表現的項目。 | 熟悉內容、內容結構清晰、舉例恰當、投影片美觀、說話有抑揚頓挫…… |
| 步驟二<br><br>分析評量的<br>向度 | 將上述的學習內涵依照特質分類，然後替每一類找出一個能夠涵蓋該群組內容的詞語，形成不同的指標向度。 | 1. 內容組職<br>2. PPT 應用<br>3. 表達能力 |
| 步驟三<br><br>說明評量的<br>向度 | 用簡潔的詞語描述每個評量向度，並且可以依據學習的重要性加以排列次序。 | 1.內容：關於內容的熟悉度與素材選擇，能否助於了解主題<br>2.組織：關於報告內容的組織與邏輯性<br>3.PPT 應用：關於 PPT 的重點呈現，視覺美感，及輔助說明的功能<br>4.表達能力：關於口語表達的基本要素與演說技巧 |
| 步驟四<br><br>安排評量的<br>層級 | 決定評量指標的層級、出現的順序，以及層級所達到的特色或者品質。層級越多，表現的描述與分層越細膩，越能幫助學生知道自己的表現程度。 | 1.生手（幾乎無法掌握要領，必須要好好練習）<br>2.學徒（尚未滿足基本的期待，仍有不少進步空間）<br>3.老手（有基本概念，像是經過訓練了）<br>4.達人（已經做得很好，超過一般的期待） |
| 步驟五<br><br>區別評量的<br>內涵 | 運用不同的詞彙，描述出不同評量層級的內容與表現。盡量讓每個層級的描述有清晰的區別。到這個步驟，已經呈現出評量規準的規模了。 | 請參考本書單元 58 表 5.11：簡報評量規準 |
| 步驟六<br><br>修改評量的<br>規準 | 1.教師根據自己的使用情況加以修改，以期更能有效區別學生的實作表現。<br>2.請同事根據他們的經驗，檢視這份評量規準是否合用。<br>3.讓學生使用這份規準評量自己的學習表現，再請學生回饋，使用的時候那些是清楚有效的描述、那些是曖昧不清或者無效的描述。<br>4.最講究的做法，即是進行「評分者信度」的檢核，並加以修改。 | |

# 單元 67 如何提供學生回饋與引導？

老師不應該只給學生一個分數！

## 專題研究中的師生互動

進行專題研究的過程中，老師與學生間的互動關係是很重要的。老師的角色，除了教導學生如何發現問題、蒐集資料、進行文獻探討、安排研究設計、撰寫小論文之外，還需要在不同的檢核點，提供學生回饋與引導。在這樣的歷程中，前面純粹由老師講解的部分通常只佔三分之一以下的時間，其餘時間主要是師生討論，以及學生自行探索、小組工作、撰寫研究成果，以及進行成果發表等。

在這樣的時間配置下，老師的工作內容豈不是很輕鬆嗎？上完大約三分之一的基本課程後，就可以坐等學生產出各自的研究結果，再藉由書面或口頭報告給學生一個專題報告成績，就可以結束這一門專題研究課？實際的帶領過程，並非如此。

「老師，我們可以作溶液對植物生長的影響嗎？」

「你想作什麼溶液對植物生長的影響？」

「酸性或鹼性溶液好嗎？」

「你查過這個題目是否有其他人做過嗎？」

對於大部分中學生而言，因著缺乏專題研究的經驗，光是發現問題、找到題目一事，就需要花費很長一段時間的討論，才能訂出一個比較像樣的題目。而在專題進行的過程中，文獻如何蒐集、研究如何設計、實驗器材和材料如何準備、如何記錄及分析數據等，都需要老師一步一步地檢視、回饋、修訂，光是訂出研究計畫，就可以消耗掉一整個學期。

為了比較有效率地開始做專題研究，有些老師會選擇幫學生訂好研究

主題、設計好研究流程後，再一步一步地帶著學生來完成。像這樣深度的介入，雖能提高專題研究的執行效率，使學生的作品表現出高於原有能力的水準，卻有否定學生、限縮學生發展能力的可能性，務必三思。

 ## 回饋與引導的時機

好老師應該致力於回饋和引導學生主動學習。一般而言，常見方式可分為口頭、書面兩種。口頭方式比較及時，可運用於課堂討論、小組面談的時機，或是期中、期末報告時的提問與回饋。

課堂討論的回饋與引導，常是針對學生於上課過程中所提出的問題來回應，這樣的回應除了解決提問學生的疑問，也能讓其他學生思考自己是否也會遇到相同的問題，避免重蹈覆轍。

小組面談是專題發展過程的重要活動，藉由小組成員定期與老師討論，可針對自己在研究時所遇到的問題，和老師共同思考有哪些可能的解決方式。進行小組面談時，老師可掌握學生的研究進度、提供學生支持的力量，並督促學生完成階段性的任務，也能夠及時地解決學生所遇到的問題，對於學生發展專題研究的幫助相當直接、有效。

在期中、期末報告時，老師可藉由提問，點出學生在報告時的盲點，亦可在學生報告結束後，針對不同組別的優缺點，以整體評論的方式提出討論與建議。利用提問的過程，學生可思考自己的推論邏輯有何不足，而透過整體的評論，學生則可比較自己與其他同學的差異，截長補短，讓自己的報告內容朝向更為完善的方向來修正。應該強調的是，老師在期中報告時提供的回饋引導，重要性會比期末報告時來得高，唯有讓學生具備充分時間調整修改，才有可能產出理想的成果。

 ## 回饋與引導的內容

至於回饋與引導的內容有哪些呢？整體來說，不外乎提問、建議、鼓

勵與督促。

　　藉由提問的過程，點出論證邏輯不夠充分之處，這是學生進行專題研究的過程常會發生的缺失。此外，文獻蒐集不夠充分、研究設計不夠嚴謹，或是過度解釋文獻資料、研究結果等，也都是需要改進的地方。提出問題後，老師可適度地引導學生進行修訂，但提出建議不等於給他答案，只是提示方向或思考的鷹架而已，最終還是要讓學生自行探索、解決問題，這才是專題研究的核心目標。

　　在回饋或引導的過程，老師也要記得多給學生支持和鼓勵。學生做得不錯之處予以肯定、遇到挫折時提供修訂方向，但對於一再打混的學生，則必須給予嚴厲的提醒，設法鞭策學生開始努力、繼續前進。

　　總而言之，帶領專題研究要講究技巧，除了指引方向外，還需藉由剛柔並濟的引導過程，陪伴學生面對問題、解決問題，鼓勵及督促學生往課程設定的理想邁進。

心得筆記

# 單元 68 誰是最佳指導老師？
### 老師動心忍性，增益學生所不能

## 🌧️ 教書 vs. 帶領專題研究

　　教室裡，三、四十雙晶亮的眼睛，看著臺上的老師神采奕奕、口沫橫飛地講解著精熟通透的課程內容；面對學生所提出的問題，也常能在問題還沒問完前，就已知道癥結的所在，精確地提點、並舉出合理的解釋及重要的參考資料。這是在許多課堂中所能看到的光景。老師自信的表現，引出學生們欽佩的眼神，這是在教學過程中最容易建立成就感的地方。

　　但是，帶領專題研究可就不是這麼一回事。學生們有興趣的主題天馬行空，所需運用到的知識技能五花八門，跨出老師們熟悉的知識範圍，已是個不爭的事實。積極的學生一再地提出問題，挑戰老師的學思極限，難以預測學生奔馳的終點何在。但若遇到被動的學生，更是傷腦筋，拉一下，走一步，有時還原地打轉，不知何時才能走到終點。面對這兩種幾乎是必然的「困境」，著實讓許多老師心生畏懼，能閃則閃；躲不掉時，只得硬著頭皮接下這工作，面臨好長一段燒腦燃心的歷程！

　　為了重拾掌控權，有些老師乾脆幫學生訂題目、設計研究架構、選定研究方法，再帶著學生進行實作；猶如給了食譜，又介入做菜的過程。如此一來，確實讓學生省去了很多摸索的時間，但對於做專題研究的本意而言，似乎少了些什麼？

**皮亞傑認知發展理論的啟示**

探究兒童智力發展歷程的著名學者皮亞傑（Jean Paul Piaget，1896 - 1980），曾提出一套人類認知發展的理論，他將人類獲得新知的歷程，以及在發展歷程中訊息處理方式的改變，區分為感覺動作期、前運思期、具體運思期、形式運思期等四個時期，這樣的探討對於教育改革產生了深遠的影響。

表 5.18　皮亞傑之兒童智能發展歷程

| 發展階段 | 發展年齡 | 認知特質 |
|---|---|---|
| 感覺動作期<br>Sensorimotor Stage | 0~2 歲 | 個體憑藉著感官器官，探索外界事物，藉以獲取知識的歷程。 |
| 前運思期<br>Preoperational Stage | 2~7 歲 | 尚未能作出合乎邏輯的思考，只能使用簡單的符號。 |
| 具體運思期<br>Concrete-operational Stage | 7~11 歲 | 對具體存在的事物進行合乎邏輯的思考。 |
| 形式運思期<br>Formal-operational Stage | 11 歲以上 | 對抽象性事物能進行合乎邏輯的思考。 |

根據皮亞傑的發展理論，人類至十一歲便已具有邏輯、抽象思考的能力，也就是說已經具備了探索、做研究的基礎。因此，如果老師們在教學過程中，仍然依循著「我教你學」的模式，這豈不是扼殺了他們發展、運用高層次思考能力的機會？前述食譜式的探究與實作，或者以大量學習單作為切片的練習、四選一測驗題的限制反應等，其實都在遏制、摧毀中學生的形式運思心智。如果這不是傷害中學生，那什麼才是傷害中學生？

 ## 老師的角色

帶領專題研究與教授教材內容最大的不同，重點在於老師角色的轉變。老師不再是知識的講述、傳播者，而是提供學生們解決問題的鷹架，然後適時地淡出，只在必要處適度地提供所需的協助。說明如下：

### 一、提供鷹架

在帶領專題研究之初，除了告知如何進行專題研究外，可進行一部分時間的佳作分享，讓學生閱讀幾篇前人的優秀作品，試著分析研究架構、推論方式等，老師也可以評論作品的優缺點，及可以改進的地方，讓學生了解專題研究應該如何進行，而老師的期待又為何。

此外，協助學生訂定專題研究的時程、適時掌握學生的研究進度，並提供期中發表作品的機會，亦有助於讓學生能在要求的期限內完成專題研究。

### 二、適時淡出

進行專題研究時，老師的角色要從主導者轉型為協助者，不急著告訴學生答案，要讓學生有展現自己想法的機會，這對學生而言會是一種激勵。例如：在設計實驗時，讓學生們發揮創意，老師則從旁協助，與學生討論評估各項實驗的可行性，以及可能達到的成果，再開始放手讓學生進行實驗。即使對老師而言，學生的想法可能只是老生常談，但這是學生自己推論、摸索出來，其實已經為自己創造出學習躍遷的動力，難能可貴。

### 三、適度協助

在研究過程中，老師所需提供的包括實質與精神上的協助，實質的協助方面包括：一起討論解決問題的方法、提供可參考的書籍或網站資料，或是推薦其可供諮詢的專家等。精神的協助則包括支持、鼓勵與陪伴，讓學生感受到老師正陪著他一起完成這不可能的任務，這是一股讓人心安的力量！

綜而言之，指導專題研究是一段長時間的抗戰，好的老師應能夠運用智慧引領，除了教導其必要的技能外，更重要的是培養獨立思考、自主學習的能力。讓學生能夠掌握住釣竿，他就會源源不絕地釣上魚來囉！

**資訊加油站**

關於教師在專題研究課堂的角色，可參考吳昌政（2018）。PBL 教學的六個關鍵詞——芬蘭觀課札記與反思。中等教育，69：1，123-137。

心得筆記

## 開課的預備， 課程綱要 （syllabus） 的擬定

　　從進行課程設計一路走來，到了要開課的抉擇點。如何讓課程走得順暢，讓學生的學習能循序漸進，訂定一份適用的課程綱要是重要的開始！

　　課程綱要的訂定，需要考量的面向很多，要教些什麼？要如何教？要花多少時間教？要如何檢測學生是否達成學習目標？以及該在什麼時間點進行檢核？檢核的標準是什麼？這些內容都需要安排在課程綱要中。此外，專題研究課程的實施，亦可配合校內外的競賽或獎助計畫的時程來規畫（**表 5.19**），但因大部分的校際競賽多在學期中進行，比較適合一學年或二學年的課程中來安排。

表 5.19　專題研究競賽與獎助計畫重要時程

| 專題研究競賽與獎助計畫 | | 時間 |
|---|---|---|
| 1. 青少年科學人才培育計畫 | | 每年二、三月申請 |
| 2. 臺灣學校網界博覽會 | | 每年二月上傳作品參賽 |
| 3. 中學生小論文比賽 | | 每年三月、十一月舉辦 |
| 4. 旺宏科學獎 | | 每年三〜五月報名 |
| 5. 中小學科展 | 校內科展 | 每年二、三月舉辦 |
| | 分區科展 | 每年四、五月舉辦 |
| | 全國科展 | 每年七月舉辦 |
| 6. 國際科展 | | 每年十一月報名，一、二月比賽 |
| 7. 全國高中生人文經典會考 | | 每年十一月舉辦 |
| 8. 全國高中臺灣人文獎 | | 每年十一月舉辦 |
| 9. Win the PRIDE：用指標說故事 | | 每年十二月舉辦 |

**課程目標的設定**

在設定課程目標時，授課時間的多少，是很重要的考量。

若以一學期、兩學分的課程來規畫時，因可用的時間有限，建議可以研究計畫書為目標。讓學生從如何進行文章摘要、分析圖表或數據、進行文獻探討等開始，進而學習如何擬定研究架構、選用研究方法等，並透過書面及口頭報告等方式，提供成果發表的機會，讓學生能夠藉由同儕互相激勵，對彼此的計畫書提出具體的改進建議，並予以修正。在課程結束後，教師可鼓勵學生利用寒暑假或後續之課程來進行研究；若有些具體的研究成果，亦可鼓勵學生報名參加下一學期的中學生小論文比賽，這是非常適合所有學生練習的舞台。

若為一學年、四學分的課程，就可以完成小論文作為目標來規畫課程。上學期以完成研究計畫、預備研究工具（如設計問卷、訂定訪談大綱、確認實驗方法等）為主要目標，並鼓勵學生利用寒假期間著手進行研究。下學期的課程則以完成研究，分析結果，並將其研究成果撰寫為小論文、進行成果發表為主要目標。在一學年的課程中，擬定重要的檢核點（**表 5.20**），掌握學生的研究進度是很重要的。

表 5.20　一學年專題研究檢核點的設置

| 時間 | | 檢核項目 | 檢核方式 |
|---|---|---|---|
| 上學期 | 第一次定期考前 | 擬定研究方向 | 分組個別面談 |
| | 第二次定期考前 | 完成文獻探討<br>確認研究問題 | 繳交書面報告、期中口頭報告 |
| | 第三次定期考前 | 完成研究計畫<br>（重點是研究架構及研究方法） | 繳交書面報告、期末口頭報告<br>（總結性評量） |
| 下學期 | 第一次定期考前 | 完成初步研究結果 | 分組個別面談 |
| | 第二次定期考前 | 完成小論文初稿 | 繳交書面報告、期中口頭報告 |
| | 第三次定期考前 | 小論文定稿 | 繳交書面報告、成果簡報發表<br>（總結性評量） |

在高中階段，二學年的專題研究課程主要會出現在科學班、資優班等特殊班級中，老師們在設計課程時，可結合校內外科學展覽的參與，指導學生作出較爲完整的專題研究報告。例如：在第一年的課程中，可仿照一學年的課程，帶學生完成論文初稿；而在第二年的課程中，則可以繼續充實研究結果、預備相關競賽及預備成果發表等。

 ## 課程綱要範例

一學期的課程，以臺北市立建國高中「專題寫作與表達」（十二年國教的校訂必修課程）爲例（課程綱要參見下頁**表 5.21**），「研究構想書」是學生學習的主要產出，並以閱讀理解、批判思考、論證寫作等能力的培養，訂爲本學習目標，學生學習的具體任務如下：

1. 能運用閱讀策略，掌握關鍵字句資訊，以及篇章的論述邏輯與問題意識，書寫摘要。
2. 能運用批判性思考，觀摩與練習「論據堅實、論證嚴密」的評論與分析性寫作。
3. 能透過討論與相關多元資料蒐集、閱讀分析，自行聚焦、命題立意，提升論證的嚴謹度及證據力。
4. 能運用簡報技巧，將自己的學思所得做出富有溝通效果的表達。

在課程進行的過程中，除了在各教學單元完成個人或小組學習單，以及進行期中考、期中報告，做爲形成性評量，檢視其學習成效外，亦透過期末口頭及書面報告，進行總結性評量。期中考的評量目的，是爲了檢核學生是否具有摘要整合、評論、正確使用 APA 格式、凝聚問題意識等技能，這些都是在完成學期報告或小論文時所必備的基礎。期中、期末報告則是爲了檢視學生的研究進度，並給予回饋與建議，以利專題研究的進行。

表 5.21　臺北市立建國高中 107 學年度第一學期「專題寫作與表達」課程綱要

| 週次 | | 教學要項／學習內容 | 學習資源 | 學習表現 |
|---|---|---|---|---|
| 1<br>0906 | 課程<br>簡介<br>導論 | 1.課程目標與預期學生產出、專題研究構想書體例，發布專題研究建議主題（方向）：飲食<br>2.問卷、前測<br>3.學生自我介紹、分組（以同班 2 到 3 人一組為原則），安排指導老師<br>4.如何寫摘要。回家作業：指定主題文獻 1，練習寫摘要（個人）<br>5.學生須自備資料夾（建議 40 頁） | 1.問卷<br>2.前測<br>3.「摘要」講義<br>4.「專題研究構想書示例」講義<br>5.指定主題文獻 1 | 自我介紹 |
| 2<br>0913 | 摘要 | 1.「摘要」實作與小組修改（指定主題文獻 1）<br>2.回家作業：再找一筆相關文獻進行交叉檢核，練習擬訂問題意識 | 「問題意識」、「如何讀一篇文章」講義（含表格工具） | 閱讀理解<br>閱讀文獻<br>書寫摘要 |
| 3<br>0920 | 問題<br>意識 | 1.「問題意識」實作與修改<br>2.小組討論專題研究題目<br>3.回家作業：蒐集文獻，以至少三筆為目標 | 指定主題文獻 2、3 | 閱讀理解<br>找出文獻的<br>問題意識 |
| 4<br>0927 | 文獻<br>蒐集 | 1.「蒐集文獻」，資料庫，關鍵字，APA 格式<br>2.回家作業：蒐集文獻，以至少三筆為目標 | 「如何讀一本書」、「如何讀一篇論文」講義（含表格工具） | 閱讀理解<br>依據主題<br>蒐集文獻 |
| 5<br>1004 | 論證 | 1.「論證」，評論與分析性寫作<br>2.小組至少確定三筆文獻（書籍、學位論文或期刊文章），每人分配文獻加以研讀、摘要和討論<br>3.小組確定專題研究題目<br>4.回家作業：以手中文獻進行評論與分析性寫作 | 以指定文獻 2~3 筆為主，示範摘要、引用（直接及間接）、論證的評論與分析性寫作 | 批判思考<br>找出假設及<br>評估理由<br>評估證據及<br>推論理路<br>釐清論證的<br>情境脈絡<br>評價及重新<br>定位問題 |
| 6<br>1018 | 文獻<br>探討 | 1.「文獻探討」實作<br>2.研討、形塑專題研究問題意識（小組） | 各組作品 | 論證寫作<br>論據堅實、<br>論證嚴密 |
| 7<br>1025 | 期中考 | 1.範圍：APA、文書排版、問題意識（60 分鐘）<br>2.專題寫作討論 | 測驗試題 | 紙筆測驗<br>實作評量 |

(continued)

| | | | | |
|---|---|---|---|---|
| 8<br>1101 | 專題<br>寫作<br>討論 | 1.小組實作<br>2.教師指導 | 1.「Word、PPT 基本技巧」講義<br>2.簡報設計與製作網路資源介紹 | 論證寫作<br>論據堅實、<br>論證嚴密 |
| 9<br>1108 | 期中<br>報告 1 | 1.10 組，每組 5 分鐘。<br>2.回饋文獻探討寫作（含 Word 技巧）、口語表達（含 PPT 技巧） | 小組報告作品 | 分組簡報<br>問答 |
| 10<br>1115 | 期中<br>報告 2 | 1.剩下的組，每組 5 分鐘<br>2.回饋文獻探討寫作（含 Word 技巧）、口語表達（含 PPT 技巧） | 1.小組報告作品<br>2.線上範例觀摩 | 分組簡報<br>問答 |
| 11<br>1122 | 研究<br>架構 | 1.「研究架構」說明與練習<br>2.專題研究構想書討論與修改（小組） | 「研究架構」講義 | 論證寫作<br>論據堅實、<br>論證嚴密 |
| 12<br>1129 | 圖表 | 1.「圖表」說明與練習<br>2.專題研究構想書討論與修改（小組） | 「圖表」講義 | 論證寫作<br>論據堅實、<br>論證嚴密 |
| 13<br>1206 | 研究<br>方法<br>運用 | 1.「研究方法」說明與練習<br>2.繳交更新版「研究架構」（小組）<br>3.專題研究構想書討論與修改（小組） | 「研究方法」概論講義 | 論證寫作<br>論據堅實、<br>論證嚴密 |
| 14<br>1213 | 研究<br>方法<br>運用 | 1.「實驗、觀察、問卷、訪談、文獻分析」的選用<br>2.繳交專題研究構想書初稿（小組）<br>3.專題研究構想書討論與修改（小組） | 「研究方法」概論講義 | 論證寫作<br>論據堅實、<br>論證嚴密 |
| 15<br>1220 | 專題<br>寫作<br>討論 | 1.小組實作<br>2.教師指導 | 各組作品 | 論證寫作<br>論據堅實、<br>論證嚴密 |
| 16<br>1227 | 專題<br>報告 1 | 期末報告－專題研究構想書（6分鐘） | 小組報告作品 | 分組簡報<br>問答 |
| 17<br>0103 | 專題<br>報告 2 | 期末報告－專題研究構想書（6分鐘） | 小組報告作品 | 分組簡報<br>問答 |
| 18<br>0110 | 期末<br>回饋<br>與研討 | 1.學生自評與課程回饋、師生研討與回饋<br>2.後測 | 1.自評與回饋表<br>2.後測 | |

**設計出適合自己與學生的課程綱要**

在本書的終了，想要分享的是：專題研究是一門活的課程，每位老師都能發展出屬於自己的帶領模式，而每個學生也都會有屬於自己的研究步調。別人所制定的課程綱要未必適用，但若能參考前人的經驗，並經過幾輪教學過程的磨合後，總會發展出一套最適合自己與學生的課程綱要和教學模式。

心得筆記

國家圖書館出版品預行編目資料

中學專題研究實作指南／黃春木、吳昌政、曾慶玲、
童禕珊、簡邦宗、葉芳吟著 . -- 初版 . -- 臺北市：
商周出版：家庭傳媒城邦分公司發行，2018.12
352 面；17×23 公分 （超高效學習術；33）
ISBN 978-986-477-582-8（平裝）
1. 漢語教學　2. 寫作法　3. 中等教育
524.313　　　　　　　　　　　　　　　107020604

# 中學專題研究實作指南

作　　　　者／黃春木、吳昌政、曾慶玲、童禕珊、簡邦宗、葉芳吟
企 畫 選 書／林宏濤
責 任 編 輯／陳思帆

版 權 部／翁靜如
行 銷 業 務／李衍逸、黃崇華
總 編 輯／楊如玉
總 經 理／彭之琬
發 行 人／何飛鵬
法 律 顧 問／元禾法律事務所　王子文律師
出　　　　版／商周出版
　　　　　　　臺北市中山區民生東路二段 141 號 9 樓
　　　　　　　電話：(02) 2500-7008　傳真：(02) 2500-7759
　　　　　　　E-mail：bwp.service@cite.com.tw
發　　　　行／英屬蓋曼群島商家庭傳媒股份有限公司城邦分公司
　　　　　　　臺北市中山區民生東路二段 141 號 2 樓
　　　　　　　讀者服務專線：0800-020-299　24 小時傳真服務：(02)2517-0999
　　　　　　　讀者服務信箱 E-mail：cs@cite.com.tw
劃 撥 帳 號／19833503　戶名：英屬蓋曼群島商家庭傳媒股份有限公司城邦分公司
訂 購 服 務／書虫股份有限公司客服專線：(02)2500-7718；2500-7719
　　　　　　　服務時間：週一至週五上午 09:30-12:00；下午 13:30-17:00
　　　　　　　24 小時傳真專線：(02)2500-1990；2500-1991
　　　　　　　劃撥帳號：19863813　戶名：書虫股份有限公司
　　　　　　　E-mail：service@readingclub.com.tw
香港發行所／城邦 ( 香港 ) 出版集團有限公司
　　　　　　　香港灣仔駱克道 193 號東超商業中心 1 樓
　　　　　　　電話：(852) 2508 6231　傳真：(852) 2578 9337
馬新發行所／城邦 ( 馬新 ) 出版集團【Cité (M) Sdn. Bhd.】
　　　　　　　41, Jalan Radin Anum, Bandar Baru Sri Petaling,
　　　　　　　57000 Kuala Lumpur, Malaysia.
　　　　　　　電話：603-90578822　傳真：603-905676622

封 面 設 計／山今伴頁
內 頁 排 版／綠貝殼資訊有限公司
印　　　　刷／高典印刷有限公司
總 經 銷／聯合發行股份有限公司　電話：(02)2917-8022　傳真：(02)2911-0053

■ 2018 年（民 107）12 月 11 日初版　　　　　　　　　　　Printed in Taiwan
■ 2023 年（民 112）9 月 28 日初版 7 刷

定價／ **380** 元

城邦讀書花園
www.cite.com.tw

# 讀者回函卡

感謝您購買我們出版的書籍！請費心填寫此回函卡，我們將不定期寄上城邦集團最新的出版訊息。

不定期好禮相贈！
立即加入：商周出版
Facebook 粉絲團

姓名：＿＿＿＿＿＿＿＿＿＿＿＿＿＿＿＿＿＿　性別：□男　□女

生日：西元＿＿＿＿＿＿＿年＿＿＿＿＿月＿＿＿＿＿日

地址：＿＿＿＿＿＿＿＿＿＿＿＿＿＿＿＿＿＿＿＿＿＿＿＿＿

聯絡電話：＿＿＿＿＿＿＿＿＿　傳真：＿＿＿＿＿＿＿＿＿

E-mail：

學歷：□ 1. 小學 □ 2. 國中 □ 3. 高中 □ 4. 大學 □ 5. 研究所以上

職業：□ 1. 學生 □ 2. 軍公教 □ 3. 服務 □ 4. 金融 □ 5. 製造 □ 6. 資訊
　　　□ 7. 傳播 □ 8. 自由業 □ 9. 農漁牧 □ 10. 家管 □ 11. 退休
　　　□ 12. 其他＿＿＿＿＿＿＿＿＿＿＿＿＿＿＿＿＿＿＿＿

您從何種方式得知本書消息？
　　　□ 1. 書店 □ 2. 網路 □ 3. 報紙 □ 4. 雜誌 □ 5. 廣播 □ 6. 電視
　　　□ 7. 親友推薦 □ 8. 其他＿＿＿＿＿＿＿＿＿＿＿＿＿＿

您通常以何種方式購書？
　　　□ 1. 書店 □ 2. 網路 □ 3. 傳真訂購 □ 4. 郵局劃撥 □ 5. 其他＿＿＿＿

您喜歡閱讀那些類別的書籍？
　　　□ 1. 財經商業 □ 2. 自然科學 □ 3. 歷史 □ 4. 法律 □ 5. 文學
　　　□ 6. 休閒旅遊 □ 7. 小說 □ 8. 人物傳記 □ 9. 生活、勵志 □ 10. 其他

對我們的建議：＿＿＿＿＿＿＿＿＿＿＿＿＿＿＿＿＿＿＿＿＿

＿＿＿＿＿＿＿＿＿＿＿＿＿＿＿＿＿＿＿＿＿＿＿＿＿＿＿＿＿

＿＿＿＿＿＿＿＿＿＿＿＿＿＿＿＿＿＿＿＿＿＿＿＿＿＿＿＿＿

廣　告　回　函
北區郵政管理登記證
台北廣字第000791號
郵資已付，免貼郵票

104台北市民生東路二段141號2樓

**英屬蓋曼群島商家庭傳媒股份有限公司　城邦分公司**

- - - - - - - - - - - - - - - - - - - - - - - - - - - - - - - - - - - - - - - - - - - - - - - -

請沿虛線對摺，謝謝！

書號：BO6033　　書名：中學專題研究實作指南　編碼：